Samuel Rawet:
ensaios reunidos

Samuel Rawet:
ensaios reunidos

Organização
Rosana Kohl Bines e Leonardo Tonus

Rio de Janeiro
2008

COPYRIGHT © Herdeiros de Samuel Rawet, 2008

CAPA
Evelyn Grumach

PROJETO GRÁFICO
Evelyn Grumach e João de Souza Leite

ILUSTRAÇÃO DE CAPA
Samuel Rawet

CIP-BRASIL. CATALOGAÇÃO-NA-FONTE
SINDICATO NACIONAL DOS EDITORES DE LIVROS, RJ.

R212s

Rawet, Samuel, 1929-1984
Samuel Rawet: ensaios reunidos / Samuel Rawet; organização Rosana Kohl Bines e José Leonardo Tonus. – Rio de Janeiro: Civilização Brasileira, 2008.

Apêndice
Inclui bibliografia
ISBN 978-85-200-0787-7

1. Relações humanas – Aspectos psíquicos. 2. Percepção. I. Bines, Rosana Kohl. II. Tonus, José Leonardo. III. Título.

07-3835

CDD – 158.26
CDU – 159.98

Todos os direitos reservados. Proibida a reprodução, armazenamento ou transmissão de partes deste livro, através de quaisquer meios, sem prévia autorização por escrito.

Direitos desta edição adquiridos pela
EDITORA CIVILIZAÇÃO BRASILEIRA
Um selo da
EDITORA RECORD LTDA.
Rua Argentina 171 – 20921-380 – Rio de Janeiro, RJ – Tel.: 2585-2000

PEDIDOS PELO REEMBOLSO POSTAL
Caixa Postal 23.052 – Rio de Janeiro, RJ – 20922-970

Impresso no Brasil
2008

Sumário

Apresentação 7

Prefácio: A palavra extrema de Samuel Rawet 9

PUBLICAÇÕES EM LIVRO

Homossexualismo: sexualidade e valor — 1970 23

Alienação e realidade — 1970 51

Consciência e valor 53

Alienação e realidade 60

Memória onírica 67

Experiência de Deus 71

A análise do eu 77

A gênese do binômio idéia-emoção 87

Eu-tu-ele — 1972 95

Apêndice: Análise Eidética 125

Angústia e conhecimento: ética e valor — 1978 137

Prefácio: As utopias do judeu Buber 141

Angústia e conhecimento 144

PUBLICAÇÕES EM JORNAIS E REVISTAS LITERÁRIAS

Diário de um candango — 1963 161

Começo de caminho: o áspero amor — 1967 166

Chão galego — A dupla viagem de Renard Perez — 1972   *170*

Kadish — Oração pelos vivos das Olimpíadas de Munique — s/d   *173*

O *De profundis* do artista Antonio Carlos Villaça — 1974   *175*

A lógica do absurdo na era dos cafajestes — 1977   *180*

Drummond: o ato poético — 1977   *184*

Kafka e as aves de rapina — 1977   *188*

Kafka e a mineralidade judaica ou a tonga da mironga do kabuletê — 1977   *191*

"Nasci sem dinheiro, mulato e livre", escreveu um homem chamado
    Lima Barreto — 1977   *196*

Apanhou de um aleijado, deu num cego à traição — 1977   *202*

Béni soit qui mal y pense — 1978   *208*

Walter Benjamin, o cão de Pavlov e sua coleira, e o universo
    de rufiões — 1978   *214*

A Hora da Estrela ou as frutas do Frota, ou um ensaio de crítica
    literária policial — 1979   *217*

Sob a bênção de Pillán: prosa do artista Vicente Huidobro — 1979   *225*

ENSAIOS INÉDITOS

Devaneios de um solitário aprendiz da ironia — 1970   *233*

Irmãos da Noite do irmão da noite Renard Perez — 1979   *247*

Exilados — o teatro de James Joyce: um espanto — 1982   *254*

Filosofia: nem só de cão vive um lobo — 1984   *261*

Ouro do Reno ou Novalis: Hinos à noite — s/d   *264*

A estética da traição: patrulhas zoológicas ou lixo cultural — s/d   *273*

Exercício de ficção em forma de crônica: os bárbaros degenerados — s/d   *278*

Bibliografia   *285*

Agradecimentos   *291*

Apresentação

O presente volume dá continuidade ao projeto lançado pela Editora Civilização Brasileira, que, em parceria com o crítico literário André Seffrin, publicou em 2004 o conjunto da obra ficcional de Samuel Rawet.

Entre as décadas de 1960 e 1980, Rawet escreveu e publicou uma série de ensaios, em que persegue obstinadamente os mesmos temas dos contos e novelas, rearticulando-os em linguagem especulativa. Daí o interesse em apresentar agora ao leitor uma amostragem significativa de sua produção ensaística, visceralmente ligada à sua ficção. Em Rawet, ficção e ensaio partem da mesma perturbação diante da vida e, ao expressar o drama de uma consciência "sempre alerta ao movimento dela mesma", experimentam a mesma avidez na busca da palavra contundente. Essa atenção redobrada gera uma escrita contrapontística em que ficção e ensaio se espreitam reciprocamente, como "um olho dentro do olho": aquilo que a ficção diz precisa ser dito de novo no ensaio, e vice-versa, porque a repetição é uma forma de insistência. Os ensaios aqui reunidos apostam insistentemente na força desse pensamento e dessa escrita lancinantes.

Optamos por uma organização cronológica dos textos, à maneira do que foi feito anteriormente na edição da obra ficcional, visando a aproximar ambos os volumes e assim favorecer o cotejamento entre a ficção e o ensaio. O leitor que desejar percorrer a obra de Rawet entrecruzando esses dois pólos de sua escrita saberá reconhecer em sua prosa arriscada algo do ímpeto experimental que anima seus ensaios.

O primeiro conjunto de ensaios aqui reunidos corresponde aos trabalhos escritos por Rawet nos anos 1960, mas publicados sob a forma de livro apenas na década seguinte. O segundo, mais extenso, propõe uma seleção de ensaios literários publicados entre 1963 e 1979 em diversas revistas e jornais brasileiros. Os últimos textos são inéditos e provêm dos arquivos pessoais da família Rawet-Apelbaum e do escritor Renard Perez.

No final deste volume, o leitor encontrará uma bibliografia que contempla o conjunto da obra ficcional e ensaística do autor. Fruto de nossas pesquisas, essa bibliografia não tem a pretensão de esgotar o tema, já que muitos dos textos de Rawet estão ainda por ser descobertos e inventariados. Optamos por não inserir uma bibliografia crítica sobre Rawet, que já consta do volume precedente. Por outro lado, resolvemos manter as referências às páginas originais dos textos citados pelo autor, ainda que não haja razão prática para tal e fuja às regras editoriais clássicas. Estas, no entanto, lançam luz sobre o método de trabalho de Rawet na sua busca obstinada, como leitor e ensaísta, pela precisão e a palavra justa.

Finalmente, desejamos que esta coletânea de ensaios possa incitar o interesse de novos pesquisadores, que venham a renovar o diálogo com a obra de Samuel Rawet, ainda desconhecida do grande público.

Os organizadores

Prefácio

A palavra extrema de Samuel Rawet

O ENGENHEIRO-ESCRITOR

Samuel Rawet inicia-se como escritor quando ainda estudante universitário, após a seleção, em 1949, de uma de suas crônicas para o concurso promovido por Dinah Silveira de Queiroz no jornal *Correio da Manhã*. No espaço desse jornal, ele dá seus primeiros passos como ensaísta ao publicar, em 1950, dois pequenos textos ("Presença de Monteiro Lobato" e "A melancolia norte-americana") no encarte "Jornal dos Novos", recém-criado por Jorge Lacerda. É igualmente por intermédio de Dinah Silveira de Queiroz que Rawet entra em contato com o diretor da *Revista Branca*, Saldanha Coelho, que abre o espaço de sua revista literária para os participantes do grupo Café da Manhã, dentre os quais Fausto Cunha e Luiz Canabrava, de quem Rawet permaneceria próximo durante muitos anos. Entre 1950 e 1954, Rawet redige para a *Revista Branca* uma série de ensaios, praticamente todos sobre o teatro contemporâneo, tema que persegue ainda em suas crônicas escritas para o jornal *A Manhã* entre abril e junho de 1954. Essa primeira leva de ensaios e crônicas teatrais traz uma escrita ainda muito incipiente, sem força reflexiva e sem um trabalho mais apurado de linguagem, razão pela qual não está representada neste volume.

A publicação de *Contos do imigrante*, em 1956, e o sucesso relativo que Rawet conhece junto à crítica da época marcam uma pausa momentânea no percurso do ensaísta, que, antes, se consagrara à produção novelística e à carreira de engenheiro. A partir de 1953, Rawet começa a trabalhar para o escritório de arquitetura dirigido pelo poeta Joaquim Cardozo, por quem, aliás, nutriria ao longo de sua obra uma estima profunda ("A Hora da Estrela ou as frutas do Frota, ou um ensaio de crítica literária policial"), ainda que contraditória (*Devaneios de um solitário aprendiz da ironia*). É por intermédio de Joaquim Cardozo que Rawet conhece Oscar Niemeyer e integra, em 1957, a Novacap, empresa responsável pela construção de Brasília, onde ele se instala em 1963. Nesse mesmo ano Rawet publica um pequeno ensaio sobre o livro de José Marques da Silva, *Diário de um candango,* que relata as condições precárias de subsistência e de trabalho dos operários empenhados na edificação da nova capital brasileira.

Indiferente à febre desenvolvimentista que ganha todo o país e desiludido por não obter uma bolsa de estudos, Rawet decide deixar o Brasil às vésperas do golpe militar, em 1964. Em abril desse mesmo ano, viaja para Lisboa, onde permanece após a instauração do regime militar e o agravamento da situação política no Brasil. De Portugal, entra em contato com Oscar Niemeyer e aceita o convite para integrar sua equipe de arquitetos que, em Israel, trabalhava nos projetos de edificação da Universidade de Haifa, das Torres Nórdia, em Tel-Aviv, e de uma residência particular em Hertzlia.

Em Israel, entre os meses de maio de 1964 e março de 1965, Rawet mantém uma correspondência assídua com seu amigo e escritor Renard Perez, na qual faz menção dos diversos problemas encontrados no exterior. Solitário e distante dos amigos, Rawet não se adapta à vida e ao trabalho em Israel e desentende-se com sua equipe. Um ano após a chegada em Tel-Aviv, abandona suas funções e retorna precipitadamente ao Brasil, arrasado. Em diversos depoimentos e ensaios, o autor evocaria a sua passagem traumática por Israel (*Angústia e conhecimento*), que, do ponto de vista literário, constitui um dos momentos mais produtivos na sua carreira de escritor. Em Israel, Rawet escreve praticamente todos os contos do livro *Os sete sonhos* (1967) e lança seus principais projetos ensaísticos publicados no decorrer dos anos 1970.

De volta ao Brasil em 1965, o escritor instala-se temporariamente em Brasília, onde permanece até o final dos anos 1960. Durante essa época, ele se concentra sobretudo na elaboração de seu quarto livro de contos (*O terreno de uma polegada quadrada*), publicado em 1969, data em que parte novamente para o Rio de Janeiro, após vender praticamente todo o seu patrimônio imobiliário para financiar a edição de suas obras. Na capital carioca, Rawet trabalha para o Departamento Nacional de Estradas e Rodagem (DNER) até 1974, quando decide retornar definitivamente para Brasília.

Entre tantas idas e vindas, o escritor passa por uma grave crise emocional e é internado numa clínica psiquiátrica, onde recebe um tratamento à base de eletrochoques. Curiosamente, durante esse período, sua produção literária e ensaística se intensifica. Entre 1969 e 1974, Rawet publica diversos contos que posteriormente farão parte do livro *Que os mortos enterrem seu mortos* (1981); os ensaios *Consciência e valor* (1969); *Homossexualismo, sexualidade e valor* (1970); *Alienação e realidade* (1970); *Eu-tu-ele: análise eidética* (1972) e conclui a redação de alguns textos-chave do seu percurso intelectual: *A gênese do binômio idéia-emoção* e *Devaneios de um solitário aprendiz da ironia*, ambos de 1970.

No início dos anos 1970 o estado de saúde mental do escritor se agrava. Pouco a pouco, Rawet isola-se, distancia-se dos amigos e rompe definitivamente os laços com sua família e com a comunidade judaica. A partir desse período, encontra cada vez mais dificuldades em publicar suas obras. Confrontado à crise do setor editorial das décadas de 1970 e 1980, Rawet se vê obrigado a buscar canais de divulgação literária paralelos, como as revistas especializadas, os jornais literários e as editoras marginais. Isso explica a publicação de seus últimos textos pelas revistas *Suplemento Literário de Minas Gerais, Revista Civilização Brasileira, Revista Leitura* e *Revista Escrita,* assim como por pequenas editoras como a Orfeu, a Olivé e a Vertente.

A crise emocional que Rawet atravessa repercute, finalmente, em seu processo de escrita, tanto no que diz respeito à escolha do material narrativo e ensaístico quanto ao tratamento que o autor lhe confere. Os principais ensaios e contos escritos a partir de 1970 abordam questões identitárias nacionais, religiosas e sexuais, ou tratam de problemas familiares ou pessoais. Seu estilo se torna cada vez mais obscuro ("Filosofia: nem só de cão vive um lobo"), hermético ("Ouro do Reno ou Novalis: Hinos à noite"), digressivo (*Béni soit qui mal y pense*), errático ("A lógica do absurdo na era dos cafajestes"), agressivo ("A estética da traição: patrulhas zoológicas ou lixo cultural"), provocatório ("Exercício de ficção em forma de crônica: os bárbaros degenerados") e difamatório ("Kafka e a mineralidade judaica ou a tonga da mironga do kabuletê"). Em seus últimos trabalhos, Rawet tenta romper definitivamente com os modelos tradicionais do texto ensaístico, buscando em particular uma total imbricação entre o biográfico, o especulativo e o ficcional.

UMA ESCRITA ERRANTE

É a partir da experiência viva que Rawet formula as suas perguntas filosóficas, concatenando em um mesmo fio especulativo impressões de viagem (*Devaneios de um solitário aprendiz da ironia*), lembranças do passado, desacertos familiares (*Angústia e conhecimento*), fantasmas e delírios (*Homossexualismo: sexualidade e valor*). Em seus ensaios, as frases se sucedem aos trancos e barrancos, mimetizando o ritmo deambulatório de um pensamento peregrino que não sossega, como se a vida não lhe permitisse repouso. A sensação que sobressai em seus textos é a de uma permanente falta de ar, seja porque a vida estrangula o homem-escritor, seja porque se torna urgente gritar esse sufoco. O ritmo ofegante da especulação filosófica tira partido dos recursos da ficção, criando no ensaio uma pauta sonora feita de motes e estribilhos repetidos obstinadamente em um acúmulo sucessivo de sintagmas que acentuam a sensação de cansaço: "Foi nas minhas andanças que reformulei todas as questões, refiz todas as perguntas, sonhei todos os sonhos" (*Devaneios de um solitário aprendiz da ironia*). A mesma estratégia verbal é flagrada na ficção, que se torna também porosa ao ensaio, na medida em que compele as personagens a refletirem sobre as condições de sua própria fala: "As consoantes e vogais, fossem o que fossem, se coordenavam, se subordinavam, recorriam a uma lógica de faringe, cordas vocais, lábios, dentes, vegetação à volta, casario, hábitos, costumes, migrações" (*Viagens de Ahasverus*). São inúmeros os ecos da ficção no ensaio e vice-versa, sobretudo no que tange à formulação continuada das mesmas perguntas radicais, retomadas a cada nova empreitada de escrita, em diferentes modulações. Assim, escutamos o personagem da novela Abama comentar em discurso indireto livre: "Partir da ignorância, deitar fora as fórmulas, e repetir em si mesmo todas as perguntas, todos os anseios, todos os ódios." O mesmo questionamento é retomado no ensaio *Consciência e valor*: "Foi como idiota, dos mais autênticos, que resolvi formular estas questões. Deixei de lado a simbologia abstrusa, afastei as sondagens abissais, repeli a nomenclatura dos catedráticos, e foi como idiota, repito, que resolvi querer saber o que era o sonho." Mas é sobretudo o desejo de exatidão da palavra que assola o pensamento rawetiano: "A dura conquista da simplicidade e naturalidade dos fatos, quaisquer que sejam, como atingi-la?" (*Eu-tu-ele: análise eidética*). Esta pergunta atravessa os ensaios reunidos neste volume, em que se sente o pulso de um escritor jamais inteiramente à vontade com a linguagem que maneja, não porque lhe faltasse talento ou maestria para escrever, mas porque lhe sobrava avidez em relação ao conhecimento, à sondagem do mundo, do corpo, do desejo e da consciência. A vida é urgente, e para dizê-la Rawet faz uma aposta arriscada na linguagem, impregnando-a de uma fúria que lhe permita penetrar o núcleo duro das coisas. Observa-se uma relação visceral com as palavras, em que o viver e o escrever atritam-se dolorosamente, buscando converter-se em um só movimento, na tentativa de capturar "o momento único, irrecuperável, irreversível" (*Diálogo*) do instante da revelação.

Samuel Rawet confere à questão do instante um papel fundamental no processo de elaboração de sua filosofia da não-pertença. Para ele, o instante de revelação, quer seja pela descoberta da palavra exata, do conceito justo, do termo ou da noção apropriados, constitui o momento mais extraordinário da existência humana: no instante de revelação, o homem se depara finalmente com seus próprios limites. A busca angustiante, heróica, prazerosa e destrutiva da exatidão da palavra e do momento é responsável, no entanto, pelo clima de exaustão e paroxismo que, como bem observou o escritor Renard Perez, se estende igualmente à experiência de leitura.

Ler a obra de Samuel Rawet, e em particular seus ensaios, é sempre um desafio. A cada linha e a cada página o leitor é convocado a acompanhar a ruminação obstinada pela palavra adequada que não se deixa apropriar e que finalmente se desdobra em tantas outras, martelando o drama da incompreensão do homem diante da impossibilidade de dizer o mundo, de dizer-se a si mesmo e de se fazer compreender pela linguagem. Nessa busca sem limites, seu pensamento se dilui e torna-se errante, como se o próprio autor recusasse o estabelecimento em seus textos de uma "leitura-fechada, leitura-atenta ou leitura-rigorosa" ("Começo de caminho: o áspero amor"). Tal posicionamento implica uma reestruturação do processo de leitura tradicional, o que textualmente se manifesta pelo emprego de procedimentos retóricos e argumentativos capazes de romper com a dialética clássica escolástica ou cartesiana. À síntese e à lógica, Rawet privilegia o desconexo, o paradoxo, o aleatório e o não-linear. Seus ensaios se constroem a partir de uma dinâmica que instaura um sistema em *trompe-l'oeil*, fornecendo ao leitor falsas pistas interpretativas. Nessa aparente contradição interna, a maior parte dos títulos de seus textos — enigmáticos ("Apanhou de um aleijado, deu num cego à traição"), multiplicativos ("A Hora da Estrela ou as frutas do Frota, ou um ensaio de crítica literária policial") e provocantes ("A estética da traição: patrulhas zoológicas ou lixo cultural") — já não propõe um horizonte de perspectiva estável ou plausível. Na mesma medida, as citações de que ele se serve, acumulativas e inseridas nos textos sob a forma de colagem ("Drummond: o ato poético"), são totalmente desprovidas de seu papel ilustrativo. Mas é dessa contradição que nasce a especificidade do ensaio rawetiano, dividido entre o constante desejo de atingir a "gênese do lugar-comum" (*Eu-tu-ele: análise eidética*) e a necessidade de romper as estruturas do pensamento clássico. Desse impasse entre o desejo do simples e a escrita cifrada nasce um texto movediço, cuja linguagem, oscilante, resiste a qualquer amalgamação.

Na tentativa de perseguir a simplicidade dos fatos e sua essência, por meio de um idioma que teima em expor o avesso dessa empreitada, a linguagem rawetiana soa-nos quase como estrangeira, como se, dester-ritorializada, ela se debatesse constantemente entre a agressividade verbal, que quer desnudar o real, e uma prosa refinada que o obscurece. Sem utilizar os canais de mediação clássicos, ela varia ao longo do texto, e por vezes até no mesmo parágrafo, de estilo, tom e registro, obrigando o leitor a aceitar uma convivência improvável entre o pensamento sutil e a brutalidade do palavrão: "Basta nascer com uma cabeça, tronco, membros, um caralho ou uma boceta entre as pernas para ser *homem* ou *mulher*, basta? (...) Ou é preciso renascer, filtrado pela dor, para compreender que o máximo a fazer é formular a pergunta, sem tentar obter solução para o problema, se problema existe. Formular a pergunta, simplesmente, e passar a vida colhendo de si mesmo fragmentos de respostas" (*Eu-tu-ele: análise eidética*).

O gesto de comprimir, em uma única formulação, modos tão disparatados de dizer exerce enorme pressão sobre o discurso, que se estira em fio de alta-tensão, eletrificado pela exigência que Rawet se impõe de reexaminar o mundo em termos próprios. Na confecção dessa linguagem particular, que se esforça por vincular-se à vida, mas está sempre à beira do monólogo incomunicável, forja-se um pensamento sem concessões, que se indispõe contra tudo o que a palavra toca. Pela palavra áspera, Rawet deseja reconquistar tudo aquilo que foi adquirido assepticamente e que só adquire valor se posto à prova pelo exercício implacável da consciência: "Ando cheio de muita coisa, começo a me interessar pela filosofia e não agüento mais os frescos acadêmicos de uma cultura ainda escolástica. Os gregos, ah!... os gregos!... A perfeição, a harmonia, a paz, a ordem. Frescos. Viados. Filhos-da-puta" (*Devaneios de um solitário aprendiz da ironia*).

Por esse filtro impiedoso, o autor passa igualmente o seu judaísmo. Em "Kafka e as aves de rapina" e sobretudo no polêmico "Kafka e a mineralidade judaica ou a tonga da mironga do kabuletê", Samuel Rawet condena com virulência tanto um judaísmo de rituais estreitos e esvaziados quanto o excessivo materialismo de certos membros da comunidade judaica carioca. Em face de um judaísmo que ele julga desvirtuado e contra o qual reafirma a sua profunda judeidade ("*Kadish —*

oração pelos vivos das Olimpíadas de Munique"), Rawet opta por filiar-se à tradição especulativa do pensamento rabínico, perpetuada na contemporaneidade por filósofos como Martin Buber, com quem dialoga de perto em seu ensaio *Eu-tu-ele*.

Mas nem mesmo essa herança intelectual escapa à língua ferina do autor, que elege a pedagogia das ruas e não o saber acadêmico como motor de seu pensamento. Em seus ensaios e entrevistas, o autor confecciona uma auto-imagem que se empenha em distanciar-se da figura do "ilustre intelectual estrangeiro", rótulo que a crítica da época abraçou convenientemente, dada a dificuldade de estabelecer à prosa estranhada do autor uma genealogia brasileira. Sua filiação sempre permaneceu atrelada, aos olhos da crítica, a um certo "alhures", a uma geografia e a um tempo para além das fronteiras nacionais. É significativo que Thomas Mann, Kafka, Beckett, Joyce e Artaud sejam nomes recorrentes na fortuna crítica de Rawet e que raramente apareçam nomes de escritores brasileiros em estudos comparativos. Ironicamente, nada teria agradado mais a Rawet do que ser comparado a José Lins do Rego, como consta em entrevista a Farida Issa publicada no jornal *O Globo* (18 de abril de 1970). Escrever como José Lins do Rego seria conquistar, nas palavras do autor, uma intimidade com o português que lhe permitisse a perfeita adequação entre a palavra e a coisa nomeada. Sob a ótica idealizadora do escritor exógeno, Rawet contrasta a língua partida do imigrante com a literatura dos regionalistas, cuja prosa seca e econômica se amoldaria sem atrito ao cenário castigado do sertão. Para Rawet, a realidade circundante permanece inatingível à situação e à sensibilidade do estrangeiro, a que ele associa o universo romanesco de Clarice Lispector: "Estou pensando em fazer um trabalho sobre Clarice Lispector (...) o título do trabalho é *Aventura de uma consciência judaica em Clarice Lispector*. Essa abordagem de linguagem que vem sendo feita em torno dela não me parece muito apropriada. Estão estudando a linguagem como se ela fosse intencional. Mas o que ocorre com Clarice é um tipo de consciência particular que ela tem. Um modo específico e completamente diferente de ver a realidade. Com a ambiência que ela teve até a fase de adulto, tudo isso forma uma consciência particular (...) a relação de Clarice com a realidade não é a mesma, por exemplo, de José Lins do Rego. Não pode ser. José Lins do Rego tem uma relação com a realidade imediata. Um cajueiro é um cajueiro. Uma fazenda é uma fazenda. Para Clarice, muitas vezes, não é imediatamente um cajueiro. Ela tem que trabalhar interiormente até chegar ao cajueiro como cajueiro na realidade brasileira, é claro."

A impossibilidade de uma intimidade "agrária" com a língua portuguesa assombrou todo o percurso de escrita de Rawet. Para este escritor judeu polonês que aqui desembarcou em 1936 aos sete anos e cuja língua primeira foi o iídiche, perpetuado no Brasil nas conversas em família, "apoderar-se deste artifício" foi um caminho mais do que tortuoso. Por mais que Rawet se empenhasse em escrever o miolo da língua, o que de fato se evidencia é o seu avesso: um português desnaturalizado quando tenta sondar a realidade física do entorno, mas a ela não se adere.

PROVOCAÇÕES

Como situar a soturna e intricada escrita rawetiana nos parâmetros da literatura brasileira identificada desde o nosso primeiro modernismo de 1922 pelos traços solares da espontaneidade e do coloquialismo?

O projeto de afirmação nacional defendido por nossos modernistas centra-se na recusa da dicção empolada, demasiado séria e profunda, produzida na matriz européia. A partir dos anos 1920, forma-se na literatura brasileira uma polarização que alinha o "difícil" ao "estrangeiro" e o "descomplicado" ao "brasileiro", dicotomia que se internaliza na escrita de Rawet sob o signo da dilaceração e de um combate feroz entre duas gramáticas incomunicáveis. Em sua obra, digladiam a herança livresca do judeu imigrante, assolado pelo peso dos livros e de sua vasta erudição, e o aprendizado malandro das ruas do subúrbio do Rio de Janeiro, onde Rawet cresceu, libertino, boêmio e seduzido pela prosa "carioca", "brasileira", "saborosa" e "precisa" do palavrão. É em *Devaneios de um solitário aprendiz da ironia* que a lógica bipolar, antagonizando cultura de gabinete e pedagogia das ruas, aparece com mais clareza, quando o autor narra a sua viagem de navio a Lisboa em uma cabine de terceira classe, compartilhada por toda sorte de trabalhadores braçais: "Durante alguns dias consegui a intimidade: eram marceneiros, pedreiros, mecânicos, desiludidos com a América. Depois caí na besteira de retomar minhas leituras, entre porres. Criou-se a barreira, eu era um homem que lia."

A violência com que Rawet busca desvincular a figura do intelectual da figura do operário e, por extensão, a dicção culta da língua de sua expressão popular revelam, além da relação conturbada com seu passado cultural, as enormes pressões e expectativas de todo um contexto literário nacional, afinado com a palavra prosaica como signo de brasilidade. É possível ler a rivalidade cultivada em muitos de seus escritos em face da herança judaica como prova de que Rawet esteve de fato atento ao seu entorno, às enormes demandas por uma literatura genuinamente brasileira, à qual buscou pertencer, forçando a entrada por uma língua desabusada e obscena.

Em Rawet, a emergência do obsceno está diretamente ligada à maneira como o autor coloca em cena o corpo humano, em particular os órgãos sexuais. Ele os exibe com uma materialidade e um imediatismo ostentatórios, que os privam da discrição e da delicadeza do erotismo. Presente em vários de seus contos, a representação impudica do corpo humano ganha uma visibilidade ainda maior em seus ensaios homoeróticos, que estabelecem uma convergência entre o obsceno sexual e o escatológico.

A acumulação de detalhes desagradáveis, assim como a narração de experiências sexuais coprófilas, colocam o leitor de *Devaneios de um solitário aprendiz da ironia* em uma posição de extremo desconforto, minimizada somente pela presença de um humor corrosivo e auto-irrisório. O obsceno, o vulgar e o abjeto fazem com que o autor assuma nesse texto uma posição abertamente provocatória, corroborada por um tom polêmico e escandaloso que ri de tudo, de todos e de si próprio: "Aprendiz da ironia, olha a sisudez. Você está mesmo levando a sério o que você escreveu acima? Que banca de caga-regras (...). Lembra-te ou lembre-se da ambigüidade do humor que tanto te apaixona."

Será igualmente provocatório o tratamento que o autor confere ao ensaio *Homossexualismo: ética e valor*, cuja problemática anuncia, ainda que de maneira contraditória, o debate entre os que acreditam que o desejo homossexual é inato ao ser humano e os que acreditam que é resultado de uma construção social: "Um equívoco a desfazer, também. Quando o homossexual, passivo principalmente, aceita com tranqüilidade o seu estado, ele não escolheu o 'seu' sexo, ele 'aceitou' a sexualidade, ele 'escolheu' a sexualidade. Livremente. A compulsão ainda é manifestação da liberdade de escolha. O patológico é o modo com que essa liberdade se manifesta."

Nesse trabalho, Rawet se propõe estudar a questão homossexual, mas a partir de um método experimental que se apóie nas experiências homoeróticas vividas e imaginadas pelo autor e cujo objetivo é fugir das "simplificações esquemáticas" do pensamento especulativo clássico para considerar o homem em sua especificidade: "Em todos os ensaios, todos os que encontrei sobre a sexualidade, um ponto sempre me pareceu falho: o caráter definido, totalizado, imutável, o caráter absoluto do homem como ser, mais imutável do que a eternidade" (*Homossexualismo: sexualidade e valor*). Seu combate se volta principalmente para a crítica da psicanálise que, para o autor, constitui um pensamento totalitário e limitado à descrição de modelos, causas e conseqüências comportamentais: "O comportamento homossexual ou a paródia do comportamento homossexual, e no caso tudo é paródia, farsa, vista numa perspectiva de autêntica meditação filosófica, acabaria com essa vigarice freudiana que anda por aí em matéria de sexualidade" ("Filosofia: nem só de cão vive um lobo").

Em seus ensaios, Rawet nos propõe uma nova atitude filosófica que, "distraída", "descomprometida" e sem ter a obrigação de resolver coisa alguma, se mantém "aberta em relação ao próprio ato de meditar" ("Filosofia: nem só de cão vive um lobo"). O ensaio rawetiano recusa uma especulação rígida e instaura uma diluição de fronteiras entre a ciência, a literatura, a ficção, a confissão, o real e o ilusório, incitando o leitor a questionar a veracidade e a legitimidade de cada um desses discursos. O hibridismo latente de seus textos busca, desse modo, atingir uma situação limite no processo de escrita/leitura por meio do qual o leitor, como testemunha, público e ator, é convidado a desconstruir os códigos sociais. A mistura de gêneros associada a elementos provenientes do universo do tabu (o injurioso, o vulgar, o obsceno, o escatológico, o incestuoso) participa desse processo que constantemente desarticula o correto e o incorreto, o bem e o mal, o permitido e o proibido, posicionando o autor no espaço intersticial privilegiado da não-pertença, de onde ele exibe as taras sociais sem nunca cair nas armadilhas da conveniência.

Sentado no vaso sanitário de um bar na Rua da Assembléia, no centro do Rio de Janeiro, Rawet discorre sobre questões filosóficas elevadíssimas (*Eu-tu-ele*). De seu corpo jorram as idéias e uma linguagem exaltada para dizê-las. A imagem-síntese do autor que defeca e pensa num só ato não deve espantar o leitor. O escândalo é antes um apelo, um desejo de vínculo para que compartilhemos a mesma fome de pensar o mundo sem recato. O leitor que não tiver medo de se queimar com a faísca da linguagem saberá "suportar o fogo sem se lamentar, pois esta dor não é dor. É apenas um sinal de que o caminho está limpo, e a estrada, livre". Basta virar a primeira página.

Rosana Kohl Bines e José Leonardo Tonus
Novembro de 2006

Publicações em livro

Homossexualismo: sexualidade e valor
[1970]

Chora o que foi conquistado e perdido
Chora o que nunca foi conquistado
E principalmente chora o que nunca foi perdido

Schlimazel Mensch

Era quase impossível escrever este trabalho. Não sabia como começá-lo; não sabia como terminá-lo. A massa de anotações me perturbava, o acúmulo de experiências me paralisava. O assunto é forte, convenhamos. Ainda mais quando se constata que a compreensão em relação à sexualidade quase sempre é verbal, epidérmica. Epidérmica, insisto, falha minha, talvez, mas não encontrei até hoje nos livros ou indivíduos com que tive contato profundidade maior do que a da conversa de sobremesa. Há duas semanas quase comecei, quase. Cheguei ao quarto dia claro. Amanhece cedo, agora. Antes das cinco toda a baía clareava. Trazia o impulso de uma cena ocorrida entre as duas e as quatro da madrugada no Largo do Machado. É o meu lugar de meditação, agora. Meditação longa, hesitante, trêmula, ambígua, arrogante. Meditação e experiência. A série em que venho trabalhando gira sempre em torno de *consciência* e *valor*. A meta: definição da possibilidade de uma filosofia experimental. Conceitos fundamentais: *consciência operante e consciência operada*. A mediação: o *Eu*, que procurarei definir para mim mesmo no último ensaio, "Análise do Eu". E como tudo isto começou com uma feroz meditação sobre a sexualidade, meditação aliada à observação e à experiência, tomo a sexualidade como tema de aplicação de uma possível filosofia experimental, com vistas à psicopatologia sexual, auxiliado pelas operações dos *exercícios de consciência,* exercícios como os musculares ou quaisquer outros, que têm porém a desvantagem de exigir tudo a quem a eles se entrega. A cena da madrugada do Largo do Machado não foi suficiente, contudo. Duas semanas depois, ao ler um trabalho de um dos pais da lingüística estrutural sobre afasias, verifiquei que a lesão lhe forneceu um bom material para o estudo da metáfora e da metonímia, e que na desagregação doentia da linguagem foi encontrar elementos de sua gênese. Embora não concorde muito com a utilização generalizada de certos métodos, por exemplo, a psicologia animal aplicada ao homem, um cientificismo barato servindo de escora aos imensos recursos dos reflexos condicionados, o doentio como base para uma *ausência* do normal (não sei até hoje o que é doentio ou normal), o comportamento do adulto servindo de modelo para o estudo do comportamento infantil, embora não concorde com nada disso, reconheço a eficácia de seu emprego como ponto de partida. E foi o trabalho sobre a afasia, a consideração do homem como estrutura aberta, sem começo nem fim, uma definição do ato de pensar como ato de deslocar, *daqui* para *aqui* mesmo, e da transcendência compreendida como um movimento do ato de pensar, movimento que conduz de um pensamento a outro, após o nada do intervalo, foi com esses elementos que dei início ao trabalho. Olhando bem as coisas não comecei nem acabei. Passei apenas. Toda a minha abordagem da sexualidade começou com um interesse por um dos aspectos chamados desvios: o homossexualismo masculino. Hoje, creio, se não é grande o orgulho e imensa a vaidade, poder afirmar alguma coisa sobre o homossexualismo feminino, o sadismo, o masoquismo, a coprofagia, e algumas outras aberrações. E finalmente, levantar a possibilidade de um quase lugar-comum:

O HOMEM *ESCOLHE* A FORMA DE SUA SEXUALIDADE.

Grifei o *escolhe*. Implícito no grifo não o *ele*, mas o *eu*. Pequena confusão gramatical. As regras!

O episódio do Largo, envolvendo o Lamas, pode ser associado a um outro: há cinco anos procurei o lugar mais adequado para uma meditação sobre o homossexualismo: Sodoma. Fui a Sodoma numa tarde de sexta-feira. Pernoitei num motel, vi o mar Morto, andei pelo deserto, chutei pedras, e de lá enviei um cartão-postal a um amigo. Copiei um trecho do livro do sibarita francês (modelo de coragem no assunto) sobre o genial epiléptico russo, romancista. O trecho fazia referência à distinção entre *humilhação* e *humildade*. O episódio do Lamas foi o seguinte: um efeminado, após distúrbios no restaurante, foi quase massacrado por um bando de valentes furiosos, junto ao ponto do ônibus. Ergueu-se, tentou reagir. A voz era fraca. Os gestos hesitantes e tímidos. A reação exigia o que se costuma denominar virilidade. A ambigüidade não poderia deixar de introduzir a nota de humor. Aconselhado por um grupo sereno a fugir, resolveu ficar. Foi quase agredido de novo. Voltou ao restaurante e acusou o dono de tê-lo agredido no início. Alega ser autoridade. (A voz ainda fraca, os gestos mais líquidos.) Resolve chamar a polícia. Encontra um carro, da radiopatrulha e volta com alguns policiais. Primeiro final: irritados com a figura, os policiais o prendem e lançam na traseira do carro. Espectadores recomendam ducha fria. Os mais sóbrios. Os mais exaltados sugerem outras coisas, mais sólidas, mais volumosas, em local apropriado. Segundo final: este sim, verdadeiro. Em meio à confusão, um bando de moleques avança nas goiabas da frente do Lamas. E enquanto a confusão prossegue, mastigam-nas lentamente num banco da praça. Conversei com alguns deles. Eram ótimas as goiabas.

Um parêntese, a minha consciência só é *consciência* e só é *minha* na medida em que esbarra na *opacidade* de outras consciências. Eu só sou *eu* na medida em que constato o *tu* e o *ele*. Outro parêntese, a minha consciência só é *minha* e só é *consciência* enquanto *evidência* no mundo como corpo. Entre outras coisas corpo implica sexualidade, e sexualidade, se não estão em erro os etnólogos, antropólogos e historiadores, sexualidade implica valor. Outro parêntese, ainda. Copio de um trabalho anterior o seguinte trecho:

> A ambigüidade ainda flutua na consideração de que ser como natureza sob a forma de homem é ser *eticamente*, e ser homem sob forma de natureza é ser *valor*.

E o último, agora sim, o último. Copio da cópia de ensaio as seguintes definições:

Consciência operada — todas as percepções acumuladas até o instante determinado.

Consciência operante — movimento de operação de percepções no instante determinado, incluindo formas verbais e averbais.

A insistência nessas definições se origina de que como o fenômeno *consciência* ainda é totalmente desconhecido, me parece inútil inventar formas como *inconsciência* ou quaisquer outras. Realmente pouca coisa, muito pouca, sei a respeito de consciência, e me parece ainda que só no *sonho* é possível encontrar aproximadamente o mecanismo de seu funcionamento. Os símbolos oníricos pertencem à literatura infantil de má qualidade. Minto, em vez de literatura infantil, leia-se literatura de cordel. Conserve-se o *de má qualidade*.

Em todos os ensaios, todos, que encontrei sobre a sexualidade, um ponto sempre me pareceu falho: o caráter definido, *totalizado*, imutável, o caráter *absoluto* do homem como ser, mais imutável do que a eternidade. (Deixo de lado o que ignoro, é óbvio. Deve haver um livro de um japonês ou búlgaro em que isto está dito, quase da mesma forma. Esta idéia me consola e dá energias.) Partindo dessa condição absoluta o homem estuda a sexualidade infantil, animal e vegetal. Não posso esquecer o comentário de um romancista goiano sobre um episódio por ele mesmo contado. Em sua fazenda, visitou um cercado de quarenta e tantos bezerros. Num determinado momento, espantado, viu a mãe natureza brotar no imenso cérebro dos bezerros, no cérebro e em outras partes, e os bichinhos se empolgaram. Como a ética dos bezerros é um pouco diferente da nossa, e o deus dos bezerros um pouco mais humano do que o nosso, não consultaram nenhum código arbitrário e mandaram sua brasa. Comentário do romancista: que depravação. Sem comentários! Creio que o gênio da teoria da sexualidade, para mascarar um comentário idêntico, e mascarar seus próprios impulsos num ambiente *absolutizado*, esmerou-se em suas sutilezas e criou teorias tão abstrusas que em certos momentos ele mesmo não devia entender. O que é correto. Sugiro um estudo do inconsciente do criador da psicologia do inconsciente. Aliás, sugiro outra coisa, mais em moda: a Fenomenologia da Gênese do Pensamento Psicanalítico. Partindo de alguns dados biográficos chegaríamos a conclusões interessantíssimas, e que não deixariam dúvidas

PUBLICAÇÕES EM LIVRO

quanto à lucidez do ilustre homem de ciências. Lucidez e hipocrisia. Fiel à sua época, fez o inverso, isto é, partiu de particularidades locais e pessoais e generalizou a ponto de transformar o indivíduo em sistema fechado, portador de potencialidades definitivas. Creio que nunca chegou a compreender a possibilidade de alterar o passado com um ato do presente. E nunca chegou a perceber a distância que vai da gênese do pensamento consciente à palavra articulada. Se tivesse, não cairia na asneira de forjar complexidades para o que se chama de lapso. Observações pessoais repetidas me levaram a constatar a fusão de elemento anterior e posterior na fala, com eliminação de elemento intermediário, eliminação que provoca o famoso sobressalto da *ausência de lógica* do lapso, seja de fala, seja de escrita. Atentando bem para a celeridade das imagens oníricas e medindo bem os intervalos necessários para articulação e emissão de sílabas, poderíamos sorrir um pouco dos mistérios simbólicos que se escondem atrás do aparente caos. Quando de minha vagabundagem por Paris fiz questão de visitar a Salpetrière. Localizei o velho edifício. Pensando em Charcot, abri ao acaso a porta de uma enfermaria, olhei os leitos e saí. Da fusão hipócrita de uma filosofia *eterna*, nunca repensada, e das histéricas da Salpetrière nasceu a panacéia que hoje causa mais estragos pedagógicos do que qualquer educação puritana. *Aceita-me ou te devoro*, diz a esfinge moderna. Eis o meu sistema de valores, afirma determinado grupo, fora dele só a danação, o inferno, o vazio, o nada; dentro dele, a segurança, a proteção, o paraíso. Ninguém quer ser expulso do paraíso. E cinicamente todos aceitam a convenção de mistério que cerca o óbvio. E sem cinismo acabam acreditando nele. Incrível é perceber que nas matemáticas, na geometria, por exemplo, o que fez desabar a geometria euclidiana foi a relativização. O passo dado foi a procura do caráter experimental e empírico anterior à *divinização*. Falava-se de uma reta infinita. *Infinita?* Feita a pergunta com honestidade, como não abrir os olhos? Mas o homem, não. Mataram Deus e inverteram a revolução do astrônomo polonês. O universo é uma vasta interrogação em torno de uma coisa só, absoluta, perfeita, completa: o Homem, com H maiúsculo, sempre. E durma-se!

Se sem falsa humildade reconhecemos que nada, nada ainda sabemos sobre o homem, sobre as condições em que se criam e destroem os valores, como ousar afirmar alguma coisa sobre um ato que envolve a totalidade corpo-consciência, que une hipófise e virilhas, através de uma experiência do mundo ainda não definida, que se entrevê vagamente como *abertura*, mas abertura de quê? Quando a transcendência deixa de ser um domínio de *elites* e *eleitos*, e passa a ser apenas um movimento de ultrapassagem de um ínfimo deslocamento feito pelo próprio deslocamento, com um salto instantâneo sobre o nada, então é possível ousar alguma coisa.

Com um gosto pelo raciocínio via absurdo ouso elaborar as seguintes perguntas:

a) Há alguma lei absoluta que obrigue um homem a ter relações sexuais com a mulher?

b) Quando o homem odeia a mulher, ou a mulher odeia o homem, qual o rumo possível da sexualidade?

c) Considerando a pergunta anterior, o que significa o homossexualismo, masculino e feminino?

d) Sendo o homem o que *é* (não sei e muita gente não sabe), a sexualidade também não estará integrada no que *é*?

e) A que processo psicológico está submetido um homem, ou uma mulher, homossexual, numa cultura que só admite oficialmente as relações heterossexuais? É verdade que nas culturas em que não há essa imposição a sexualidade se guia por uma sábia indiferença, comum na *natureza*?

f) Numa sociedade em que antes mesmo de nascer o homem se preocupa com a aposentadoria, e não com a morte, numa sociedade em que se esquece que a vida é uma grande aventura, a ser recomeçada a cada dia, em que feto e cadáver são idênticos, como não sucumbir diante de evidências?

g) Que papel representa a interação dos sexos, no plano da convivência, para gerar estados patológicos que só são patológicos não pelo que são, mas pelo significado que assumem?

PUBLICAÇÕES EM LIVRO

Foi num mictório, ao observar um passivo tentando se masturbar violentamente, que resolvi fazer uma experiência conhecida por qualquer prostituta. Apliquei massagem anal no passivo, e a ejaculação foi imediata. Minha observação começou bem antes, quando ao ter relações sexuais com passivos eu verificava que eles se masturbavam com energia. Certa vez, o passivo era casado, ao ver que não se interessava pelo ato, perguntei: por quê? Respondeu que pretendia terminar em casa com a mulher. Imaginei uma situação: casado, vive bem com a mulher e os filhos. Para conseguir ereção, conseqüente introdução e ejaculação precisava de uma ativação anal. Neste intervalo, todo um sistema de valores, e uma gama que vai do homossexual passivo, sóbrio, viril, discreto, à bicha da Cinelândia, de seiozinhos pontudos, sapatos de salto alto, vozinha cativante e requebros pretensamente femininos. Um dia, uma noite, encostado a um poste em frente ao Amarelinho, constatei que nada havia neles de feminino. O que havia era contrafação, gozação. Não há imitação, nem *identificação*, há sarcasmo violento, ambíguo pela manifestação somática desequilibrada. Uma pergunta me ocorreu, ainda. A consciência de um passivo rudimentar, não infantil, insisto, mas rudimentar, o que elabora após ter relações com um *homem*? Se desempenhou diante do ativo o papel de passivo, a que conclusões lógicas deverá chegar, se até isso lhe transmitiram, um *sistema de conclusões lógicas*? Ainda postado junto ao Amarelinho, remôo a lembrança da leitura de uma abordagem fenomenológica da questão feita com questionário, relembro a referência às *Conversações de Darmstadt* de Heidegger, em que o ato de *vestir, morar,* é analisado pelo único filósofo do século, não pensador, filósofo. Naturalmente não li Heidegger. Não sei alemão, e desconfio das interpretações sutis dos tradutores. Fiz o que me pareceu melhor. Procurei me colocar na posição em que o filósofo se colocou antes de repensar o assunto. Eu tinha diante de mim uma *totalidade.* Todo erro seria meu. Produto da ignorância e da pretensão. Até o ponto em que meu delírio não perturba meus sentidos eu tinha à minha frente *um homem.* (Insisto, ainda, não sei o que é isso. Recorro ao lugar-comum.) Partindo do marco zero, aprendi com as bichas da Cinelândia e da praça Tiradentes uma lição de dignidade e uma amostra do que pode ser uma atitude *existencial* (ai, a palavra!). E também ao observá-los me ocorreu uma frase que não consegui introduzir na ficção: *por que você se recusa a ser dominado por mim, por que você não quer aceitar a minha tirania?* Mas volto à bicha. Observo um corpo, uma consciência opaca, uma voz, gestos, roupa, hábitos, linguagem. Um parêntese no que se refere à linguagem. Procurei observar o que ocorre com a consciência ao completar fragmentos de palavras ouvidos ao acaso. Parti do espanto que senti quando constatei a generalização da preocupação com a palavra *viado*. No ônibus, no escritório, no clube, na rua, no bar, em todo canto. Com o tempo consegui sorrir dos chamados impulsos *latentes*. Uma obsessão com o signo, ou símbolo, leva em certos casos delirantes a completar o grupo... *ado*... e a repercussão somática é interessantíssima. Se houver irritação anal, ou hemorróidas, as conseqüências são desastrosas. Creio que fenômenos idênticos devem ocorrer com as mulheres que por qualquer motivo procuram realizar-se sexualmente entre si. Creio ainda que o fato de considerar este ou aquele aspecto do comportamento sexual patológico exacerba ainda mais o moralismo implícito de uma formação, em qualquer cultura. Só o cinismo e a hipocrisia se salvam. Quanto ao resto, vamos inventar teorias complicadas. Quanto mais complicadas, melhor. Ou então, exigir compreensão. Às favas com este tipo de compreensão que já traz implícitos julgamento de valor e condenação, mesmo quando afirma o contrário. O mais simples, que é não exigir compreensão, parece que não ocorre. A palavra *contra natura* desapareceu quase do mercado, mas os atos aí estão, e o que é pior, já ninguém pergunta pela natureza. De uma exigência ética necessária, por motivos obscuros e ligados à própria manifestação do ser, passamos a uma arbitrariedade gratuita e vazia, despojada de significado ou mesmo intenções justificadas. O farisaísmo assumiu ares científicos. Quando os homens da revolução proletária, que nunca houve, exigiram liberdade sexual, aguardava-se uma nova era para a sexualidade, despida da *reificação* burguesa. Os homens da revolução proletária, que por estranhas razões nunca foi proletária, são hoje mais puritanos do que os súditos da rainha devassa que balizou a moral do século passado. Creio que a revolução sexual humana ainda está longe de ser esboçada, e julgo difícil imaginá-la. Se se considera revolução uma liberdade total, parece que há nisso algum equívoco. Liberdade total é ainda uma forma mascarada de ausência de preconceitos que é a adoção de todos os preconceitos, às avessas, e a criação de termos equívocos como exibicionismo, narcisismo, masoquismo, sadismo e outros. Convém distinguir entre comportamento sexual, livre, espontâneo, e comportamento sexual, livre, rebelde, agressivo. É tempo de lembrar novamente o início: ser como natureza sob a forma de homem é ser *eticamente*, ser homem sob a forma de natureza é ser *valor*. É tempo de pedir, também, pelo amor do deus ou do diabo, que não ajudem, mas que não atrapalhem. O conflito se esboça e se transcende naturalmente, desde que fora da alienação se constate sempre que

O HOMEM *ESCOLHE* A FORMA DE SUA SEXUALIDADE.

A extinção de valores *absolutos* como os de *família* pode levar a uma revolução como a abolição do postulado *divino* das paralelas levou aos satélites artificiais, e a essas viagens lunares já chatas. Não trouxe *felicidade*, mas isto é outro problema. Há homens que ainda sonham com o paraíso. O que é uma forma velada de sonhar com o inferno, ou de lançá-lo num inconsciente qualquer. É lastimável verificar que se as crianças já aprendem teoria dos conjuntos no primário, ainda são vítimas da boçalidade adulta, que nem de leve deixou a pré-história. E quando ocorre um fenômeno como o nazista, o mundo cínica ou ingenuamente fica estarrecido como se fosse uma aberração da história, horrível pesadelo, e deixa de lado a regra, que é uma aberração maior, já que cotidiana, e em nome de altos valores, ou de alto valor, que não é bem o do dinheiro, como quer um grosseiro materialismo espiritualista ou um idealismo materialista sórdido. E deixando de lado a profundidade da intuição que associa dinheiro com fezes, confundindo efeito com causa, ou causa com efeito, ou causa-efeito com efeito-causa, simultâneo e oposto, idêntico e co-atuante, deixando de lado essas sutilezas ou finuras, não ousamos perceber que os valores coletivos só têm significado quando recriados individualmente, isto é, quando os valores singulares, individuais, coincidem *por acaso* com os coletivos. O resto é arbitrário e fruto às vezes de um erro de cópia ou revisão, quando não é a mediocridade organizada que elege uma recomendação em valor *divino*, mesmo que o divino não seja um ente supremo, mas uma lei que a natureza soprou no ouvido de alguém, no dia em que ela, a natureza, cansou de bocejar e resolveu falar. Gostaria era de saber em que língua. Desconfio que a única mensagem real da natureza ainda não foi até hoje aproveitada pelo mais interessado: o homem. A mensagem é o "princípio da ação mínima", que em bom português quer dizer *lei do menor esforço*. A droga é interpretar esse *esforço*. De tão evidente, escapa. Entra pelos olhos, está *nos* olhos, nos ouvidos, nos poros e em outros orifícios. Já vi referências vagas a espaços torcidos superpostos, a uma quarta dimensão, que não é nem quarta, nem dimensão, e que só existe porque insistem em conservar a convenção das três primeiras, como se fossem necessárias. Mas basta de delírio. Voltemos à sexualidade.

E para sermos breves resumiremos sexualidade em:

> Excitação
> penetração ativa ou passiva
> ejaculação ou orgasmo, ou ambos
> presença de três consciências, *eu-tu-ele*.

Odeio a sistematização, o esquema, porque uma simplificação necessária à exposição do problema se transforma, em mãos de medíocres, em instrumento perfeito, a ser decorado e repetido como modelo definitivo do que é fluido, vago. Odeio a sistematização e olho de novo os quatro itens do resumo acima. Quantos anos para chegar a essa simplificação, e na verdade não se chega a coisa alguma de definitivo. A fusão dos quatro num golpe do olhar devolve de imediato a interrogação inicial. E a interrogação deve ser feita. Sempre. Excitação, penetração, ejaculação, consciência. Tudo isso ligado a um homem, que pode ser uma mulher. E a questão permanece sempre aberta. Penso novamente no tempo que, afastada certa náusea, levei para resumir alguns dados. Sete anos de convivência com todos os meios homossexuais, convivência e identificação. Dos cinemas sórdidos aos bares elegantes, das praças e lugares típicos aos apartamentos requintados, onde, ingênuo, ia tendo a revelação da medida em que o fenômeno é *latente*. E preocupado com a ejaculação, que constatei ser um fator importantíssimo na ligação consciência-corpo, e responsável por muito equívoco de *aparência* (voz, gestos, aspectos somáticos particulares), cheguei a observar um passivo que, apesar dos esforços, e das ativações anais, raramente chegava ao orgasmo total. Dando importância à totalidade da excitação, e determinando os pontos sensíveis em que esta é ativada, consegui que chegasse à ejaculação com certa regularidade. Em pouco tempo manifestou o desejo, que nunca se havia manifestado, de se comportar como ativo. A ejaculação obtida com uma excitação provocada e conjugada, ação simultânea em certos pontos, alterou também a voz, alguns gestos, e o comportamento global em alguns momentos deixou de ter a *liquidez* conhecida. Parti de um sonho para chegar a isto. Num período de extrema sensibilidade, senti no sonho, no instante da polução noturna, a descarga partindo de um centro da cabeça, atravessando a região mamilar, descendo pela medula, e se concretizando em emissão seminal. Não tenho o mínimo interesse, agora, em particularizar assuntos de especialistas. Não sou médico, ignoro completamente a anatomia, a endocrinologia, as interações das duas, e outras coisas ainda. Vagamente me fixei na hipófise porque além de glândula gonadotrópica, sugere, pela posição, as possíveis ligações com uma percepção de totalidade. Deve ter alguma relação com os nervos da visão, audição, olfato, e outros, e daí, com o aprendizado de um sistema de valores. Se percepção está ligada à *forma,* visual, auditiva, eidética, e forma traz no bojo o conceito de valor, o caminho para uma neurose ou psicose está aberto, e o caminho é pura e simplesmente hipótese, especulação, filosofia, teoria do conhecimento. O resto é embromação. Sei que hoje a fronteira entre neurose e esquizofrenia é imperceptível, e sei também que uma simples perturbação da ejaculação na puberdade leva a um processo esquizofrênico cada vez mais acentuado, à medida que, invertendo posições, o indivíduo que foi vítima de uma ação social passa a temer o julgamento social pelo que chegou a ser por uma imposição da mesma engrenagem que o deformou. E no processo de deformação fica bem definida a presença da natureza pela *ação mínima*. *Mínima* no comportamento sexual, profissional, eidético, somático, lingüístico. A aparente complexidade da presença de três consciências, *eu-tu-ele*, desaparece se abordarmos outra questão. Estamos habituados a esperar sempre uma recompensa pelas nossas ações, que são sempre boas, quaisquer que sejam, da Patagônia à Groenlândia. Somos educados num regime de *gratificações* (incluo o sentido que a psicanálise dá à palavra). Elas vêm de Deus ou da sociedade. Isto um dia me fez pensar o oposto, e associando agora à consideração de ser uma estrutura aberta, pergunto se o homem não será algo parecido com o grego do filme: quando dança, não quer aplausos. *Um grego quando dança é porque está contente*. Pergunto: não será o homem algo que quando vive não precisa de aplausos, vive porque tem prazer em viver, mesmo com dor? Pergunto, apenas. Palavras como exibicionismo perderiam o sentido. Localizo. Essas considerações me vieram na Cinelândia, observando as bichas em frente ao Amarelinho. E outras, como coprofagia, deixariam de ter as ressonâncias de qualquer regressão. Prefiro pensar em expressões como coito *per anum, per os, per diabolum* (corrijam este latim de sacristia!). Quanto ao valor de certas terapias, e seus prolongamentos morais, lembro que na região do Araguaia é comum curar picada de arraia-de-fogo com uma aplicação de vagina sobre o ferimento. Isto foi lido em algum lugar e confirmado por amigo que visitou a região. Examinando o método em profundidade, levaria talvez o paciente ao regresso ao útero materno através de uma relação incestuosa transferencial; tudo isso inconsciente. (Estou fascinado com a minha capacidade de escrever o período acima. Encantado. Com essa habilidade de embromar, se não fosse idiota, iria longe. Ou não? Conquistaria a morte oficial, e perderia a conquista da minha, individual.)

Gostaria, ainda, de introduzir um outro aspecto. Toda pesquisa psicológica se dirige sempre à descoberta de uma noção, uma *força*, uma *estrutura* fundamental; é ainda o velho hábito de demonstrar a existência de Deus pelo método das causas primeiras. Por que não considerar *a noção, a força, a estrutura* simples essa totalidade complexa que sou *aqui e agora*, totalidade aberta, entendam, totalidade incompleta (algum problema lógico?), totalidade que sou como vértice de cruzamento de duas superfícies cônicas, abertas em duas direções. Talvez uma delas seja passado, outra futuro. Observem uma ampulheta, eliminem a areia, e tirem as duas calotas de fechamento das ampolas. Pelo menos distrai. Ou estimula. Em certos momentos o futuro pode surgir como concentração, aumento de alguma coisa. Se para o indivíduo o *futuro* é a morte, para a espécie (em sentido lato), ao contrário do que se pensa, não há extinção, e sim *aumento* de alguma coisa. A *evolução* seria uma particularidade de um processo mais vasto. E há ainda no operador forma que vincula sexualidade e valor através da consciência o fator tempo. Qualquer abordagem do *tempo* para a existência concreta do indivíduo (*aqui e agora*) em função de conseqüências de teoria da relatividade (desconheço) seria absurda no momento fora do plano da antecipação. O tempo universal, reversível para o corpo, ou reversível como corpo, não sei bem, talvez tenha que ser conquistado pelo mergulho no universo. E o problema ontológico assumiria então pela primeira vez um caráter científico. Quero deixar bem claro para mim mesmo: problema ontológico só tem sentido para o indivíduo que especula sobre o próprio indivíduo que especula. A consciência do indivíduo que especula sobre a consciência não é estática, mas dinâmica, relativa a um período: nascimento-morte. De volta à ampulheta. Espontaneamente há um fluxo de temporalidade. A inversão do fluxo seria contrária ao princípio da ação mínima? A inversão do fluxo como *doença mental*. Creio que o desejo de retorno à infância é uma balela, produto de percepção imediata e valoração de situação da criança no ambiente, nunca uma exigência ontológica. As regressões existem, mas são fruto da consciência. As fixações, frutos de comparações. Eu *vejo* as crianças à minha volta, os cuidados, comparo, julgo, *me* julgo, concluo. Ao concluir, a consciência operada sofreu um impacto da consciência operante, e qualquer que seja a conclusão, sou responsável como *consciência* do que ocorre comigo. Tenho a liberdade de afirmar ou negar, de *me* afirmar ou *me* negar. Poucos, muito poucos *se* negam. Em cima disso a complexificação natural das coisas simples, que não são simples; ao contrário das simplificações grosseiras das coisas complexas, que não são complexas.

Fora do quadro clínico, quando o filósofo afirma "o homem é uma paixão inútil", sua visão é puramente finalista, teleológica, teísta no fundo. A busca de finalidade, onde? Num Deus que já não está mais *escondido,* mas implícito na sua negação. Não há Deus. Para que o homem seja útil é preciso que Deus exista, ou qualquer substituto. Uma categoria. Aliás, sempre foi uma categoria, me parece. O contrário parece difícil. O homem é. Nem útil, nem inútil. Um permanente criador de valores. *É* enquanto *é,* e o que *é.* Antes de acrescentar que a sexualidade tem muita coisa a ver com tudo isso, pergunto: que recompensa desejaria o filósofo para o homem no sentido de que fosse uma paixão útil? Antes ainda de regressar à sexualidade constato que o homem admite com certa facilidade a variação no tempo de seus *produtos,* mas com certa dificuldade sua variação como *produtor.*

Volto à sexualidade. Como estrutura aberta, muita coisa ainda pode ser dita. Ou tudo. Prefiro continuar observando, voltar à Cinelândia. Ser. E aprender a lição. Com quem?

Mas em vez da Cinelândia volto ao Largo do Machado. Uma obsessão. Ou uma escolha obsessiva. Ou simplesmente uma escolha apaixonada, abandonando a velha idéia de que escolher é agir friamente, sobriamente. E no Lamas encontro um momento de euforia. Farto de particularizações, de fracionamento de coisas com a meticulosidade dos tipos que têm uma aflição anal no sentido pejorativo, vibro com o grito do vendedor de jornais. A camisa larga, solta, aberta, entra no café, ultrapassa a seção de frutas, biscoitos e cigarros, e junto às mesas lança a sua pregação: um macaco serviu de parteira, uma velha trucidou a enteada por ciúmes, um fuzileiro deu machadadas no seu protegido em uma hospedaria da Lapa, um cantor famoso envolvido num escândalo de drogas e tráfico sexual ilícito. Porque há o lícito. Guardo o nome do vendedor de jornais: Elias Gomes. É bem mais importante do que muita besta erudita. É mais importante que qualquer filósofo. Muito mais importante que teorias confusas claramente expostas, e *definitivas.* Não é bem o *calor da vida* que ele comunica, isto é lugar-comum de subliteratura barata, esquema lógico fornecido pronto por uma estética de quinta classe para homens da mesma. O que ele comunica é uma *fratura,* uma *abertura,* com a grandeza e o humor dos que dominam a ambigüidade das palavras e com a generosidade dos que não se sentem obrigados

PUBLICAÇÕES EM LIVRO

a se horrorizar com o horror, obrigação a mascarar um sentimento hipócrita, e a impedir o *horror do horror autêntico*. Elias Gomes tem nome de profeta e sobrenome de algum descendente de Bocage que, vindo do Minho ou Algarve, desceu na Praça Mauá e se empolgou com alguma crioula da Saúde. Da sutileza lusitana, uma piscadela ou uma frase requintada, e dos requebros e um *eu, hein?* autêntico, carioca, franco, nasceu um homem. E como homem, com nome de profeta, anuncia. Intransitivamente. O esquema lógico pré-fabricado nos diz que o profeta é isto ou aquilo. O profeta é um homem. Sua inspiração não lhe vem do alto nem de baixo, vem de dentro, da boca e do ânus, seu guia é a *consciência*. Não a consciência dos psicólogos e moralistas, a conscienciazinha miúda esquematizada ou armada de permissões e proibições vagabundas. Simplesmente consciência. Um corpo a manifestar capacidade de criar valores, e que se revela como exigência ética. Elias Gomes berra os seus títulos. O profeta não prevê o futuro, não adivinha o número da sorte da loteria do próximo sábado, nem diz se é possível conseguir ou não determinada coisa. O profeta berra. Sabe que *presença* no mundo é exclusivamente uma presença ética. Não é nenhuma baleia que me diz se no próximo milênio vou comer cenouras, pílulas ou capim. Ele não prevê o futuro, já disse, ele odeia o *passado* como inércia. Ele *é* uma exigência ética. E para espanto meu, constato ali, ao ouvir os berros de Elias Gomes, que toda a exigência ética oficial se escora na sexualidade *adulta*. Que foi através dos valores admitidos para a sexualidade que as sociedades se organizaram. Não absolutizo. Constato um dos aspectos. E ao me preocupar com o homossexualismo, constato a idiotice dos tratados. Observam o fato. Esquecem o observador. Ou não fazem nenhuma das duas coisas. Inventam uma terceira. O comportamento homossexual é um *comportamento global no mundo. É a manifestação* do corpo como consciência diante de certos valores. Pode, inclusive, assumir aspectos patológicos. Quando o pensamento de um ato ocorre simultaneamente com a condenação do ato, condenação consciente e não verbalizada, a repercussão somática é imediata. A esquizofrenia inicia o seu processo. Basta não haver *pensamento* nem *transcendência*. Creio que é exatamente neste instante que se instala o *nada*. Que é apenas cessação de movimento, e não o contrário de *alguma coisa*. Uma abordagem sincera do homossexualismo é uma abordagem de outro problema. *O que é o homem?* Este último já foi resolvido, evidentemente, por ilustres e sisudos sábios, em tratados excelentes, compostos com precisão de conceitos, definições, e argumentação eficaz, elaborados de modo harmônico, racional, simétrico. Uma obra-prima estética! Poucos viram que ao fazer a pergunta *o que é o homem?* já responderam: é o ser que faz a pergunta a outros seres que ouvem a pergunta. Mesmo que nenhum deles fale ou escreva. Estrutura aberta, problemática, que se expande com o universo. Apenas. Neste, como em outros casos particulares, o melhor modo de responder é observar bem a pergunta. Só os idiotas querem respostas *absolutas* para questões fundamentais. Confesso que ao avançar no trabalho tenho um certo medo de não chegar ao fim. E sorrio agora. Como se chegar fosse o mais importante. Quando a consciência toma consciência da consciência ela já não é a mesma. Houve transformação.

Embora os animais e os vegetais tenham comportamento sexual, isto é, sexualidade, o que é ótimo para eles, o homem se apresenta na sexualidade como *homem*. O que deve sugerir alguma coisa.

Antes de prosseguir, gostaria de fazer uma observação. Considerando que o prazer não pode ser infinito, a cessação do prazer, sua finitude, já é um prenúncio de dor, se não é já *dor*. Portanto a presença da *dor* na psicologia deveria ter outra abordagem. Partindo não do princípio do prazer ou da dor, mas da significação e finitude dos dois, talvez se chegue a alguma coisa mais *profunda*. No mínimo à alteração de palavras. Masoquismo, por exemplo. Ou fracasso. Numa sociedade em que os princípios do prazer e do sucesso são erigidos como símbolos pelos que a defendem e pelos que a negam, a operação da consciência, que é bem clara e conhecida, e sobre a qual não há mais dúvidas, a operação da consciência é binária, pelo que me dizem. A prova é o cérebro eletrônico. Impulso e ausência de impulso. *Sim* e *Não*. A prova, um *objeto*! E falam em alienação, em reificação! Num ônibus, olhando as nuvens, refletia sobre *sujeito* e *objeto*. As nuvens, *objeto*! eu, sentado e fumando, *sujeito*. Duas coisas distintas. Objeto claro. Sujeito claro. Apenas gostaria de saber se como *sujeito* tenho algum significado sem a nuvem, se como *objeto* a nuvem tem algum significado sem a *minha* presença. Outra coisa. Gostaria de saber se antes de olhar para a nuvem, e depois, eu sou o *mesmo, se nuvem e eu* não somos *absolutamente* necessários, e se este absoluto não pode ter a duração de um segundo. Ou menos, para não ficar na convenção. A nuvem seria *sempre eu, eu sempre a nuvem.* Parece que as nuvens acabam com as chuvas. E às vezes me mandam tomar banho. Ou coisa melhor. Lamber sabão, já que inventaram o sabão.

Esquina de Conde de Bonfim e Valparaíso. Roupa *avançada.* Olho uma vitrina de roupa feminina. Ao virar a cabeça encaro com um homem no bar. Outro homem me olha. Me sinto fresco. Toda a cena foi proposital, desde a roupa ao olhar, a vitrina ajudou, e caí na área vaga das coincidências. Despercebido e sóbrio em Copacabana, eu me coloco na Tijuca. E repasso todo o significado da roupa, do interesse pela vitrina, do olhar, do lugar onde me encontro. E recoloco tudo isso num período, recoloco na adolescência. Penso em excitação e perturbação de excitação, situações de excitação coexistentes com *temor* e *culpa,* (são distintos), c o n s c i e n t e s. Temporalmente fiz uma inversão. E lanço uma hipótese: se a consciência operada atua sobre a consciência operante, a caracterização patológica é imediata. A doença *mental* aparece com alterações temporais... e espaciais. Ou percepção espaço-temporal. O princípio da ação mínima em sentido inverso deixa como saldo tensões enormes. Talvez haja coexistência de dois movimentos segundo o princípio: direto e inverso. O mínimo no inverso pode ser *máximo.* Isso me leva a outra coisa. A reconquista da espontaneidade no dedo grande do pé deve afetar a espontaneidade total do cérebro. O inverso seria também verdadeiro. E o ato sexual um detalhe disso tudo. Ligado ainda ao que foi exposto acima, faço a pergunta: como é que se faz a identificação do homossexual nesse contexto espaço-temporal? Homem, mulher, ativo, passivo? Resumo agora: Forma Homem. Forma Mulher. (Apesar de tudo, são bem semelhantes neste vasto universo. Há um momento em que um olhar de Sirius é bem importante.) Roupa. Mímica. Idéias feitas. Aspiração final como ser no mundo. E ainda: *o ser só é ser* como *vontade* de ser. Essa *vontade* é a manifestação *singular* do ser como existência. Uma pedra, uma vez constituída como pedra, tem a *vontade* de ser *mais pedra*. E todo valor conquistado, se é autêntico, é valor traído. Importante, apenas, é saber a necessidade de sua *duração*, ou a duração de sua *necessidade*.

Duas observações, ainda, antes de regressar à percepção espacial, ou percepção da forma:

A masturbação não leva ao homossexualismo, como dizem, mas já é prática homossexual. No primeiro movimento masturbatório aparece ao homem, e à mulher, a possibilidade não verbalizada de uma relação com o mesmo sexo: o próprio. Narcisismo é outra história.

Quando a extremidade referente a futuro está deteriorada (biológica e socialmente), o resto, passado, se altera completamente. A poda revitaliza o que vem antes. De um modo esquemático, simplório, as relações heterossexuais implicam um futuro adequado aos valores sociais vigentes, portanto a relação é uma possibilidade de êxito e de adequação à realidade convencional. Futuro no caso significa coabitação, descendência, amparo formal da *sociedade*. A relação homossexual, também de um modo simplório, esquemático, representa uma negação desse futuro. (A existência de alguns casos em que há coabitação e relativo amparo formal da *sociedade* reforça o meu ponto de vista. São as exceções, produto de conquistas individuais. E que provam outra coisa de mínima importância. O *marginal* lúcido sabe que ele também é *sociedade*.) Nesse campo o problema de valores é engraçado. Num cinema, na última fila, sento-me ao lado de um homem que acaricia o próprio membro sob a braguilha. Pouco depois sinto uma pressão de joelho e coxa. Aceito a pressão com outra idêntica. Apenas. A ambigüidade persiste entre os dois. O tipo a meu lado me sussurra: sou ativo, se você for passivo, muito bem, em caso contrário, nada feito. Acho boa a explicação, e continuo no meu lugar. O filme prossegue. Comentários vagos sobre as cenas. À saída, o tipo me recomenda que levemos o caso *na esportiva*. Confessa que está gripado, deprimido, e sem dinheiro. Convido para um café. O tipo aceita. E sem mais nada me afirma que tudo era brincadeira. Vejo-o perturbado. Depois de algumas frases, insisto na observação anterior: estava gripado, deprimido, sem dinheiro. Acusa-me de anormal pelo que jul-

PUBLICAÇÕES EM LIVRO

gou ver de ânsia no momento em que me sentei a seu lado. Ele se considera normal: aceita a relação homossexual pelo dinheiro. Quanto a mim, ativo ou passivo, pouco importa realmente, insisto na pergunta: quanto cobra, tem preço fixo? Hesita, diz que não, faz questão de frisar que trabalha regularmente, apenas naquele mês o pagamento estava atrasado. Me despeço. Sigo pela rua. Penso em *valores*.

Agora, sim, posso abordar o problema *espacial* ou *espaço-temporal*. A ambigüidade no cinema em distinguir ativo ou passivo facilmente conduz aos artifícios de identificação necessários para que haja aproximação. O homossexual feminino ativo e o masculino passivo, no caso limite, resolvem o problema calmamente adquirindo os atributos convencionais à qualificação. O feminino se *masculiniza*, o masculino se *feminiza*. Somaticamente, inclusive. O feminino passivo sabe que a abordagem é fácil, o masculino ativo sabe que a aproximação é imediata. O resto é função do jogo natural de simpatias e antipatias. Ou jogo natural de contrafação de esquema heterossexual em que entram humor e paixão. Por isso creio ser impossível encarar uma *espacialização*, apenas. Se o problema é de roupa, mímica, idéias feitas e aspiração final como *ser no mundo*, o *espaço-tempo* é necessário. Não o dos tratados complexos de física-matemática, mas o *espaço-tempo antropológico*, individual, singular, humano, existencial, se quiserem. A palavra não me agrada muito. Pela banalização, talvez. As noções de tempo e de espaço são geradas interiormente e passam a ser mera *convenção*, um valor adquirido como outro qualquer. Ao negar certos valores, em caso limite, há alteração de espaço-temporalidade, bem conhecida nos seus efeitos pela psicopatologia. Objetivamente a noção de espaço-tempo não tem sentido. A diferença entre o espaço-tempo antropológico e o cosmológico é a diferença do *estado de percepção de valores*. O tempo cosmológico para o homem, na terra, seria uma espécie de *absoluto* (invariante), mas relativo, obtido com uma situação média de percepção válida para a terra. O equilíbrio entre os dois seria obtido por um terceiro. Talvez as bases reais de uma ética que não violentem o ser humano provenham de uma adequação da percepção *espaço-temporal aleatória* às exigências somáticas. Me parece que o estudo mais profundo de certos estados de epilepsia e de algum tipo de esquizofrenia ajudaria bastante, se não oferecesse o perigo oposto: mecanicismo barato, vulgar, grosseiro, primário, apesar de envolver funções altamente transcendentes que nada têm de verdadeira transcendência. Já é comum, e bem vulgarizado, o estudo energético em biologia. Às transformações da célula já se aplicam as leis da termodinâmica, e a entropia já desperta paradoxos entre *campo gravitacional* e *campo biológico*. Tive há tempos a intuição de que *vida* é um fenômeno antigravitacional. Anotei em qualquer parte, não me lembro. Repito aqui. Com a coragem da ignorância e da burrice. Desconheço, honestamente, a bibliografia especializada, não sei integrar uma função elementar, mas a importância da *raiz quadrada de menos um* me fascina. Simples, ou desdobrada com coeficientes, é a partícula mágica num campo árido e chato. Uma convenção, uma invenção do espírito, do *espírito* sim, mas que eficácia na adequação de fenômenos. Olhem bem para uma tela de televisão. Esclareço para mim mesmo: *raiz quadrada de menos um*, sinônimo de *imaginário*. Há tempos, também, escrevi uma crônica sobre o *olhar metafísico do chacma*. Na hora da prece é para *cima* que olhamos. E uma palmeira-real é magnífica com a sua copa alta. A abordagem do estado de *tensões* (energéticas) dos hemisférios cerebrais, de sua manifestação espaço-temporal, sua adequação com o quadro espaço-temporal externo (média de percepções convencionais), não significa a queda num cientificismo chulo. Nenhum problema metafísico, ontológico, seria desprezado, ou abandonado. Mesmo que algum dia a *afetividade* possa ser representada por uma equação (problema epistemológico, apenas), a natureza humana não perderia uma fração sequer de sua condição de criadora de valores, e sua grandeza e miséria de *ser eticamente*. Persiste a angústia como *fratura*, abertura para a transcendência. A angústia que antecede o nada, e que só é superada pela transcendência, nova *fratura*, abertura para a *esperança*, que é a melhor definição, a melhor equação, mais precisa, mais sintética, mais elegante, *esperança* como equivalente de *futuro*, possibilidade de existência espaço-temporal. Possibilidade que inclui sua negação: a morte. E é isto que me leva de novo a abordar a confusão entre *totalidade-complexidade* e *simplicidade-unidade*. A lei mais geral é uma aproximação da apreensão da complexidade como totalidade pelo olhar, por exemplo. A utilização de equações de energia para estudar tensões cerebrais, oriundas ou causadoras de idéias, não invalida uma ética, uma ontologia, nem mesmo uma teologia, se se considera teologia como o limite do movimento de transcendência da consciência, transcendência que abre para esperança, e *em absoluto* para *unidade suprema.* Insisto, a primeira coisa a observar nas matemáticas que fizeram desabar o espaço euclidiano foi a *relativização.* O que era absoluto deixou de ser. E o passo dado foi a procura do caráter experimental e empírico, anterior à "divinização". Na demonstração do postulado das paralelas aparece nítida a noção de *limitação.* A reta infinita não é *infinita.* Lembraria, apenas, que num exercício de meditação utilizado pelos chineses de antigamente o momento máximo era obtido com excitação de tal ordem que a ejaculação sobrevinha; a recomendação era impedi-la. O fluxo energético regressivo, provocado pela retenção do esperma, é avassalador, queima, e é neste ponto que se encaixaria a forte carga sexual do místico, e os arroubos sexuais de algumas santas. E é neste ponto, limite, que se poderia falar de uma *Experiência de Deus.* Mas isto pediria uma análise do EU, outro assunto. E o EU só principia a aparecer quando a náusea se manifesta. Náusea, primeira etapa de um caminho, começo apenas da seqüência náusea-angústia-nada-transcendência-esperança. Nesse movimento há equívocos. Místico é pejorativo para os homens de ciência, ou ditos *de ciência.* O *místico vazio,* o desejado por todos, aspira a uma contemplação estática que é paralisante e alienante. O *místico pleno* é imbricação na realidade, participação da *consciência no mundo;* nenhum paraíso natural, campo de bem-aventurança, mas aceitação de uma exigência ética sempre recriada no cotidiano, encravada na *convivência.* O misticismo seria o reconhecimento de uma percepção de totalidade instantânea, mas não *unidade absoluta.* Totalidade instantânea complexa, afastando a hipótese do movimento da consciência para o *uno-absoluto.* A tentação do *monismo* ou *dualismo* é uma simplificação, uma tentação a ser vencida pela *complexidade* percebida como totalidade, mas não *una.* É desse amontoado que ressurge a idéia de recriação de valores. E os valores do cotidiano têm que ser reconquistados sempre. São valores próprios, mesmo que idênticos aos adotados, a exigirem coexistência com os valores alheios. Como em terra estranha. Somos todos estrangeiros em nossa casa. Todos emigrantes e imigrantes, *daqui* para *aqui* mesmo. A *personagem* que cada um *é* representa uma conquista, necessária. Conquista individual e social. Cada um representa alguma coisa. Só de um *ato livre* nasce realmente uma *relação humana*. Ninguém tem obrigação de coisa alguma. (Que roteiro: decepção, frustração, alienação!) E o ato livre se conquista!

Nessa abordagem da sexualidade em que o elemento valor é obtido através de um operador, *forma*, recoloquemos o binômio: FORMA HOMEM, FORMA MULHER. Forma como conceito um pouco mais generalizado do que o utilizado pelos homens da *configuração*. Perguntaria: que forma *mulher* ou forma *homem* o homossexual masculino ou feminino encontrou em seu período de formação, infância-puberdade-adolescência? Em trabalho anterior afirmei que a sexualidade teria passado por promiscuidade, exigência ética, e com a fratura ética atual estaria em fase de transição para um estado semelhante ao da promiscuidade, apenas em nível diferente. A relação pura e simples do homossexual se efetua:

a) masculino ativo — comportamento chamado normal:
   excitação, penetração, ejaculação.
b) masculino passivo — *personagem* feminina:
   excitação anal, ânus como substituto de órgão a ser penetrado, ejaculação, às vezes, obtida por automasturbação.
c) feminino ativo — comportamento chamado anormal:
   excitação, simulacro de penetração, clitóris, orgasmo.
d) feminino passivo — *personagem* feminina, idêntica a si mesma.

No caso do masculino anoto a seguinte experiência: necessidade premente de ejacular, impossibilidade de masturbação solitária pela necessidade física do *outro*, desinteresse total pela relação com a *forma mulher*. Tentativa de encontrar passivo, frustrada. Encontro com ativo. Aceitação do papel de passivo. Aparecimento de tiques característicos,

PUBLICAÇÕES EM LIVRO

voluntários. Relação impossibilitada pelas circunstâncias. Erotização anal desaparece, assim como outras perturbações somáticas características do passivo que deseja se identificar, para evitar ambigüidades. Tudo isto tem um valor *médio*. Um equívoco a desfazer, também. Quando o homossexual, passivo principalmente, aceita com tranqüilidade o seu estado, ele não escolheu o *seu* sexo, ele *aceitou* a sexualidade, ele *escolheu* a sexualidade. Livremente. A compulsão ainda é manifestação da liberdade de escolha. O patológico é o modo com que essa liberdade se manifesta. Outra constatação: passivo durante a relação anal e paralela excitação mamilar consegue ereção e ejaculação. A erotização anal, produto de perturbação no sistema excitação-orgasmo, e a necessidade de *comportamento passivo* como comportamento global da sexualidade *no mundo* envolvem aprendizado, percepção, hipófise, excitação, e *v a l o r e s*. Repito: o homem ou a mulher que não seguem seus impulsos homossexuais não respeitam valor algum, não se guiam por pautas morais. Apenas não têm impulsos homossexuais. Em relação aos que têm os impulsos haveria a acrescentar as *possibilidades preconcebidas* ou as representações pré-fabricadas do pai da lingüística estrutural.

Pretendo terminar o trabalho. Gostaria de abordar, como prolongamento, a questão: o que significa adequação da consciência operante e consciência operada? EU? Creio que não há propriamente adequação de objeto a conhecimento de objeto, mas adequação de dois conhecimentos do objeto, anterior e posterior. E a definição do movimento da consciência operante? Ausência operante, elemento formal vazio e aberto, *ávido de signos.*

Mas vou parar. O assunto está apenas esboçado. Talvez isto tenha o mérito de formular novamente a questão. Apenas, enquanto honestamente se reconhece a ignorância, é melhor exigir para as *minorias* sexuais não compreensão, mas o direito fundamental de qualquer minoria, o direito de ser, de existir. Sem favores. Morre-se só, sempre só, morre-se a própria morte. Vive-se só, sempre só, vive-se a própria vida. Em qualquer circunstância. Talvez haja aí o fundamento de alguma ética. E como o poeta dizia do mar, ao olhar pela janela repito — a vida, sempre recomeçada.

Alienação e realidade
[1970]

Consciência e valor

Há tempos escrevi um pequeno trabalho sobre a burrice. Partia, é claro, de experiência pessoal. E a dupla experiência, da burrice e de quem escreve sobre a burrice, nunca me abandonou. Ao contrário, e por motivos diversos, tomou conta de mim, do meu corpo, e se transformou numa espécie de lente que me ajudou, e me ajuda, a procurar compreender o mundo. Ampliada um pouco, invadiu o domínio da idiotice, da vigarice, da estupidez, e se metamorfoseou em especulação e matéria para especulação. Como estas coisas nunca são feitas num limbo, procuro esquecer os lugares e os momentos em que foram geradas. Não por vergonha, mas por necessidade de abreviar, para evitar longas divagações sobre o *alto* e o *baixo,* o *certo* e o *errado,* o *belo* e o *feio.* E para evitar também a descrição de caminhadas, andanças, hotéis, hospedarias, ônibus, aviões, navios, barcas, homens, mulheres, crianças, dias turbulentos e ensolarados, madrugadas exuberantes e atormentadas. Fica apenas o saldo, deixo de lado os nomes. Para quê? O que é um nome afinal?

A experiência da burrice, da idiotice, da estupidez, me levou à experiência de uma filosofia experimental. Desconheço o grego, o latim e o alemão, línguas fundamentais para qualquer avanço no campo da filosofia. Na verdade desconheço hoje por um pequeno detalhe, acho que filosofia se aprende na rua e não na faculdade. E aquilo que pude ler, fragmentariamente, em brochuras, em vitrinas de livrarias, em bibliotecas, ainda guarda para mim um ranço escolástico evitado mas não eliminado. Um dia me interessei pela loucura, a clínica, não a romântica, e verifiquei, enquanto me achava num local moral e sexualmente não muito recomendável, verifiquei que o problema fundamental da loucura, em qualquer grau, é o problema fundamental da filosofia, qualquer que seja: teoria do conhecimento, e avançando um pouco encontrei apenas duas noções suficientes para estabelecer um caminho, qualquer que seja: consciência e valor. E confesso que ainda não sei se as duas coisas no fim não se resumem a uma terceira, impossível de definir por enquanto. Impossível porque a consciência que me interessa não é a dos filósofos, psicólogos, nem moralistas. Parto de minha própria experiência, e da experiência concreta que os outros me comunicam, mesmo quando me iludem. Abandono portanto todas as noções ligadas à existência de um suposto inconsciente, ou que nome tenha. Parto de um conceito bem mais dilatado de consciência, de um conceito de percepção da mesma natureza. A primeira coisa que me chamou a atenção foi a gratuidade, a vacuidade, da noção consciência-razão que eu encontrava nos livros e professores. Estava completamente desligada do homem concreto. Outra foi constatar que era impossível, a não ser no campo da lei formal, delimitar a fronteira entre uma razão constituída e uma razão que se constitui. Creio que a decisão mesmo de levar avante a especulação me veio quando percebi a fronteira, barreira imensa, que separava a neurologia da psiquiatria. De um lado, a metafísica, no sentido pejorativo, de outro, a ciência, no seu aspecto mais primário, grosseiro e utilitário. Uma informação ligava tudo isto: o funcionamento de boa parte dos hemisférios cerebrais era ainda completamente desconhecido, e sondava-se a possibilidade de ampliar o campo da consciência.

A última palavra em matéria de sondagem da realidade vinha de uma recomendação para abandonar noções adquiridas e reencontrar o mundo com uma certa ingenuidade. Essa operação se realizava em várias etapas até chegar a uma transcendência de difícil compreensão, e em que não é difícil encontrar o vestígio de algumas experiências místicas orientais, com uma diferença apenas, o místico oriental não hesita em mergulhar a mão na lama, o pensador ocidental tem as unhas bem tratadas.

Outra observação que me ajudou neste caminho foi o dos morros da cidade, do espetáculo pitoresco prenhe de sugestões melódicas, das figuras e trajes a me lembrarem xilogravuras dos mestres do desespero. E tive a intuição de que na realidade só existe um problema de alienação, na rua e no hospício. A diferença é ilusória. E o problema existe mesmo para aqueles que aparentemente já superaram a alienação. Ela é um pouco mais profunda, um pouco mais complexa, um pouco mais *evidente*.

A pergunta: *como se desaliena uma consciência* passou a solicitar minha burrice.

E cheguei à noção de *exercícios de consciência*, partindo do que me parecia elementar, exercício de uma experiência filosófica encarada com o mesmo primarismo, e a mesma ausência de rigor das primeiras tentativas de estabelecimento de uma ciência experimental. Realmente terminou a Idade Média? Os dogmas estão mortos? Evoluímos, ortodoxos e hereges andamos pelas ruas cantarolando o mesmo samba?

Estava neste ponto quando senti que a melhor partida era a da idiotice, no bom sentido. Olhar o mundo com ingenuidade, só as crianças e os idiotas o conseguem. A consciência é bem semelhante, e o mecanismo de percepção tem certa identidade. Ambos utilizam *naturalmente* um princípio bem conhecido nas ciências físicas e ignorado, me parece (se a ignorância não é minha), nas ciências humanas: o *princípio da ação mínima*. Já disse que não sei latim, mas transcrevo, dá um ar mais sério, mais digno:

NATURA NIHIL FACIT FRUSTRA; NATURA AGIT PER VIAS BREVISIMAS

Este latinório aplicado às pesquisas fertilíssimas no campo da percepção, sensual ou eidética, poderia trazer resultados bem úteis. Como exemplo primário: um paranóico com mania de perseguição na mesa de um restaurante, ou num banco de ônibus, ouve o início de uma palavra, uma sílaba, e completa com uma rapidez espantosa a frase que lhe interessa, que está ligada à sua experiência, aos seus terrores. Partindo dessa observação, e do princípio, verificamos que a propalada *intencionalidade* da consciência não é tão clara assim. Como a automação trouxe a questão energética para a pesquisa cerebral sem as embromações de qualquer terreiro, passei a me interessar, ainda pensando no latinório acima, pelos sonhos. O sonho em sua natureza concreta, paradoxal. Um homem deitado num quarto escuro, de olhos fechados, no melhor do sono, *vê, ouve*. VÊ, OUVE. Vê o quê? Ouve o quê? Foi como idiota, dos mais autênticos, que resolvi me formular estas questões. Deixei de lado a simbologia abstrusa, afastei as sondagens abissais, repeli a nomenclatura dos catedráticos, e foi como idiota, repito, que resolvi querer saber o que era o *sonho*. Sabia da existência de trabalhos com eletroencefalógrafo que registravam sua aparição, duração, extinção. Procurava agora observar a *matéria bruta*. E talvez do sonho se possa extrair uma idéia real de consciência, nunca de inconsciência.

Estava eu nessa etapa, vagabundo da consciência, embrenhado em algumas pesquisas ligadas à sexualidade. Deixo o aspecto fisiológico e hormonal para os sábios da matéria, deixo o aspecto psicológico para os eminentes monges dos divãs bem forrados, deixo o aspecto ético para quem de direito. Como é impossível efetuar essa pesquisa em laboratório, só havia um caminho: o mundo. E o mundo é a rua, a praça, o bairro, a cidade, a estrada, o bordel, o parque, o cinema, o hotel de luxo, a hospedaria de cubículos sem luz nem ar, onde mal se fica de pé, porque de um pavimento fizeram dois, o mundo é o ônibus, o saguão de um edifício, uma sala de visitas de madrugada, um mictório, um consultório, um gabinete bem atapetado. O mundo é a exaltação, a alegria, o prazer, o gozo, o medo, o terror, a iminência da morte, a degradação, a humilhação, a euforia, a perda, a conquista, solidão, calor humano, desagregação, reintegração, timidez, arrogância, covardia e heroísmo no mesmo gesto no mesmo instante, o mundo é tudo isso, muito mais, e é essencialmente anonimato. Humilha-te orgulhoso, gritou uma vez um epiléptico. Orgulha-te humilhado, grito eu agora. Não porque te espera um outro reino, que este e o outro são a mesma coisa, mas porque numa etapa semelhante à ascese cristã, voluntária ou involuntariamente, descobriste a verdade do *perder* para *ganhar*. E tem razão o contista que intitulou seu livro PRIMEIRO OS IDIOTAS. Nessas andanças, e ligado a um problema central da existência, mas problema que só existe quando existe, entenda-se, é que cheguei não tão tranqüilamente à noção de *valor*. Paguei o preço, em todas as moedas, inclusive em espécie. Conheci a *compreensão*, e como bom masoquista, suportei delicadezas. Valeu a pena!

PUBLICAÇÕES EM LIVRO

Claro! O negócio é VALOR! E nessa andança nunca me abandonou um episódio lido em uma introdução à psicopatologia, que é mais ou menos o seguinte: um grupo de cientistas resolveu fazer uma experiência com uma tribo africana; determinada carne era proibida; os cientistas prepararam um banquete e perto de quinhentos membros da tribo participaram do mesmo; terminada a refeição, os cientistas comunicaram que a carne que haviam comido era a proibida; perto de quinhentos membros da tribo africana morreram imediatamente.

E de repente, ao tomar um café, talvez, ou num instante coprofílico, quiçá, de repente percebi que tudo à minha volta era valor. Cor, valor, forma, valor, pensamento, valor, valor do nascimento concreto à morte concreta, a idéia, valor, a disposição que determina a idéia já trazendo em si um vazio de valor, que é valor já, valor ainda antes de jorrar. E como existe uma dinâmica de valores, percebi o aparecimento do conflito mesmo onde não deveria surgir, conflito inerente à própria aparição do valor que se reconhece como valor e se recusa permanentemente a uma absolutização que lhe é imposta, transformando em longa descontinuidade o que seria uma descontinuidade instantânea. E o que me pareceu mais interessante foi constatar, ao contrário do que se julga, que a todo instante esse valor é recriado, e não transmitido, recriado mesmo quando é idêntico e dá a ilusão de permanência. A ausência desses *exercícios de consciência* a que me referi acima leva a uma recriação permanente de objetos idênticos, reforçada pela ilusão de que uma ética só é possível num quadro de valores estáticos, quando o que se verifica é exatamente o contrário. A ética é impossível num quadro de valores estáticos, e o processo esquizofrênico, definido como divisão, começa quando a criança dá o primeiro choro na maternidade, já que numa linguagem bem simples as relações de consciência só se mantêm num nível de representação, cinismo e hipocrisia, no bom sentido. Englobo no ponto de vista ético o estético, porque julgo impossível dissociá-los. A ligação, aparentemente um retrocesso, nunca foi desfeita, e essa ligação é fundamental para os que consideram o ético um pouco acima das virilhas. Procuro não esquecer agora que a divisão de disciplinas foi sempre um recurso que a ciência encontrou para estudar e captar melhor a realidade, mas que essa divisão é apenas um artifício, já que na percepção o que existe são totalidades. Quando na rua eu olho para um homem, uma mulher, ou uma criança, olho como *totalidade que sou* para uma *totalidade que é*. Apenas a linguagem é pobre e lenta. E o processo esquizofrênico continua na própria expressão do aprendizado da realidade. Como todo processo tem seu intervalo, este vai do homem que se julga um relógio ao mais eficiente chefe de empresas ou guia espiritual. Considero um dos exemplos mais tristes desses fenômenos o momento em que, no auge da idiotice, perguntei a alguém: *posso pensar?* Mais triste ainda quando verifiquei que o que julgava uma idiotice pessoal, intransferível, era mais ou menos generalizado, apenas indolor. E levado por essa necessidade de unir consciência e valor através do mecanismo de percepção verifiquei coisas interessantíssimas nos momentos de delírio. A fluidez de sílabas, sons, cores, crenças, julgamentos se compondo e decompondo com uma rapidez espantosa. E cheguei à conclusão de que o mecanismo da consciência só pode ser bem conhecido através de um estudo rigoroso dos *sonhos*. A velocidade de formação de uma imagem, visual ou verbal, no sonho deve se aproximar da velocidade da luz, e as operações possíveis da consciência só se manifestam no sonho quando o ato de criação de valores se manifesta em sua pureza. Comecei a me irritar com as classificações dos tratados, com as definições e sutilezas dos estágios da consciência, e verifiquei que o que havia era uma *reificação da consciência*. Daí a necessidade de definir para mim dois momentos da mesma consciência, coexistentes do nascimento à morte, coexistentes e atuantes, do nascimento à morte, coexistentes e atuantes, dinâmicos em fluxo permanente de pequenas descontinuidades:

Consciência operada — todas as percepções acumuladas até o instante determinado.

Consciência operante — movimento de operação de percepções no instante determinado, incluindo formas verbais e averbais.

PUBLICAÇÕES EM LIVRO

Constatei também a impossibilidade de separar as reações afetivas de uma dose de verbalização, o que me levou a efetuar o movimento inverso, da verbalização à afetividade, e nesse setor me pareceu ainda mais importante a observação da percepção patológica. Na sexualidade pude observar reações tremendas provocadas pelo binômio verbal-afetivo, um pouco além dos resultados a que chegaram os observadores da afetividade na linguagem. Um outro aspecto da percepção patológica é ainda a verificação do princípio da ação mínima, mas adulterado, com um saldo de *tensões* responsável, talvez, por muito comportamento incompreensível. Insisto apenas na observação de que a percepção patológica é idêntica à normal, variando apenas de intensidade. Daí a importância de uma *filosofia experimental* para um pequeno avanço na teoria do conhecimento, que se estraçalha hoje entre dois caminhos: a investigação biológica com seus ácidos nucléicos e ribonucléicos, a investigação metafísica, apesar de toda a aparelhagem dos pesquisadores da forma.

Gostaria de finalizar com um sonho. Eu vivo sob o signo dos sonhos. Provavelmente um dia sonharei que estou morrendo e ao acordar... acordar?

Ao lado de um letreiro com as palavras REFLEXOS CONDICIONADOS vi, no sonho, os dois hemisférios cerebrais com duas famílias de curvas desenhadas: uma, no sentido longitudinal de cada hemisfério, outra no sentido transversal, mas junto às extremidades. Eram famílias de hipérboles. Ao acordar me lembrei de que as funções hiperbólicas são importantíssimas em uma série de campos. Nada entendo de matemática. Na verdade não entendo nada de nada. Registro apenas com o intuito de me libertar de algumas idéias obsessivas. E também porque entrevejo a possibilidade de unificar alguns conhecimentos para melhor compreensão dessa coisa amorfa, instável, abjeta, gloriosa que é o homem.

Que outros continuem.

Alienação e realidade

Preocupado com o próximo lançamento de um pequeno livro, no qual procuro, de um modo empírico e grosseiro, estabelecer noções de uma filosofia experimental e do que denominei *exercícios de consciência,* entro no Lamas. São duas horas da madrugada. Sexta-feira ou sábado? Detalhe. O Largo do Machado ainda movimentado com motoristas, policiais e adoradores da noite. Jovens e velhos delicados me fazem pensar na graça possível de um gesto masculino, no garbo de um porte que pode ser uma antevisão do puro prazer de existir. Ou de ser. Aliás me lembrei de outra hora, em que premido por necessidade inadiável, e estando o mictório dos homens ocupado, fui obrigado a usar o das mulheres. Um grande pensador já especulou sobre o assunto. Eu o vivi. A ambigüidade do gesto me fez entrever a imensidade da questão. E são vastas as conseqüências no plano teórico e prático. Entrei no Lamas com duas fomes, a primeira era de amigos. Um homem só pode dizer *eu sou* a outro homem. Percebo que alguém me olha e que um terceiro olha quem me olha. E quem me olha se perturba completamente, ao perceber que percebiam seu olhar. Nesse instante desabou para mim toda a *Teoria do Olhar* de outro famoso pensador. Desabou a *Teoria do Olhar* e a noção de *reificação*. Constatei que a perturbação não vinha da *petrificação* de quem me olhava, mas sim da pura ambigüidade que nasce do encontro de três consciências. Ambigüidade fundamental para repensar ingenuamente o problema da alienação, ambigüidade que engloba *palavra* e *valor*. Valor, sempre valor. Saí do Lamas e fui tomar café no Pontes. Vi um carro da polícia junto a um táxi, uma pequena multidão, um casal ser introduzido na parte de trás do carro-patrulha, um grito de mulher.

PUBLICAÇÕES EM LIVRO

Nada sei do que aconteceu e no momento não me interessou saber. Eu repensava ingenuamente a alienação e me fixava na ambigüidade. Abandonei intencionalmente a *intencionalidade,* por achar que esta já implica em uma decisão da consciência, e me agarrei a outra coisa. Anterior à mesma e que não me pareceu de todo errado denominar de *avidez.* Daí em diante a divagação não foi difícil.

Começo exatamente pela palavra. Simples. Elementar. Pela palavra manifesto meu ódio, meu amor, minha agressividade, minha culpa, meu remorso. Pela palavra que julgo ouvir dos outros manifesto apenas minha afetividade, e ignoro, na verdade, que eu *dirijo* a palavra a *mim,* através do *outro.* E como resolvi no momento abandonar qualquer forma de consciência desligada da palavra, verifico que posso exercitar, através da palavra *vinculada,* a transformação da consciência. Transformação que é PRAXIS autêntica, trabalho autêntico, o verdadeiro trabalho, único elemento real de desalienação. E ainda tomando como ponto de partida, para estabelecer hipóteses, estados patológicos, me interesso pelo fenômeno puramente neurológico da ampliação do fenômeno verbal *mental* até o *auditivo.* Não deixa de ser *auditivo.* Não deixa de ser *ilusório.* E em torno dessas posições o estabelecimento das premissas da alienação social surge com novas facetas. As transformações sociais sempre se operaram como um modo de ser do indivíduo em sociedade, ou um modo de ser da sociedade, considerada em seu aspecto global um organismo vivo, dotado de consciência, e portanto encravada no mundo com a *avidez* de seu ser. Considerando sociedade, em escala mais vasta, o organismo que gera axiologias e, ao gerá-las, cria imediatamente condições para a criação de outras, já que mais importante que um sistema de valores é a capacidade de gerar um sistema de valores, certos conceitos atuais me parecem informes, e embora algumas transformações hajam sido feitas apoiadas nesses conceitos, tenho a impressão de que houve uma quase coincidência. Mesmo assumindo aspectos científicos, não deixa de viver essa ideologia no mesmo clima das outras que combate, já que não conseguiu escapar da pior armadilha da alienação. Seria assim alienada sua teoria da alienação. E essa armadilha é a *absolutização.* Uma característica ligada à avidez, e que em diferentes graus impele a consciência para trás ou para diante e a absolutiza também. Mesmo fora da utopia um homem pode alienar-se no futuro, e o movimento da história, não idêntico ao ser, mas sua manifestação como historicidade, isto é, manifestação espacial e temporal, apesar de suas aparências de *necessidade* e *liberdade* talvez obedeça a outras leis mais evidentes. Não creio que a desalienação possa vir de uma tomada de consciência da consciência, mas de uma pura ampliação da consciência, e aumento, portanto, de seu campo perceptivo. E é ainda a *ampliação* da consciência que surge não como manifestação, mas como o próprio ser dotado de *avidez* e *absolutização*. Essa *ampliação* seria portanto o ponto extremo da alienação, o único a permitir vislumbrar a tendência para o *absoluto* da consciência, e no mesmo instante a tendência para se transformar em *absoluto*. É nesse ponto crucial que ganha importância tremenda a ambigüidade fundamental do ser gerada pela presença mínima de três consciências e se torna complexa na menor coletividade que se possa imaginar. Para a alienação patológica é essa ambigüidade gerada fundamentalmente por três consciências que poderia levar a uma nova modalidade de compreensão do fenômeno. E assim como a desalienação social estaria montada num equívoco, a desalienação mental sofreria da mesma doença. Assim como a teoria da propriedade dos meios de produção produz uma transformação da consciência, mas não a sua *ampliação,* donde a sua desalienação, assim a teoria da sexualidade do princípio do século, embora transforme a consciência em relação à sexualidade, e possa ter efeito terapêutico em certos casos, nada significa na alienação mais funda. Ajuda, em aparência, ao neurótico, mas nada pode com o esquizofrênico. O sucesso de alguns processos, não bem definidos, com o último, oriundos de uma atuação menos dogmática, e mais vital, leva a crer que há, além da necessidade de redefinir a fronteira entre os dois, uma urgência em reexaminar as relações sexualidade-valor, mas reexaminá-las em sua gênese. E reexaminá-las em sua gênese significa introduzir no binômio *sexualidade-valor* o operador *forma,* em seu sentido quase global: visual, auditivo, eidético. Nessa perspectiva muita coisa muda. Apenas para dar um esboço do trabalho que pretendo fazer, coloco o homem diante da forma *mulher* e a mulher diante da

PUBLICAÇÕES EM LIVRO

forma *homem*, e como não concebo sexualidade sem excitação sexual, constato que posso deduzir dessa observação uma série de coisas interessantes que se ligam ao comportamento sexual normal, e ao comportamento-limite anormal. E foi no Galeão, ao observar uma criança, que desabou para mim, embora nunca tenha acreditado nela, a teoria das três fases, oral, anal e genital. E desabou ao começar minha especulação pelo fim. Olhei para a criança ao refletir sobre o problema da responsabilidade infantil, e ao concluir, assustado (outra face da alienação em seu aspecto grosseiro: não ousar pensar determinada coisa, um resíduo do *absoluto*), que a criança em qualquer idade é *responsável* por sua consciência. Não me interessa aqui o problema legal, jurídico, decorrência de um modo primário de ver o mundo, e que nada tem de humanitário. Como ser a criança é responsável. Como adulto a criança assume a responsabilidade de sua consciência infantil. Para tentar compreender o fenômeno da alienação seria necessário compreender bem o fenômeno consciência. E enquanto este vaga entre os dois limbos do espírito e da matéria, nada há a fazer. A consciência alienada não pode se desalienar nos limites que lhe impõe sua alienação. Diria quase que só há um caminho para conseguir isso: *perder* a consciência. Não mergulhar em qualquer estágio pré ou pós, mas *perder* simplesmente. Perder para ganhar. E é nesse ponto que só encontro hoje um caminho, perigoso por sua própria natureza, e que está a um passo da alienação total: o *absoluto*. Esse caminho é semelhante ao da experiência mística como processo de exercício da consciência em seus pólos alienação-desalienação. E essa experiência prova geralmente o contrário do que supõem idealistas e materialistas. O grande místico não descobre Deus, mas se descobre como deus ao perceber seu limite absoluto, incapaz de transcendência; o materialista desalienado (até hoje muito poucos apareceram) esbarra na barreira da luz como limite absoluto, incapaz de transcendência. E é neste ponto que regressamos à ambigüidade.

Volto ao Largo do Machado à procura de cigarros, e também para ver gente, e no Largo procuro ordenar as idéias para alinhavar o problema das três consciências. Em um conto do livro *Os sete sonhos*, "O fio", abordei a questão linearmente, apenas do ponto de vista posicional: um observador que observa um observador que observa um homem. Não havia interação, conflito. Minha intenção era puramente geométrica. Apenas, indo mais longe na história, fiz valer a epígrafe: *douleur, tu n'es qu'un mot.* Me lembrei disso ao olhar o vacuá no Largo do Machado. Como sofria ao não poder nomear as árvores que eu ia vendo, além das banalíssimas mangueiras, mamoeiros, bananeiras, palmeiras. No Jardim Botânico aprendi a identificar a fruta-pão, e que euforia tive ao subir o bondinho do Corcovado, e logo no início poder olhar para os lados e dizer ao ver as folhas: *fruta-pão.* A mesma coisa aconteceu com o vacuá. E eu que esqueci as tamarineiras, os pés de carambola, os de abricó e outras árvores do meu subúrbio. Hoje a palavra mudou para mim. É pura ambigüidade em relação ao real, e os dois extremos experimentados me convencem ainda mais: delírio e ironia.

Como alinhavar o problema das três consciências, dentro da pura ambigüidade da palavra, e sem comunicação averbal, para simples hipótese do *tudo se passa como?* Creio que posso começar pela observação de que a análise *Eu-Tu* do existencialista judeu na verdade é análise de *Eu-Tu-Ele.* O *Tu* absoluto extraído do dinamarquês, ao passar pela prova dos grandes místicos, orientais principalmente, se revela como *Eu* absoluto, aceitando a definição do *eu* como relação. Portanto, mesmo numa perspectiva religiosa, o encontro com o *absoluto* só é feito através de uma segunda consciência, ou melhor, só o contato de duas consciências geminadas pode provocar o encontro com a terceira-limite. Algo semelhante ao orgasmo simultâneo de dois. A forte carga sexual da experiência mística confirma o fato, ainda mais exacerbado pela solidão, isolamento, em que as outras duas consciências geminadas *Tu-Ele* passam a consciências eidéticas, consciências dentro da consciência, mediadas pela ambigüidade da palavra. Agora o caso mais concreto. O caso narrado no início, mais chão, grosseiro, noturno, mais humano: um homem observa um homem que observa um homem — os três se observavam. Não houve comunicação verbal-auditiva. Cada consciência é dominada pelas outras duas, e o passo da alienação se dá na primeira ao não perceber o sentido ambíguo das palavras mentadas provocadas pelas outras. As perturbações somáticas, inevitáveis, registram o maior ou

PUBLICAÇÕES EM LIVRO

menor grau de alienação. O caso limite do catatônico agudo é interessantíssimo por este lado. É um homem dominado totalmente pela geminação *Tu-Ele*. A consciência livre se conhece como *limitada,* e em gestação, *finita* e em expansão, *fechada* e capaz de abertura. A consciência em processo de alienação se deixa trair pela palavra. O sentido ambíguo da linguagem não é identificado pela consciência na relação sujeito-objeto, a aparente reificação é um produto secundário dessa não identificação, e ainda no caso limite, patológico, isso se verifica. O doente se identifica com o outro (pessoa e objeto), através da palavra, se identifica concretamente. A paranóia, em certos casos, é uma transformação tendo base nessa origem, e assume, às vezes, aspectos mais ou menos dolorosos. O que permanece válido em qualquer caso é a *absolutização* do objeto mental para o sujeito. Não há pensamento. Não há deslocamento. É preciso um esforço enorme, no caso da consciência patológica, para superar certos estágios e atingir a consciência operante da consciência livre. A ironia é um caminho. Mas esbarro com a definição que não me sai da cabeça. Ironia faz pensar em humor. E já definiram ironia como o *salto do estético para o ético*; o humor como *salto do ético para o religioso.* Não consigo ligar as duas coisas. Agarrado à minha decisão de permanecer nos dois níveis da consciência que se conhece relativizada e da consciência que se absolutiza, não consigo aproveitar as definições que me fascinam. Seria possível conseguir isso analisando a ambigüidade, utilizando o ambíguo como processo operatório? Então humor e ironia seriam apenas dois graus no caminho absolutizante: o primeiro mais afastado da relatividade, o segundo mais próximo. Partindo da observação de que o indivíduo assume a responsabilidade não de um ato passado, mas da idéia presente do ato passado, no momento em que se manifesta, a ambigüidade adquire um teor mais forte na consideração do *momento,* do *instante* vivido. E a absolutização presente na fratura se torna mais perigosa na tentação de vislumbrar a *eternidade* nesse instante. A ambigüidade ainda flutua na consideração de que ser como natureza sob a forma de homem é ser *eticamente*, e ser homem sob forma de natureza é ser *valor.*

Uma particularidade, ainda, a assinalar, no processo de desalienação, é o papel alienatório desempenhado pelo indivíduo encarregado de conscientizar tanto no processo mental como no social. Essa atuação, perigosa, inevitável, para *atingir* a consciência apela para a *avidez* sem alterá-la. Reforça o caminho da absolutização e cria uma ambigüidade fundamental ainda mais alienante: *atua* sabendo que *atua,* como o *educador* sobre o *educando*; fornece conhecimento, mas nunca a *possibilidade* de conhecer.

Se a ambigüidade pode servir como processo operatório, cabe ainda colocar a pergunta última, processo de quê, para quê? Exercícios de consciência para desalienar com que finalidade? A que espécie de paz aspira o ser? A do feto? A da morte? Será realmente o período fetal paradisíaco? Se o *ser é caminho,* a paz não pode ser a da morte. E a ambigüidade se identifica com o conflito, conflito como *situação* que perturba o *ser,* conflito necessário pela presença *Eu-Tu-Ele.* Donde, paz dinâmica, e não estática. O ser *aspira* à realização finita numa visão de infinito.

Tudo isto visou apenas colocar o problema e lançar uma hipótese de trabalho. E é ainda no Largo do Machado, junto ao café Pontes, que constato ser mais importante do que qualquer especulação sobre a existência a própria existência. Irracional. Arracional. Mística. Simples Ser. E me lembro do santo africano e de seu *ama e faz o que queres.* Atravesso o Largo, subo a Rua das Laranjeiras. Olho o vacuá. É tão conhecido que há um misto de ironia e desprezo. É melhor caminhar. Ambiguamente.

Memória onírica

Não sei se até hoje foi realizado algum estudo aproximadamente científico do sonho. Tive notícias esparsas de algumas abordagens fragmentárias da questão. Considero o estudo de origem da psicanálise sobre os sonhos importante apenas do ponto de vista histórico. Quanto ao resto, a análise é falsa, cheia de superstições medievais. O primeiro estudo sério, limitado apenas às condições em que se verifica, à medida de sua duração, foi realizado por um grupo de médicos americanos, tendo como aparelhagem principal o eletroencefalógrafo. O estudo ideal, impossível, totalmente impossível hoje, seria o da captação pura e simplesmente do sonho, do registro com alguma coisa semelhante a uma aparelhagem cinematográfica completa, ampliada. A partida seria dada pelo enfoque do problema da formação da consciência pelas outras consciências e suas implicações somáticas, principalmente visuais e auditivas. Embora se apresente com aspectos terapêuticos, a narração do sonho pelo indivíduo que sonha é uma deturpação completa, uma recriação de qualquer outra coisa, menos do sonho sonhado. Não me lembro, em meus sonhos, de elementos táteis, gustativos ou olfativos. Embora falha, grosseira, fragmentária, uma abordagem neurológica seria importantíssima. Só ela de um modo empírico permitiria chegar a elucidar uma questão fundamental da natureza do sonho, que é a distinção entre o sonho-acordado: alucinação e o sonho-sonho. Como evidência, os resultados obtidos com alucinógenos. Outro aspecto seria uma pesquisa sobre a natureza dos sonhos nos cegos, surdos, mudos, de nascença. Um fato comum: atribuir no sonho a fala a um outro, em vez de falar o próprio indivíduo. Quantas vezes ouvimos a própria voz no ato de pensar? Partindo da hipótese de que determinados desejos são provocados pelo *outro* dentro de nós, verificar, empiricamente, o processo até a imagem visual. E a cada passo constatamos que é praticamente impossível lançar hipóteses de trabalho, já que a abordagem ou o caminho da abordagem é mais que difícil.

Poderíamos, como partida, esmiuçar certas particularidades, apenas ainda a título de hipótese:

a) mecanismo do sonho
b) objetividade da formação de imagens
c) a questão de símbolos e arquétipos
d) estruturas ou capacidade de um determinado comportamento onírico
e) o visual e o auditivo
f) memória onírica

Mecanismo do sonho

Desencadeado, o sonho pode assumir uma gradação de aspectos que vai da simples reprodução de uma cena perfeitamente admissível no estado de vigília, até a síntese alucinatória em que a composição é feita com extrema celeridade e deformação espacial-temporal, hibridez de formas passíveis de serem associadas a formas míticas, mas que nenhuma ligação tem com elas. Elimino, como hipótese de trabalho, a comunicação, totalmente desconhecida, através da filogênese, e a outra, através de meios supra-sensíveis. O fulcro do mecanismo do sonho seria o da *criação pura e totalmente singularizada.*

Objetividade da formação de imagens

A análise da formação de imagens partiria de duas hipóteses elementares:

I. Uma consciência isolada, silenciosa, nada sabe, concretamente, das outras consciências, silenciosas, que a cercam.

PUBLICAÇÕES EM LIVRO

II. A sexualidade teria passado por promiscuidade, exigência ética, e com a fratura ética atual estaria em fase de transição para um estado semelhante ao da promiscuidade, apenas em nível diferente. O elemento ético se transforma. Não há decadência de costumes, e sim evolução de moral.

A questão dos símbolos e arquétipos

Parte complexa, que poderia ser abordada, para se chegar a alguma conclusão (e sair um pouco do amontoado confuso a que se chegou nos últimos tempos), com uma total negação. Símbolo como equivalência de uma determinada imagem eidética com outra, arquétipo como estrutura formal, vazia, sempre recriada, à semelhança das categorias. A pesquisa poderia ser levada no sentido de determinar os padrões dessa estrutura formal, ou os *indivíduos formais.*

Estruturas ou capacidade de um determinado comportamento onírico

Caberia desenvolver, a partir dos *indivíduos formais,* as possibilidades de composição de formas e os vários modos em que se organizam os elementos. Aí sim, seria urgentíssima uma redefinição do *eu,* tão importante para definir um comportamento, e um abandono de sutilezas grosseiras.

O visual e o auditivo

Exame fundamental das condições concretas em que se verificam os dois fenômenos durante o sono. Insisto na pergunta, já feita em outro trabalho: um homem deitado, em pleno sono, que sonha, vê o quê, ouve o quê?

Memória onírica

A possibilidade, já verificada em experiência pessoal, de atuar no sonho de modo inverso, isto é, numa linguagem que detesto, de atuar no inconsciente através do consciente, me leva à certeza de que só uma visão completa, uma visão da *totalidade* memória onírica pode conduzir a um primeiro estudo, grosseiro, empírico, da natureza do sonho. E isto nunca poderia ser feito sem uma distinção clara da natureza da consciência alienada e da consciência livre. Verifiquei que uma consciência alienada não percebe que absolutiza o seu produto e esquece as suas virtualidades de permanente criadora de realidades. Uma consciência alienada absolutiza, fundamentalmente, a própria consciência. E ao escrever isto me lembro de uma observação de que Deus seria uma experiência do *não eu*. Creio, por experiência pessoal, que Deus é uma experiência do *eu*, em sua expressão limite, e essa experiência tem um valor importantíssimo na análise dos sonhos, e na compreensão de certos comportamentos normais e patológicos. Se examinarmos o sentido que tem a memória em alguns casos doentios, casos em que o indivíduo não chega a perceber a diferença entre *lembrar, reviver* e *viver,* chegaremos a vislumbrar a possibilidade da memória onírica como materialização do fluxo *consciência operante consciência operada,* fluxo definido em outro trabalho, *Consciência e valor,* ainda não publicado:

Consciência operada — todas as percepções acumuladas até o instante determinado.
Consciência operante — movimento de operação de percepções no instante determinado, incluindo formas verbais e averbais.

Registro apenas as notas de uma tarefa quase utópica. Espero retomá-la em breve. E como utopia é *nenhures*, fico observando meus sonhos. Ou os sonhos me observam.

Experiência de Deus

Que nome dar a esta fúria?
O belo nome de indignação!

"L'essence d'un acte fini d'exister
consiste à n'être que tel ou tel esse
et non l'esse pur... l'acte d'exister
se spécifie donc par ce qui lui manque"

(Saint Thomas D'Aquin,
"Contra gentiles",
tradução Étienne Gilson)

Protegido por imensa crosta de esquemas que a sociedade lhe fornece, o homem realmente perde o reino dos céus: essa alegria intensa de se encontrar só, diante de si mesmo, de se saber só, sempre consciente de sua morte, e plenamente responsável pelo seu corpo-no-mundo.

Só após esse encontro é que o homem pode compreender as palavras de Cristo: "Trabalho para meu Pai." É a própria consciência, certa ou errada (para quem?) em sua plena manifestação, desalienada, vinculada às vísceras, quem lhe fala, às vezes, em voz alta, sobre a significação de sua presença *aqui* e *agora*: um homem entre homens. Um reino não utópico, sem monarcas e súditos, um espaço em torno, idêntico ao anterior, que se percebe de repente em sua plenitude.

Mas o caminho é o do terror, da náusea, da angústia, do nada, da dor, do grito, do uivo, do gemido, das aparentes perdas de equilíbrio, que depois se constata serem autênticas *perdas de equilíbrio* num espaço insuportável, perdas necessárias para reerguer-se e descobrir a plenitude existente no mesmo espaço. O caminho é o do rilhar de dentes, da raiva necessária para abolir lirismos letais, e fecais, da sexualidade eufórica que se expande em qualquer lugar, sexualidade humana que não espera bênçãos nem lençóis engomados para sentir o intenso gozo do orgasmo coletivo, sexualidade não controlada por horários e conveniências, mas que se manifesta quando o corpo-consciência encontra outro corpo-consciência, seja o que for, homem ou mulher, e desse encontro surge a autêntica transcendência, que é um *ir além de* no próprio caminho.

E agora, sim, falemos de Deus!

A primeira noção de Deus nos é imposta, como todas as outras, e se incorpora ao conjunto de valores que qualquer tradição nos lega. Mesmo quando é oferecido como antivalor, ele nos surge como valor possível. Negá-lo é quase afirmá-lo. Quando a criança principia a balbuciar e a repetir de um modo aparentemente desorganizado, mas bem organizado para a sua estrutura, as noções à sua volta, a idéia do criador lhe vem como absoluto real ou ideal, afirmado ou negado, e quando negado nada lhe é ofertado em substituição, aceitando-se o fato consumado de que *Deus* é apenas uma ilusão de mentalidade primitiva, medieval, ou mitológica, ilusão desfeita pela *ciência,* e *absolutamente* desnecessária, para o assim chamado espírito moderno. Há um detalhe a acrescentar, e o existencialista judeu viu bem o assunto, e o analisou como fenômeno de eclipse. Quando o fenômeno ocorre não se pode falar em inexistência do sol.

Eu não acredito em Deus.

Acho a noção de Deus fundamental para compreender o fenômeno da consciência humana. E é essa experiência de Deus feita pela consciência no tempo e no espaço, ou no espaço-tempo, se preferirem, que me parece fundamental para vislumbrar (ainda que de raspão e bem superficialmente, por mais profunda que seja a análise) o fenômeno *consciência-em-ação.* Creio que o mais empedernido materialista quando, à noite, fica sentado diante do aparelho de televisão está rezando e rendendo homenagens a um valor idêntico ao que nega com a arrogância de

PUBLICAÇÕES EM LIVRO

pretenso *desalienado*. A fratura criada com a negação simples de Deus cria um vazio que nada preenche, ou gritos idiotas como o de NIETZSCHE: *se Deus está morto, tudo é permitido!* Sócrates queria ser apenas *um homem,* por isso não enlouqueceu, aceitou com tranqüilidade a cicuta.

A idéia ingênua de Deus oferecida à criança me parece mais perniciosa do que qualquer outra. A idéia refinada de Pura Transcendência uma alienação que dá, em bloco, o ponto de partida para a pior incompreensão, a não-compreensão de que é a própria consciência a criadora da idéia de Pura Transcendência, o que não implica em nenhuma conclusão agnóstica, armadilha preparada pelos que não ousam afirmar: IGNORO. O *absoluto* surge como limite da consciência em expansão, em evolução. Deus seria um nome, o melhor talvez, para esse absoluto, e esse nome ainda em função de uma *causalidade grosseira.* A idolatria, fenômeno idêntico no primitivo e no criador, científico ou artístico, seria a objetivação dessa tendência para o absoluto. E derivando por essas águas chegamos à gênese simultânea de *palavra e emoção,* de *idéia e alienação,* gênese difícil de teorizar, já que ligada à experiência pessoal global, e envolve fragmentos informes de manifestação da consciência com tanta vitalidade que deixa dúvidas sobre a capacidade de não adulterar o sentido ao dar-lhe a forma diacrônica de um resumo discursivo. Eis aí o mistério, ou se quiserem, a ignorância, ou melhor, ainda, a abertura do que é imponderável, exatamente por ser imponderável. Não, pobre dinamarquês, não, venerando historiador do hassidismo. O TU é sempre um ser humano. Nunca uma abstração da consciência, uma criação alienada. O TU é um vínculo que se estabelece em função de um ELE. A experiência, a única, a verdadeira, a singular, é pessoal, e não genérica, ilógica, e não grosseiramente racionalizada; a experiência absoluta é a da consciência na fronteira da perda, é o sentimento inflado ao absoluto, em que há anulação da afetividade cotidiana, e a capacidade de criação de idéias aparece no estágio da idéia transmitida de *demiurgo.* A consciência *é* Deus. Apenas. Os chineses já viram isso. Num de seus inúmeros exercícios de meditação, em que há realmente *trabalho sobre* a consciência, trabalho que um ocidental desconhece, e que interessaria a um marxista, com toda a sua *mais-valia,* numa dessas meditações o

ALIENAÇÃO E REALIDADE — 1970

homem que medita se descobre como *schen, deus,* com *d* minúsculo. As relações de um estágio desses da consciência com uma consciência ocidental pequeno-burguesa afetada, oscilando entre neurose e psicose, paranóia e esquizofrenia, seriam campo interessante de pesquisa. Não à procura de *arquétipos*; à procura, talvez, de *protótipos*. Abolindo a idéia primária de uma noção transmitida pela tradição, porque mesmo transmitida chega à minha consciência com as mesmas características de um objeto qualquer, isto é, uma *manifestação* da consciência-no-mundo, abolindo a idéia de uma experiência direta, em que o Transcendente aparece numa relação imediata, ou mediata através de um homem, abolindo as duas hipóteses resta-nos a noção, fruto de um aprendizado como outro qualquer, com os mesmos esquemas, a mesma causalidade, a mesma *necessidade* de uma exigência ética que garanta a convivência. O pior é que em nome dessa exigência ética se trai às vezes o principal: a operação da consciência para atingi-la espontaneamente. A experiência de Deus é a experiência da consciência de Deus. No limite a consciência *é* Deus. Para o materialista, como para o idealista. A experiência de Deus é também, fundamentalmente, a experiência da morte. E é essa experiência que pode ser encarada como o limite de um campo de opções éticas. E essa experiência ética incorporada ao gesto se diferencia do valor *transmitido*. O valor transmitido é testado na situação-limite. Pode inclusive ser o mesmo. Com a pequena diferença: foi conquistado. Defino situação-limite:

> instante em que o valor pode ser afirmado ou negado, estando a totalidade existencial em jogo.

Cabe, talvez, uma pergunta: que espécie de equilíbrio se reconquista quando a idéia de *vida* supera uma crise *mortal*? É também aí que a idéia da imortalidade surge como manifestação da vida que se ama e se quer prolongada, a *alma* como alienação da consciência-campo, nada, desvinculada da consciência-corpo. Na experiência limite da morte, a *vida* aparece sempre como uma outra possibilidade não utilizada, logo, a ser seguida. Ao infinito. Para a consciência, pelo menos. Caberia observar,

PUBLICAÇÕES EM LIVRO

também, que quando um homem recebe alguma coisa, já conquistou o direito à dádiva. O feto, mal gerado, principiou a conquistar o direito à vida. Quando nasce, ele já *conquistou* esse direito. Ninguém lhe *ofereceu* a vida. Ele a *conquistou*. Está aí, vitorioso. Quando o homem morre, ele conquistou o direito à morte. E morre só, em qualquer lugar. Até a nostalgia de um *morrer em casa* é um valor como outro qualquer, resíduo de uma afetividade mal estudada. O homem *vive só, morre só*. Quando um homem morre entre familiares:

a) tem uma ilusão de conforto; se morre, a morte é própria, portanto indiferente ao local.

b) tiraniza aqueles que o amam, porque lhes impõe o espetáculo de sua morte.

A morte não é um ato social. É um ato individual, singular, intransferível. E é nessa experiência limite que ele constata que não há passado, nem futuro. Há um *presente sucessivo*. Se o passado *me* perturba é porque o presente *me* perturba. Se o futuro *me* perturba é porque o presente *me* perturba. E é ainda aí que surge a pergunta das horas de tédio: será realmente *insuportável* a pura consciência da existência? Ou nessa consciência da existência ponho recheio de falsos valores? E indo mais longe: o que oferece o *materialista* à consciência alienada para cobrir essa estrutura da consciência que se manifesta sob a forma de *tendência para* o *absoluto*? Se é uma *exigência ética,* me parece que ainda não foi formulada em termos coerentes. Sob a capa de ciência são valores teológicos os apresentados. Nascimento. Morte. Animalidade. Utopia. Coordenadas concretas a definir um espaço não-geométrico em que se move minha existência. Espaço não-geométrico, pouco me importa a curvatura, em que as trajetórias não são definidas por leis e parâmetros, e em que honestamente tudo se ignora, em que o que interroga é interrogado, em que sonho e realidade têm a mesma consistência de *fato* para o homem que *sonha* e é *real,* concretamente. O que não sonha é um ser amputado, e só o homem *real* sonha. Nascimento. Morte. Ainda o feto. Em algumas urnas funerárias o corpo é colocado na posição fetal. Nos momentos de terror o indivíduo reassume essa forma. Os *profundos* falam em nostalgia, em regresso. Esquecem apenas uma coisa elementar: no caso da urna, é o menor volume em que se pode colocar o corpo; no caso do terror, é a posição do corpo em que há menor dispêndio de energia para enfrentá-lo. Não é um princípio idêntico o que determina a situação no ventre: *natura nihil facit frustra; natura agit per vias brevissimas?*

Há momentos de exaltação na experiência de Deus. A do místico, histérico, exacerbado, em que a sexualidade transborda em imprecações e orgasmos. Nesses momentos pelo menos se constata uma coisa, a histeria não invalida a experiência, reforça-a. O importante, talvez, não seja abolir a histeria, mas saber usá-la. E histeria é uma das formas de adequação ao real, com um significado no Ocidente e outro no Oriente. A Pura Transcendência tem algo mais em que se preocupar do que definir uma Tordesilhas. Não creio que seja necessário um conhecimento da alma, de Deus, e da unidade do mundo, além do conhecimento que temos de que somos capazes de *criar* tal conhecimento. Para isso, para esse aprendizado é preciso que algum deus nos inspire. Mas não este que nos oferecem os que tudo sabem. Para estes só temos uma palavra.

Merda!

Mas, antes, defino valor:

modo da consciência como corpo.

A análise do eu

Grâce à l'ovale, j'ai retrouvé le sens de l'horizontalité et de la verticale.

Braque

A necessidade de compreender realmente alguma coisa me levou ao extremo da anulação total, e da anulação a um esboço de tentativa de redefinir, para mim, pelo menos, o que seja propriamente o Eu. Das definições, explicações, conceitos, guardei uma só, como resíduo de várias metamorfoses, guardei a de Kierkegaard. E esta hoje não me satisfaz. Não me satisfaz porque não consigo conciliar dois elementos fundamentais para compreender o enunciado do dinamarquês: razão e consciência. E se começo a escrever hoje é porque já estou bem longe no caminho. Por isso defino para mim mesmo:

Razão — é um modo de ser de parcela da consciência capaz de perceber *regularidades*.

Consciência — é a capacidade, vazia, criada pelo corpo e que lhe permite o conhecimento da relação do corpo com o mundo. Do corpo integrado no mundo. Localizada na caixa craniana é um vazio, como o de um campo magnético ou elétrico ou gravitacional, aberto e finito, limitado e em expansão, com *suporte* material extremo nos dois hemisférios. Quando a consciência *atua*, atua como corpo, isto é, como espaço e tempo *organizados*.

Para facilitar o andamento das coisas transcrevo o trecho que me ficou como resíduo:

> Numa relação de dois termos, a própria relação entra, como um terceiro, como unidade negativa, e cada um daqueles termos se relaciona com a relação tendo cada um existência separada no seu relacionar-se com a relação; assim acontece com respeito à alma, sendo a ligação da alma e do corpo uma simples relação. Se, pelo contrário, a relação se conhece a si própria, esta última relação que se estabelece é um terceiro termo positivo, e temos então o eu.

E me pergunto: que diferença tem para mim neste momento um fato lido, ouvido, imaginado ou *vivido,* se *neste* momento tem para mim a mesma consistência de *memória?* Recuso, agora, as categorias da psicopatologia que me serviram de muletas até hoje; recuso as categorias, não os problemas que ela enfrenta. E enfrenta mal. No século passado amarrava-se doido com correntes e davam-lhe porradas com jatos d'água. Hoje o eletrochoque substitui o golpe, e nos casos mais benignos, e de maior disponibilidade econômica, há o divã do psicanalista. Que explica tudo, inclusive explica o que não sabe explicar. À base de tudo, por arte de Freud, a sexualidade, hidra, medusa, esfinge. Utilizei situações-limites para conseguir redefinir o *eu,* utilizei o homossexualismo como condição para compreender a sexualidade normal ou dita normal. E o fracasso da psicanálise com o homossexualismo me levou a pensar se alguma vez, fora das indicações do bom senso, teria acertado nos outros casos. Duvido. Acredito em coincidências. O contato com alguma literatura de base analítica me fez entrever ainda que o ideal, a meta, o comportamento assintótico sugerido pelos mais profundos é um comportamento assexuado, messiânico, nostálgico. As sondagens abissais levam ao Oriente, chegam à Índia, os upanishads retomam sua força, simulada, e Buda, um ídolo padrão. Apenas esquecem o caminho de Buda. Que não foi bem o de Freud, Jung, Adler. Como acredito hoje que toda teoria, por mais geral, é sempre feita para uso próprio, e ainda ligado à definição do *Eu,* relembro um episódio da vida de Freud que me explica o porquê do fracasso da análise com os homossexuais. Se não me engano, no fim da vida. Freud desmaiou num jantar que lhe ofereceram em um hotel de luxo de Munique. Mais tarde explicou o desmaio como uma reação a um desejo homossexual em relação a Fliess, que o analisou e o ajudou a formular a teoria. Outro fato da biografia de Freud: aos cinqüenta anos, ou menos, deixou de ter relações sexuais com a mulher. Em concreto: Freud era homossexual, e na Europa de então faltou-lhe a coragem de um Gide para enfrentar a situação. A covardia levou-o a elaborar refinadas hipóteses, e a solução ideal para ele, e para outros homossexuais, era a *abstenção,* e uma outra coisa, um belo termo: sublimação. Seguindo a recomendação de Charcot, e se conhecendo bem, ele abriu a questão da sexualidade. Abriu sem compreender sequer o fenômeno. Um outro episódio biográfico. Dizem que menino ainda ele viu a mãe nua numa cabine de trem. Na época etnólogos e antropólogos começavam a desvendar outros mundos. Freud ouviu falar de incesto nas tribos primitivas. Como homem culto, educado, e alemão, a mitologia lhe era familiar. Gregos, troianos, egípcios, tinham seus mitos, que a literatura se encarregou de renovar. Freud era judeu. Em Roma, passava dias na Igreja de São Pedro *in vincola* admirando o Moisés de Michelangelo. Filosoficamente, no bom sentido que tem a palavra, era um primário. Creio que nunca olhou realmente para uma criança. E a consciência para ele era um decálogo pronto, trazido de um monte e ofertado aos homens. Por pudor, creio, os tempos eram de Haeckel, e por falsa coerência, esqueceu um nome — Deus. E nem de leve aflorou outro: Homem. Entro na Colombo, à tarde. Peço chocolate com torradas. Estou no salão de chá, ao fundo, junto à janela da Gonçalves Dias. Chove. As luzes acesas num dia chuvoso se fundem à claridade tênue do teto envidraçado e se refletem nos belos espelhos emoldurados. Há ramagens e folhas cromadas. No alto, em um balcão, um velho pianista velho tenta acertar o tom de um samba de Baden e Vinicius. *Art nouveau.* Uma época. A época da psicanálise. Vejo um homem gordo, baixo, de camisa de seda e corrente de ouro no lado da calça. É bem recebido, e bem tratado.

Garanto que é digno, honesto, correto, um modelo. E não tenho dúvidas, é um bom filho-da-puta. Das sutilezas mentais desses viados nasceu a panacéia. Pago, inspiro, assumo o máximo de dignidade que me é possível, deixo com displicência uma boa gorjeta, agradeço ao ascensorista com um leve bocejo de fastio. E na rua tenho vontade de dar urros!

No asfalto molhado constato que a primeira forma de dignificar a existência é *existir como consciência*. E ao observar a gênese da consciência cheguei a um ponto em que a observação perturba a gênese da consciência. Nada mais observava. Atingira o limite. Agora é retomar o caminho inverso, isto é, acompanhar a consciência em sua *avidez*, é ser fiel à intuição de que *alienação* mental ou social é produto *contra natura* de uma ação da consciência fora do "princípio da ação mínima". Tomo como exemplo um detalhe de sonho observado: há acúmulo de elementos diacrônicos pessoais em figuras a quem um dia quis evitar *meus* problemas. *Meu* desejo antigo realizado em *outro* que tem hoje as condições para isso. A celeridade de imagens em sua gênese percebida num momento de rarefação, alta madrugada, não respeita nem a lógica dos compêndios nem mascara com profundidades fatos do cotidiano. A não ser que um dia nos ensinem a sonhar segundo um catálogo. O que já acontece até certo ponto devido a um fenômeno banal: a dispersão de noções freudianas e jungianas. E ao remoer penas de amor constato que sofro porque aplico a mim mesmo noções de uma causalidade grosseira, válida para um campo restrito da ciência, e falsa totalmente quando ligada ao destino humano. (Isto não é afirmação de uma liberdade total, arbitrária); constato de novo que me alieno quando dou à outra consciência dentro de minha consciência o direito de decidir sobre o meu direito de ser; e chego à noção de idéia.

Idéia — configuração complexa, vazia, resultante de um estado de equilíbrio entre *corpo* e *mundo*, dependente fundamentalmente, para o ocidental, de um aprendizado verbal. O espaço-tempo de uma idéia é o da *probabilidade*.

PUBLICAÇÕES EM LIVRO

E de repente:

EU — posição de equilíbrio instantâneo, sucessivo, descontínuo, do espaço-tempo aleatório, interior, criado nos dois hemisférios cerebrais pelas tensões oriundas das *Idéias*; equilíbrio determinado na hipófise; equilíbrio que é criação permanente de realidade.

Não me agrada ainda o que está escrito acima. A primeira anotação a respeito dava:

EU — relação consciência operante-consciência operada. Mas nada consigo explicitar com a definição se parto do já sabido ao já sabido, isto é, do que suponho ser um *eu* que escreve a um *eu* que já escreveu. Daí a importância de observar casos de *eu* desfeito, esfacelado, ou nem constituído, com um vocabulário que detesto. (Acho, ainda, que poucos dizem *eu*, realmente, embora seja a palavra mais ouvida. A criança, num determinado momento, pronuncia *eu*, e é *eu*. Após a primeira vez os adultos se encarregarão de anulá-lo.) Num estágio semelhante ao início da esquizofrenia o pensamento se absolutiza e a consciência é incapaz de operar elementarmente, isto é, de deslocar idéias. Desaparece a ambigüidade da palavra. Não há ironia. Há univocidade de sentido nas frases, e anulação do *eu*. É a consciência operante paralisada. Constate-se ainda que a relação de consciência operante-consciência operada ainda não é *pensamento*. O esforço para manter em ação a consciência operante que só é *operante* em relação à *operada*, produto de uma diminuição real do *eu* como natureza, e portanto, esforço maior do que o exigido por um princípio de ação mínima, se somatiza de diversos modos. Microderrames são prováveis. Intuitivamente e com toda a probabilidade de erro, e da sandice, considero o atrito da circulação sangüínea nas irrigações complexas das células nervosas como o criador do *campo mental, campo* que permite o fluxo de *conhecimento*, identificado hoje nas pesquisas dos ácidos nucleicos e das enzimas. E ao escrever isto, com a fatuidade de quem tudo ignora do assunto, me ocorre de que a importância de uma pretensa posição materialista não é *negar Deus*, mas constatar a *avidez* que a consciência tem de *absoluto*. Dêem-lhe o nome que quiserem. Inclusive *matéria*. O desejo de especular em torno de uma filosofia experimental, e nada melhor para definir um *eu* do que a experiência filosófica da constituição de um *eu*, sendo o resto esquema pré-fabricado para utilização conveniente, essa experiência me faz sonhar com os pré-socráticos. Não havia cérebro eletrônico, ar condicionado nem complexo de Édipo. Édipo era apenas um rei de uma dinastia infeliz que teve uma filha famosa, também, Antígona, e que nas mãos dos trágicos virou *personagem*. De que dispunham os pré-socráticos para especular? Do melhor instrumento, o próprio corpo, e como os hindus, sabiam perfeitamente que a terra é chata, e o céu é uma esfera. Verifiquei que tinham razão há poucos dias, estirado no banco de trás da cabine dupla de uma caminhonete, olhando as estrelas, na altura de Ceres, de volta de Porangatu, Belém—Brasília. Perfeito. À medida que me desloco na estrada sou sempre o centro de um plano que intercepta o céu numa linha de horizonte, o mesmo céu que acima de minha cabeça abriga estrelas, talvez mortas (mas para quem?), e é evidente que só algo semelhante à esfera pode proporcionar semelhante sensação. E ali me pergunto: *você* se percebe como criador permanente de *realidade*, como produtor de significados, em cada fração de segundo, na rua, em casa, acordado, dormindo? Você como criador da *árvore* como idéia de árvore ao olhar ou pensar em árvore percebe que ela só é árvore para *você*, seja *você* quem for, esteja onde estiver, fale a língua que bem entender. Li não sei onde que alguns africanos ao encontrar algo que não conseguem designar pronunciam apenas *há*, ou algo semelhante. Tenho vontade de fazer o mesmo com a expressão *eu sou*; eu *sou*, é fácil dizer, *eu sou*, difícil, bem difícil, e *eu sou*, a coisa mais complexa que se possa imaginar. Parece fácil, é só repetir. Aprende-se. Com o detalhe de que quando *aprendo* alguma coisa, o máximo que consigo é ter a *idéia* de

PUBLICAÇÕES EM LIVRO

alguma coisa que aprendi. O materialista absoluto (não existe) só tem a idéia da matéria. Como consciência ele nunca poderia ir além. Se ele chegasse a perceber a consciência como *matéria*, já não seria matéria, ou consciência. Creio que o ponto fundamental está numa adequação ao real. Talvez adequação de uma intuição, a mesma intuição dos pré-socráticos presente hoje na apropriação imediata do mundo, a que permite hoje calcular o volume de um cilindro. Adequação de duas *idéias*. Gostaria, se fosse possível, de estudar uma relação:

a gênese da *idéia de uma ação* no macaco (gorila, chimpanzé), e a *idéia limite* de Deus no homem

Mas estudar, como? Registro a vontade, como registro a idéia de campo já assinalada acima:

um solenóide, uma corrente elétrica que passa: um campo magnético. A circulação do sangue nos hemisférios, campo de quê? *Campo?* Uma parcela de espaço com propriedades de... um espaço com propriedades de..., uma *abertura* no espaço para as propriedades de...

As dores de cabeça me preocupam..., e as idéias que tenho na *consciência* enquanto a cabeça me dói? As idéias que preciso encadear para prosseguir na divagação? Essas idéias que me vêm como palavras, e que não sei bem se representam alguma coisa no que se chama *eu*. Me lembro de um doente que andei observando. Ao ouvir, ou julgar ouvir uma palavra, uma determinada palavra, enfurecia-se, dizia que a cabeça *como que endurecia*, e transformava-se em um bloco quase agressivo. Refletindo sobre este doente me ocorreu que nele a palavra assumiu a *sua* totalidade, a *idéia da palavra* transformou a parte no todo, e a sua existência alienada, incapaz de qualquer transcendência, de qualquer ambigüidade, de qualquer ironia ou humor, se identificou com uma espécie de *nada*. Nele ainda me interessou uma outra observação: a seqüência palavramentada, palavra-verbalizada, palavra-audível ilusória. A intensidade da gênese era de tal ordem que ultrapassava o limiar de audibilidade e assumia o caráter de objeto alheio. Creio que o mesmo fenômeno ocorre com a luz. Que espécie de luz ilumina os nossos sonhos? Em trabalho que pretendo desenvolver, *Memória onírica,* voltarei ao assunto. A observação final do doente acima me leva à especulação sobre divisão corpo-consciência, ou a divisão corpo, corpo — corpo, consciência. Toda a nossa formação alienante, mesmo materialista, nos fornece uma ilusão de consciência como um fenômeno externo, imposto, no mínimo por uma lei de natureza que nos é totalmente estranha. O grande problema surge ao tentar saber se há divisão entre a consciência-corpo, ou a consciência como consciência do corpo, e a consciência como consciência da consciência. O que me leva de volta à problematicidade das *idéias* que eu tenho. Os conflitos entre idéias e emoções dão margem a uma dominância da idéia sobre a emoção, o que torna capaz de dirigir a última e conduz de novo à posição ética: o *deve* ser. Emoção ainda como conseqüência de um sistema de valores que fornece um quadro rígido de esquemas de comportamento. E nesse ponto, realmente, a emoção é um modo global de ser no mundo. Heidegger diz isso claramente no *Ser e o tempo.* Sartre apenas desenvolveu e banalizou o assunto num velho opúsculo, como banalizou, sem aprofundar, o *Eu Transcendente,* e nos deixou com a mesma idéia escolástica de *Eu* e *Transcendência.* Para ele, transcendência é um fato topológico e não operacional, um movimento de vazios, e implica ainda na aceitação de uma causalidade grosseira como determinação do *eu.* Antes de *pensar* determinada coisa já sei que isto *deve* seguir *aquilo.* (Quando não ocorre o fato, há desequilíbrio.) O que se esquece é que junto com a faixa da consciência capaz de perceber regularidades há o campo global da consciência, em que as idéias se organizam segundo leis de probabilidade, e este campo global incrementa ou diminui a faixa-razão. Seria o equilíbrio global desse campo que possibilitaria o movimento que é transcendência, equilíbrio no sentido físico. O divino Platão tinha razão, apenas gostaria de saber que medo, ou alienação, o levou a localizar as idéias em qualquer Shangri-lá. Será que foi a cicuta do mestre? Há sempre Anitos e Meletos. Entre uma partida de trigo e uma idéia prevalece a partida de trigo. É claro que sempre com um nome bonito, um valor eterno a ser preservado: a sociedade. Imutável na sua mutabilidade!

Mas volto à causalidade, e constato que a causalidade só é causalidade para *mim*. Entre causa e efeito há um operador *consciência*. Como consciência é uma estrutura aberta, *causa e efeito* devem variar, dentro de certos limites, certas *regularidades* existentes para *mim* e para o *outro*. Creio que a polêmica idealismo-realismo tem origem numa visão primária, alienada, do que seja *idéia e matéria*. Há sujeito-objeto. A *realidade de uma idéia* é a realidade de um vazio que determina o destino de meu corpo no mundo, é a realidade da adequação de uma *relação* a outra *relação*, da adequação de uma idéia da realidade à outra idéia da realidade. E a consciência como estrutura espaço-temporal tem *avidez de regularidades*, e o conhecimento de uma lei é apenas o produto de uma adequação externa e interna. As leis da natureza são leis percebidas por consciências anteriores a *mim* e que devo aceitar como *consciências* e não como *qualidades* da natureza. Com isto não nego a existência do *objeto*. Apenas constato que sem consciência qualquer lei tem o mesmo valor, isto é, nenhum. Ainda em relação à *idéia*, o que me confunde é a serenidade da filosofia grega, serenidade numa cultura que deu Ésquilo e que conheceu o homem em sua dimensão maior, e o terror cósmico ainda não ultrapassado por nenhum galaxonauta. Será que a angústia aflorou apenas em Santo Agostinho, e veio bater na Dinamarca, porque havia algo no reino que não andava bem? Ou a nossa angústia, angustiazinha miúda de uma sociedade de consumo, que não faz mal a ninguém em ser de consumo, e faz muito mal em ser sociedade, sob qualquer rótulo, nossa angústia será o resíduo banal de um terror que os antigos conheciam e que só nos provoca desprezo, até sermos atingidos por ele, o terror da vida que se ama tanto e que se sabe morte, se ama tanto que mesmo uma crença numa eternidade não é suficiente para acalmar. A não ser na alienação total. Ou na liberdade total. Kamikaze e monges budistas do Vietnam.

O *Eu* é um puro movimento de transcendência. Não há transcendência do *Eu*. Há um movimento transcendente, com a conceituação dada ao termo; e esse movimento é *Eu*.

Perder suas raízes é perder a noção de sua condição de *homem*, estrutura aberta, criador de valores. Ir à gênese de um pensamento e de uma ética é se definir como indefinível, é conquistar o que já foi conquistado, e é transmitido de um modo esclerosado e imposto. Talvez se devesse ensinar que tudo isso foi conquistado, e deve ser permanentemente conquistado e perdido.

A gênese do binômio idéia-emoção

Pouco me importa por onde eu comece, pois para lá sempre voltarei novamente.

(Parmênides — fragm. 5)

Plenamente convencido de que a filosofia no sentido usual, tradicional, está chafurdando num mar de lama abstrata, convicto de que a fenomenologia apenas acrescentou algumas noções teóricas à escolástica do Doutor Angélico, com a extrema humildade da arrogância, ousei interpretar a *redução*, ou a *aletéia*, ou a *intuição das essências*, mas interpretar mesmo, como idiota, como ingênuo, como criança, interpretar a partir de um fenômeno quase desconhecido, e profundamente ignorado: o homem comum. Eis o caminho da filosofia, cruzamento da antropologia e da psicopatologia, caminho inverso, a partir de um fato grosseiro, banal, caminho necessário para sair do charco estético em que mergulhou, e de que foi vítima o próprio existencialismo ateu, ao cortar o que dá ao religioso uma abertura não-filosófica suficiente para mantê-lo vivo: a *tendência para* o *absoluto* ou *Deus*.

Acho impossível afirmar alguma coisa ligada à existência humana, existência como consciência, como valor, como *consciência-valor*, sem abordar de início a gênese do binômio *idéia-emoção*. E gênese não quanto à idéia como um todo, e emoção como resposta corporal plena, global, mas indo à raiz de idéia e emoção como formas incompletas ou estruturas não corpusculares nem atomizadas, mas coloidais, talvez, na falta de termo adequado, indo à raiz da forma em seu movimento de composição, mas ainda não composta, indo ao movimento e à forma da composição do movimento. E aí é necessário quase uma inversão. Conhecer a forma completa, fechada, limitada, pela forma aberta, inacabada, e pelo movimento que levaria à sua perfeição, já que toda forma gerada em plenitude é perfeita, mesmo que seja uma idéia monstruosa. Apenas a manifestação dessa forma como *corpo*, sob a modalidade *emoção*, na qual o elemento *valor* é predominante, é que permite um julgamento e uma situação permanente de conflito. E só a psicopatologia aliada à antropologia podem fornecer elementos para uma vaga compreensão de alguma coisa. E sempre, sempre é possível dizer: *nada sei*. Na partida desse *nada sei*, no rumo que idéia e emoção tomam, posso tentar distinguir o *nada* e o *sei*, e em função disso redescobrir o mundo, ou o *mundo*. O mundo do vigarista hábil, ator, que me envolve com minha arrogância, do louco que se diz Napoleão, e de Napoleão louco, porque perdeu Watterloo. O difícil, bem difícil, é compreender que ele talvez tenha conquistado a vitória da derrota. Quando o homem reconhece sua *nulidade*, a vitória é uma surpresa, a derrota uma forma de manifestar sua arbitrariedade, e após a derrota, encantado, louco, infantil, lúcido, a euforia de pensar: *sou*. Daí talvez a importância renovada de uma forma de conhecimento baseada na ignorância da forma de conhecimento. Isso tem um nome e uma tonalidade pejorativa: *místico*. A *ciência* não admite. No entanto quanta coisa um místico oriental concentrado no próprio corpo pode dizer a um catedrático de anatomia ou fisiologia. E o *místico ignora* tudo isso. Não distingue uma veia de uma artéria. Sabe apenas que tem pernas, membro, ânus, *vísceras*, braços, cabeça, olhos, ouvidos, língua. Suas dores são fluxos de tensões observadas, são consciência de uma relação entre dois elementos ignorados, em que talvez a consciência da relação seja mais importante do que o conhecimento dos elementos, sabe que suas dores são *dores* e, qualquer que seja a idéia de absoluto que tenha, não ignora a polaridade mortal-imortal. Apenas imortal para ele não é nenhuma *vida* eterna como *corpo que pensa a imortalidade*. Outros, menos exaltados, desconhecendo a velocidade do neutrino, ou a densidade da poeira lunar, afirmaram coisas

PUBLICAÇÕES EM LIVRO

como *pensar e ser é* o *mesmo*. Banalidades de uma introspecção que não é *introspectiva*, e não se perde nos labirintos de sutilezas pré-fabricadas para mascarar a covardia diante de um ato vulgar: pôr as mãos em certas partes sem se preocupar com certos verbos. *Sujar*, por exemplo. São homens que têm a experiência da *rarefação*, ou do *quase-vazio*, em que a consciência se sente reduzida a um quase *nada* oposto ao enxame de idéias somatizadas pelo orgulho de uma ignorância plena de *conhecimentos*. Lugar-comum é enquadrar o místico na figura apalermada do beato contrito de túnica branca e suave de gestos e voz. Ousemos imaginá-lo homem comum, na rua, gargalhando de uma piada pornográfica, ou furioso porque vítima de algum idiota, esbravejando no mais fino calão. Isso talvez fira o esquema e provoque decepções entre cínicos e hipócritas pequeno-burgueses, que podem inclusive ser grandes ou proletário-burgueses, se me permitem a heresia. A vulgaridade da empáfia a ditar valores morais e estéticos, a provocar no *criador* aquela soma de atitudes *românticas*, que nos habituamos a imaginar sempre com um fundo musical de violinos, a obrigá-lo a ser *contra* em vez de *ser* simplesmente. Preferiria acreditar mais num poeta satânico que pinta os cabelos de verde e sai à rua com uma tartaruga porque gosta de ter os cabelos verdes e não vê motivo para preferir cão ou gato a elefante ou cará-cará, preferiria acreditar mais nele por isso do que por uma ação de reação. Talvez haja idéia delirante aí, talvez uma das maneiras do *humano* se manifeste na *atitude*. A sociedade gosta do *clown* até o momento em que ele começa a perturbar certos valores, nem sempre o dinheiro, que ela, a sociedade, defende sem saber por quê. Ou sabe? Ou não é propriamente a *sociedade*, mas homens concretos, isolados, que apenas *usam* do que *dispõem*. Não, não foi por deformar os jovens nem desrespeitar os deuses que deram a cicuta ao filho da parteira, talvez por ser filho de outra coisa, que começa com a mesma consoante.

Uma distinção que julgo conveniente fazer agora é a da *consciência-corpo*, e da *consciência-campo*, acentuando que não são duas entidades abstratas ou objetos com existência independente, apenas:

consciência-corpo, no homem, a massa encefálica contida na caixa craniana, em estado de abertura, isto é, capaz de operar virtualmente, com uma característica: *avidez*;

consciência-campo, no homem, o campo produzido pela massa encefálica contida na caixa craniana, *campo*, como campo eletromagnético ou gravitacional.

Com o suporte da consciência-corpo, e na consciência-campo, as consciências operada e operante atuam, armando fluxo entre memória do passado e memória do futuro. Entre essa nomenclatura poderia ser útil a de *fundo* e *figura*:

> Fundo — consciência (global)
> Figura — mundo

E nesse jogo de consciência-mundo ousamos ser aquilo que sonhamos e não o que os outros sonham que somos. Quando olhamos o mundo (figura) com os olhos, os ouvidos, o ânus, ou os pés, a *avidez* da consciência lhe serve de fundo. A adequação figura-fundo percorre a gama de *pura figura* a *puro fundo*, limites jamais atingidos. É pela consciência perturbada, objeto da psicopatologia, que podemos observar os graus de adequação. A *avidez*, permanente criadora de significados nos signos, utiliza a totalidade consciência operante-operada, e dependendo de maior ou menor lesão nas consciências corpo e campo, dará maior importância sempre ao fundo, passando a figura sempre a ter posição secundária. A velocidade das percepções visuais, ou anais, se antecipa à composição da *figura* e ordena *sua figura*; como exemplo grosseiro:

observamos um círculo em gestação, inacabado,

pelo princípio da ação mínima, o que vemos eideticamente:
um círculo perfeito, fechado,

no entanto, a gestação prosseguindo, pode
nos oferecer figuras como:

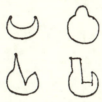

em que a significação é totalmente diversa da antecipada pela *avidez*.

A intensidade do conflito entre as três fases pode servir de medida da adequação consciência-mundo.

Mas essa adequação se dá em que termos do binômio idéia-emoção? O conflito se dá na *idéia*, na *emoção*, numa inadequação das duas? Para melhor andamento do trabalho, copio de ensaio anterior, A *análise do eu*, as seguintes noções:

Razão — é um modo de ser de parcela da consciência capaz de perceber *regularidades*.

Consciência — é a capacidade, vazia, criada pelo corpo e que lhe permite o conhecimento da relação do corpo com o mundo. Do corpo integrado no mundo. Localizada na caixa craniana, é um vazio, como a de um campo magnético, ou elétrico ou gravitacional, aberto e finito, limitado e em expansão, com *suporte* material extremo nos dois hemisférios. Quando a consciência *atua,* atua como corpo, isto é, como espaço e tempo *organizados*.

Idéia — configuração complexa, vazia, resultante de um estado de equilíbrio entre *corpo* e *mundo*, dependente fundamentalmente, para o ocidental, de um aprendizado verbal. O espaço-tempo de uma idéia é o da *probabilidade*.

A partir destas noções talvez se possa chegar a uma melhor compreensão da gênese idéia-emoção, levantando a hipótese, ainda, de acentuar o caráter patológico não da idéia, como se tem feito, me parece, até hoje, mas na emoção.

pensamento "normal"

pensamento "anormal"

Se numa consciência todas as idéias têm a mesma probabilidade de se desenvolver, e a idéia *monstruosa* ainda é função do sistema de valores que cerca a consciência em que se desenvolve a idéia, somente a emoção, que é uma forma somática de pensamento, dá idéia do maior ou menor grau de alteração do equilíbrio consciência-campo/consciência-corpo. Na verdade, o corpo é ainda a grande incógnita na relação idéia-emoção. E só um conhecimento mais aprofundado dessa relação, em sua gênese, e não as embromações de falsos messias, pode originar uma teoria do conhecimento, e portanto, uma filosofia, não *eterna*, nem *perene*, mas *atual*, isto é, relativa, limitada, temporal, humana. Começo com uma pergunta: que nome dar

idéia

à manifestação histérica nos hemisférios cerebrais? Ouso chamá-la de *epilepsia*. E ouso, ainda, indo mais longe, emparelhar emoção-neurose-histeria-epilepsia-esquizofrenia, e repensar os termos em função do que esbocei acima sobre consciência-campo e consciência-corpo. Na consciência-campo produzida pela consciência-corpo a *idéia* seria uma tensão orientada em função da simetria, ou quase simetria dos hemisférios. A emoção solicita uma abordagem um pouco mais fria do que as líricas incursões dos subliteratos. Uma noção introduzida pelo médico que utilizou o primeiro *tranqüilizante* me parece bem útil. A distinção entre neo-encéfalo e paleoencéfalo é bem mais fecunda do que as abstrações de hipócritas e covardes. Nessa linha eu ligaria a emoção à estrutura paleoencefálica, e procuraria, se me fosse possível, repensar a seqüência psicopatológica para chegar ao óbvio e evidente, o pensamento razoavelmente normal. Para isso tem razão um dos papas do existencialismo, e autor de uma vasta *Psicopatologia Geral:* é preciso pensar psicopatologicamente. E pensar contra a correnteza. As perturbações oriundas da consciência-campo, no instante em que se gera o binômio, ainda convenção o nome, idéia-emoção estão ligadas a formas em que o mundo aparece como figura e a consciência como fundo. Imaginemos as formas *família, trabalho, alimento, roupa, sexualidade*. Durante o aprendizado, na ontogênese, essas formas se apresentam como perfeitas e a consciência individual, singular, fornece-lhes a estrutura adequada ao princípio da ação mínima. No conflito permanente consciência-mundo as três fases antes mencionadas se sucedem não sei quantas vezes em um segundo. Tente-se imaginar o acúmulo de alguns anos.

Se o verdadeiro conhecimento, que é abertura para o conhecimento, é anterior e superior ao conhecimento conceitual, a familiaridade com um assunto desconhecido provém de um mecanismo mental, interior, para o qual há um encadeamento necessário entre um fato e outro, numa seqüência desligada do objeto mas ligada à sua condição de *existir* como objeto. Por isso não vejo, indo à gênese, possibilidade para as condições de um pensamento não-conceitual como o preconizado pela fenomenologia, e acho que a abordagem psicopatológica partindo da fenomenologia fracassada. Termino com uma pergunta: em que condições corporais se dá o pensamento não-conceitual dos fenomenólogos, e o que ocorre com a consciência no instante da *redução*?

Eu-tu-ele
[1972]

Aprendo com o povo, sim, aprendo com o povo a reconquistar sempre meu impulso criador, nada mais, aprendo com o povo a compreender um verso de Rilke ou Rimbaud, nada mais, aprendo com o povo a perceber o que há de grande em Picasso, Miró e Chagall, e Klee, nada mais, aprendo com o povo a exaltar demagogos, nada mais, aprendo com o povo a expulsar demagogos, nada mais, aprendo com o povo a ser empulhado por tiranos, nada mais, aprendo com o povo a urrar em delírio ao esquartejar um tirano, nada mais, aprendo com o povo a aplaudir vencedores, nada mais, aprendo com o povo a espinafrar vencidos, nada mais, aprendo com o povo a extrema seriedade, nada mais, aprendo com o povo a gozar hoje o que foi sério ontem, nada mais, aprendo com o povo a aprender, nada mais.

> Por que o desespero? De onde vem a certeza de que os valores *ideais* já foram algum dia realizados, ou são possíveis?
>
> (Schlimazel Mensch)

> A desgraça e a vergonha
> Não são impedimentos
>
> (Chuang Tzu,
> *O homem do Tao*)

Sou homem de crepúsculos. De transições. De nascimentos e mortes aparentes. E foi um crepúsculo vivido apaixonadamente que me deu o início deste livro. Já temi esta vibração. Hoje não temo a loucura. É uma forma de consciência-no-mundo que bem utilizada pode conduzir à abertura e ao conhecimento de espontaneidades esclerosadas pela tirania de covardes e hipócritas. Não temo a linguagem exaltada. O reino dos céus eu o tive há pouco. Tomo café na Praça Quinze, e compro cigarros. Discuto com o rapaz da caixa. Não tem a minha marca. Entro na barca das cinco. É noite ainda. Amanhece tarde neste junho de novecentos e setenta. Salto em Niterói. Sinto com prazer a flexibilidade de meus músculos enquanto caminho à procura, entre homens, de um outro café. Vício. Um deles. Vendedores de cintos e lâminas. Alguns ônibus descarregam gente apressada. Regresso com eles à barca. Regresso à Praça Quinze. Café. Caminho numa claridade tênue sobre as águas. Um desarranjo intestinal me leva a um bar da Assembléia. O vaso está trancado à chave e a chave amarrada pelo português a uma barra de ferro. No instante exato consigo girá-la. Sentado penso na forma que devo dar a este trabalho. Escrevi os prolegômenos para uma teoria da consciência unificada em um trabalho considerado altamente pornográfico: devaneios de um solitário aprendiz da ironia. Para não me repetir mudo o tom. De novo na Assembléia, Rodrigo Silva, São José, Largo da Carioca. Dia. Há faixas de um sol ainda aquém do horizonte nas fachadas e nas nuvens. Ando pela Cinelândia deserta. Compro jornal. Raptaram o embaixador alemão. Clarice Lispector escreve sobre o infinito. Largo do Machado. Café na esquina de Machado de Assis. Praia do Flamengo. Entro no quarto com raiva da frescura dos literatos. Meu nome, entre outros, é Narciso. Não faço versos. Sou Poeta, um homem que me dá a visão autêntica da realidade, inacessível ao homem de ciência; uso, e uso mal, o mais fino instrumento de representação do mundo: a palavra. Nas horas de cretinice me impinjo obrigações, preciso estudar isto, aquilo, o diabo. Folheio assuntos que ignoro pelo prazer de folhear. Tenho à minha frente dois calhamaços sobre espaço, tempo e matéria, e geometria de quatro dimensões. Tenho vontade de rasgar os livros. Há pouco rasguei outro. Já caí no conto-do-vigário da erudição várias vezes. No entanto, ao sair da praia, com o pé na areia molhada, vendo o refluxo da onda vomito as matemáticas mais precisas, incapazes de representar o fenômeno sem um milhão de hipóteses e simplificações. As quedas da Foz do Iguaçu não se perturbam com nenhuma teoria complexa: a água vai firme segundo suas próprias leis. Quando a panela em que eu fervia a água para meu café tinha um furo lateral, a trajetória do fio líquido não consultava nenhuma sumidade para adquirir sua forma. A gota que persiste na bica apesar da torneira fechada é esplêndida na sua transparência, e fiel à sua condição de gota, água e superfície de água em equilíbrio com minha visão.

O primeiro esboço deste ensaio tinha como título *A idéia do homem*. O óbvio. O evidente. Todos nós temos pronta, na ponta da língua, e em outras pontas, uma idéia perfeita do homem. Apenas, mal se tenta aprofundar o assunto, todos nos tornamos gagos, irritados, temperamentais. Essas reações começaram a me dar um vislumbre de uma possibilidade de abordar o problema. Aliás, em tudo isto nada mais pretendo do que a possibilidade de abordar qualquer problema, sem armas nem bagagens, com a mesma simplicidade com que o torcedor de futebol, num bar, arrasa o técnico de um selecionado e escala os jogadores que em seu entender trariam a vitória. Isto, naturalmente, depois da derrota. Uma forma de afirmar a própria arbitrariedade contra a arbitrariedade alheia. O primeiro esboço começava assim:

"Qual a idéia do homem que tenho agora? Ao longo dos anos uma série de esquemas me foi fornecida, e por eles acumulei noções de normalidade e anormalidade, primitivo e civilizado, ignorante e culto, indigno e digno, honra e desonra. De qualquer modo, uma estrutura definida, com meta específica, perfeitamente encaixada nos diversos setores, um ser completo, acabado, a olhar para o futuro com esperança religiosa e desesperança entrópica. O que é preciso saber para dizer alguma coisa sobre o assunto? Antropologia, Etnologia, Sociologia, Paleontologia, Anatomia, Fisiologia, Endocrinologia, Neurologia, Psicologia, Química, Física, Matemática, História, Economia, Direito Civil, Direito Internacional, Sânscrito, Chinês, Celta arcaico e moderno, Astrologia, e...?

Não! O melhor é escrever a Antropologia da Mosca!

— Espera aí, rapaz, *Antropologia da Mosca* não é besteira?

Por quê? Um outro não publicou há pouco uma *Antropologia da Civilização*?

— Ué! E o que é que tem o cós com as calças?

Ah! Não tem não, é?

Adoto, então, outro recurso. Diante da massa de conhecimentos enciclopédicos necessários, apavorado com a possibilidade de fundir a cuca mais uma vez, já que, folheando os assuntos, constatei que no fim, sempre no fim, há um ponto de interrogação, e várias eternidades não seriam suficientes para esgotar um assunto, apenas, diante do único gesto possível, o silêncio, faço coisa melhor. Vou para o Largo do Machado, não sem antes ouvir o *Canto de Ossanha* de Baden-Vinicius, e o *Batuque na cozinha*, com João da Bahiana.

Obrigado, Elias Gomes! Meia-noite e quinze, a caminho do hotel, após um salsichão com arroz à grega, sua voz me despertou. A franca e generosa voz de moira, sem vielas de interesses escusos, sem labirintos de frescuras mentais. Profeta crioulo de blusa aberta e pé no chão, ouvi a trombeta. Acudi ao chamado. E o trabalho mentado sem coragem de tomar forma aí vai com a mesma espontaneidade de sua alegria. Eu lhe dedico este ensaio. E copio:

Um menino de dez anos assistiu à dolorosa cena de sangue, no interior da residência na Rua Dr. João Augusto Assunção, 187, em Cangaíba, quando seu padrasto assassinou sua mãe e suicidou-se em seguida.

A luta democrática — 21-4-70

Para melhor andamento das coisas, avanço dez anos. Dou vinte ao menino, que é já adulto, copio o seu nome, WAGNER, e me pergunto: que idéia do homem tem Wagner, que idéia do homem têm os que rodeiam Wagner, que idéia do homem tenho eu, agora?

Não passou disso.

Havia notas, muitas perdidas:

1) Quanto tempo levará para libertar-se do trauma, e para compreender que se o pensamento é escravo do corpo até certo momento, passa depois a mestre, e ele, pensamento, é que lhe dirá que seu destino singular não pode ser destruído por uma disposição mental que lhe foi dada pelo corpo. Através do *pensamento* conquista o *seu* direito a uma compreensão da existência que nada tem de comum com a dos *lorpas líricos*.

2) A balela da oposição homem-natureza.

3) Computador eletrônico ainda como *natureza*.

4) Acabar com a ingênua idéia de *volta à natureza*. Volta à natureza aqui mesmo, com toda a tecnologia (que é natureza também). Apenas há *qualquer coisa* no acúmulo de *normas* que foram empilhadas ao longo dos anos e que deteriora ainda mais a situação conflitante da existência.

5) Por que o desespero? De onde vem a certeza de que os valores *ideais* já foram algum dia realizados, ou são possíveis?

6) É na consciência de uma simultaneidade de presenças de *consciências singulares* ou *insignificâncias*, que se estabelece a noção de um destino humano sem o lastro doloroso de crenças acumuladas. É na simultaneidade de presenças de valores relativos que a imposição de um valor relativo se insinua na consciência de quem sucumbiu à pressão de estúpidos valores absolutos. Apenas essa transição não se efetua em tranqüilo remoer de idéias eruditizantes, e sim sob o impacto da rua, do cotidiano. E a noção de verdadeiro orgulho aparece então, o orgulho pleno e sadio da aceitação da vida sem ilusões, mesmo como fruição da dor. E a necessidade de amar se impõe; e à necessidade de amar não apa-

PUBLICAÇÕES EM LIVRO

rece a necessidade de ódio como pólo oposto, mas sim como *menos amor*. Assim não haveria antinomias. A *avidez* característica fundamental da consciência se manifesta como *amor*, amor a uma idéia absoluta, ou como idéia absoluta (o narcisismo seria uma bela, porém grosseira, aplicação desse amor), e atração sexual, homo ou hétero, em que a consciência-corpo marca a sua presença no mundo. *Contra natura*, realmente, é a ação da consciência que se opõe ao amor da avidez. Isto em qualquer instante. Este agora. Uma referência *zero* sempre em movimento e que para a consciência singular termina no zero da morte. Sem a necessidade de fantasias posteriores, do absurdo ainda é gerada pela capacidade absolutizante da consciência, ou uma idéia de gratificação. O gesto só tem valor enquanto consciência do gesto no instante do gesto. Fora disso, a *alienação*. O orgulho é sempre ilusão. Humildade é a aceitação orgulhosa da plenitude de um instante de amor como *insignificância* entre *insignificâncias*. O conflito é produto não desta ou daquela sociedade, mas da sociedade como organização de consciências em padrões fixos, sempre alienantes. E o conflito não é propriamente necessário. O conflito é. A famosa *volta à natureza* é um sonho infantil de melancólicos e ociosos mentais. É uma visão falsa da *natureza*. Na Avenida Rio Branco, às três horas da tarde, entre buzinas, fumaça, asfalto e arranha-céus, posso sonhar com *mar verde, campo*. Apenas buzinas, asfalto, fumaça, arranha-céus são também natureza, como natureza sou eu em conflito, e natureza é a minha aspiração à tranqüilidade ou à agitação. Natureza ainda minha aspiração de não deixar que uma idéia do passado perturbe a fruição de um *zero* presente com a inércia de um estado de corpo que não é o estado de meu corpo agora. Natureza a complexificação da percepção. Natureza a minha consciência em ebulição, à procura de evidências não tão evidentes e a minha intenção de dar a *pudor* outro sentido.

7) Como sempre, quanta hesitação para começar o trabalho. Quanto recuo, quanta traição, quanta negaça. Vejo as notas, os vários

início; as exaltações e os ímpetos adiados se acumulam. E na estranha arbitrariedade da consciência-no-mundo é a declaração arbitrária da pulhice de uma causalidade grosseira no destino humano que me dá o piparote inicial. Agora é continuar. Com aquele mesmo espírito moleque que me devolve a ambigüidade fundamental de toda situação. Não tenho vocação para fresco lírico, mas um lirismo autêntico me dominou quando da janela de um ônibus vi a face enrugada de uma rocha na beira de estrada, e um capim fuleiro meio inclinado sob a ação do vento. E se há alguma grandeza no homem, e há, é a do instante em que recria a gênese do lugar-comum. Talvez aos oitenta anos, se eu conquistar o direito à idade, eu venha a descobrir o encanto da rosa. Sua perfeição ainda não me comove. Os versos do poeta que falam da perfeição da rosa, estes sim. Me lembrei agora da introdução de um chatíssimo livro de filosofia de meus tempos de ginásio. Falava em despir o manto e vestir o peplo. Fresco. Qual manto, qual peplo! *Quod abundat nocet!* À vontade com os trocadilhos. Jacaré no seco anda? O pau que nasce torto, se torce de pequeno? Paca tatu enche o papo? Pretendo neste trabalho atacar pela raiz os fundamentos da psicologia tradicional e profunda que me dão náuseas. Naturalmente não pretendo alterar nada, o espetáculo continua. A água, sábia, segue o seu caminho, indiferente às leis que regem o seu caminho. Por que não eu? Sou inferior à água? Parece que me ensinaram isto desde pequeno, sob muitas capas, mantos e peplos. Mas nunca me deram uma fantasia de conde para sair no carnaval.

8) A *Razão* não conquista nada de definitivo. As ilusões da consciência!

De repente, veio a tentação de resumir tudo em duas páginas datilografadas:

A única afirmação possível sobre um processo de conhecimento, fonte de uma teoria do conhecimento, é um *não-saber* que é abertura para o conhecimento. Realmente uma epígrafe para um trabalho do gênero, *atual*, sem ranços teológicos, presentes no mais empedernido

PUBLICAÇÕES EM LIVRO

materialista histórico, é o *deixai toda esperança ó vós que entrais*, em que é preciso definir esperança. A esperança a ser deixada é a transcendente. A esperança a ser conquistada é a imanente. A própria operação sobre um *saber* é um *não-saber* em que o processo operatório não é definido. E em vez de uma esperança teológica, a esperança humana, centrada no momento vivido, baseada na consciência da morte. *Prosseguir* em vez de *chegar*. E foi, me parece, uma *causalidade grosseira* como resíduo de uma consciência rudimentar "não-lógica" a motivação de uma série de esquemas alienantes. Causalidade grosseira presente num *penso logo existo*, ou num *existo logo penso*. A primeira coisa a constatar na relação consciência-mundo é a simultaneidade de percepções. Como a gênese (educação) segue uma causalidade grosseira, há possibilidade de conflito no *campo eidético*. Gostaria de tomar como exemplo um livro que nos ensina a conquistar um método de pensamento com clareza e ordem, escrito sob alta tensão emocional, em que o próprio método preconizado não foi seguido. Não sei até que ponto livros dessa natureza representam um retrocesso na gênese do conhecimento como abertura para o conhecimento, sendo pensamento um processo de *não-saber*. A observação de certos estados psicopatológicos me levou à constatação da condição alienante, nos casos mais sensíveis, de uma educação baseada na causalidade. Aprendo, por exemplo, que há uma relação causal entre calor e trabalho, depois me ensinam que há uma relação causal entre dois comportamentos. A primeira posso constatar sempre, apenas reexamino agora o *posso*, em que a relação causal de dois comportamentos é posta em dúvida. Saliento que no campo das *evidências* essa relação não existe. Essa relação é imposta com maior ou menor arbitrariedade. Havendo perturbação no *campo eidético*, a natureza probabilística da consciência humana desaparece, e em vez dela o que persiste é a velha causalidade, resíduo paleoencefálico de um estágio inferior. No caminho da animalidade à constituição de uma natureza humana o que se dá é uma aquisição *incorporada* de um valor atribuído à exigência ética. A partir daí é possível compreender uma estética, uma lógica, uma política. Essa operação se dá através de *conteúdos de consciência*. E os conteúdos de consciência se organizam segundo uma relação Eu-Tu-Ele. E num momento em que não sei o que fazer de minha ironia, minha e dos outros, não sei como classificar a ousadia da quase afirmação do ingênuo pensador da desigualdade humana. Segundo ele, a reflexão é um estado antinatural, e a meditação uma depravação. Ainda como ironia assumo as duas posições possíveis. A minha diante da ousadia, e a dele ao afirmar que ousa. Englobo as duas e grifo para posterior *depravação* a palavra *natural*.

Como ponto de partida defino campo eidético:

> Campo duplo, gerado nos dois hemisférios, a partir de um centro comum, a hipófise, que se eleva em forma de mola na região frontal, prossegue para a occipital e regressa ao ponto de partida, em nível um pouco superior; este campo é *orientado*, e a energia desenvolvida é antigravitacional

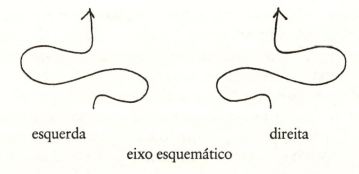

esquerda direita
eixo esquemático

Esta definição é arbitrária, baseada apenas na percepção da forma do eixo esquemático durante um instante em que a simultaneidade de idéias presente no cérebro dava lugar a uma movimentação diacrônica, um fluxo sem tensões somatizadas. A seção transversal deve ser variável, e as envoltórias devem definir um *espaço eidético*, espaço em que as idéias se organizam segundo o *estado* do campo. Lanço como hipótese a possibilidade de, em certos momentos, o ponto final coincidir com o ponto inicial, e o campo duplo assumiria então o aspecto de uma fita de

Möbius. Não sei como desenvolver a idéia de *inversão* da idéia, do mesmo modo como se dá a inversão da figura após o movimento completo na fita.

O tratamento físico-matemático do campo eidético não me interessa no momento. Apenas entrevejo a possibilidade de uma psicopatologia realmente científica no dia em que a abordagem teórica permitir sua utilização pela medicina. As perturbações *mentais* seriam perturbações no campo eidético, ou no espaço eidético. Apenas. E uma idéia de *normalidade* abriria a grande questão da *responsabilidade*. Nesta esfera, sim, creio no homem, ou melhor, em alguns homens. E ouso, por minha parte, designar a energia presente no campo eidético como energia que engloba a famosa e misteriosa *libido*, sendo a sexualidade manifestação parcial dessa energia quando o fluxo energético é contínuo. A bicha louca é um exemplo típico de desordem no campo eidético, em que a sexualidade aparentemente predomina.

Poderia terminar aí. Mas como a angústia não é exatamente um estado resultante de conflitos não resolvidos, mas *transição* vital operada pela consciência, a angústia me leva a prosseguir, bocejando.

Confesso agora que não posso prender o riso quando vejo as longas especulações dos fenomenólogos sobre a consciência. Acho a redução, como eles a definem, impossível, e a *intencionalidade*, uma ilusão de ótica. Definido para mim o *campo eidético*, imaginado o fluxo eidético, num espaço eidético, constato que a operação fundamental da consciência, no ponto em que o mistério ontológico se aclara um pouco, é a *avidez* característica ativa-passiva, em que há simultaneidade de atuação consciência-mundo. E nesse ponto não há sujeito nem objeto. Há sujeito-objeto.

E regresso à primeira intuição de *consciência* e *valor*. (Já defini *valor* — modo da consciência como corpo.)

Após a constatação da *indiferença de* valores abandonar-se a uma pura contemplação do mundo? Ou conceber essa *indiferença* como abertura, isto é, como irreversibilidade, portanto, temporalidade, portanto historicidade. Talvez o erro do oriental após uma assombrosa especulação sobre o pensamento tenha sido a entrega à ilusão do próprio pensamento como *absoluto*. Ou então, uma péssima interpretação do *caminho*. O ocidental, *bárbaro*, ainda não conseguiu chegar ao nível do pensamento oriental. Ainda está fascinado pela *erudição*. A contribuição judaico-cristã talvez seja *apenas* o sentido de *história* encravado no ser, portanto a irreversibilidade do *caminho* para o indivíduo. O resto é mitologia. As leis da história seriam as leis da consciência e a consciência não tem *leis*. Vinculada ao ser, ela se caracteriza por uma *abertura* em que se processa o fluxo do pensamento. A consciência alienada, sim, tem leis (ela se *escora* em absolutos). A não ser que a alienação seja apenas uma etapa no caminho da consciência, tão importante quanto a desalienação, e as duas constituam dois aspectos, entre outros, da *incorporação* de valores. Nesse caso alienação e desalienação não seriam propriamente etapas necessárias. Alienação e desalienação *seriam*, apenas. O simples conflito entre *abertura* (não-saber) e *fechamento* (saber).

A consciência como criadora de realidades *cria para mim* o *mundo* à minha volta. Como o ciclo nascimento-morte se repete para *mim*, sempre, a pequena faixa denominada *razão* é permanentemente conquistada, e tem duração limitada, pequena. Como a história é a história concreta de *homens*, e não um repositório de dados, as *leis da história* são um pouco diferentes das *leis da mecânica*. Se o processo evolutivo antropológico é verdadeiro, somente uma causalidade grosseira me permite apreender o presente em função do passado. Exemplifico. Quando uma *idéia* é repelida pelo indivíduo que a *tem*, quem *repele* a idéia é o *corpo*. E não encontro em nenhuma teoria o nexo entre a *idéia* e o *corpo*. Que valor tem um pensamento se não está vinculado a um "corpo"? A resposta quase sempre é um acúmulo de idiotices *lógicas* gerando idiotices *psicológicas*. O juízo "o sol aquece a pedra" não apresenta dois elementos, um oriundo da *experiência* e outro do *pensamento*, mas sim um apenas, oriundo da EXPERIÊNCIA DO PENSAMENTO. E experiência do pensamento em função da relação Eu-Tu-Ele. Talvez caiba uma pergunta: como se gera no homem concreto essa experiência? Há sempre interação de duas consciências em função de uma terceira, mesmo quando estou só. Enquanto não se define essa relação, teorias como a da sexualidade se entredevoram num charco inconsistente. Seria interessante examinar o equívoco de padrões estéticos reais e ideais ligados à sexualidade. Creio que haveria surpresas para algum pensamento oficial, se é que existe. Um esmiuçamento da relação eu-tu-ele ajudaria também a esclarecer um pouco as trevas da memória, e a deixar de lado sonhos de *unidade* partindo de *totalidade*. Algumas consciências em interação formam uma totalidade diferente de cada uma das consciências presentes, mas nem por isso há *unidade*, no sentido teológico A morte do existencialismo provém de uma ausência, a ausência de uma colocação realmente científica do problema do conhecimento, e uma abordagem *científica* nada tem a ver com o cientificismo chulo em voga. *Ciência*, em sua origem, objeto da epistemologia, abertura para o *conhecer*. E a consciência tem *avidez* de conhecimento. Nessa avidez se ilude. Teríamos, então, ilusões da consciência e não ilusões da razão. A própria especulação filosófica é ciência, já que se desenvolve em torno de regularidades, apenas um pouco mais complexas do que as abordadas pela física ou pela matemática.

Somos párias de nossos sonhos. E de que se nutre um pária? De um puro alento da existência, de uma esperança de ausências, de um cansaço sempre renovado por humilde aceitação, de uma certeza imponderável de instantes compactos. Quais são as possibilidades de pensamento oferecidas ao homem? Todas as existentes e as que possam vir a existir.

*

Eu me assustei há pouco. Vinha da praia, preocupado com um leve exagero de sol, esse sol que me devolveu uma claridade externa, e de quem espero agora uma claridade interna. Doido por um café, tomo uma transversal à praia. Subitamente me vem a decisão de formular uma Teoria das Idéias, assim mesmo, com maiúsculas. Absurdo. E a longa tradição? De repente me vem um bendito *foda-se a tradição*, e resolvo, não por modéstia, formular uma *teoria das idéias*, com minúsculas. Encontro no quarto uma folha com anotações. Não vejo hoje possibilidade para uma teoria das idéias fora de uma teoria sobre a gênese da *idéia*.

Para uso pessoal desenvolvo uma pesquisa sobre uma energética psíquica, mas com *suporte* no corpo, isto é, nos dois hemisférios. Não concebo idéia gerada num vago purgatório ou evereste nevado. Prosseguindo com a auto-observação que me levou a definir *campo eidético*, encontro em mim outro campo, transversal, que denomino *campo absolutizante*

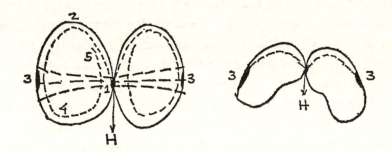

O Campo 3H3 seria o responsável pelas obsessões absolutizantes, vizinhas à esquizofrenia, e pela própria esquizofrenia. Quando o campo é eliminado, ou modificado, a *idéia absolutizante* volta a percorrer o fluxo do campo eidético e se incorpora ao relativismo ontológico. Eu creio tranqüilamente na eternidade, à revelia de ser eternidade relativo ou absoluto. Creio, ainda, sem estar seguro, que a perturbação em 3 (vínculo com a palavra) gera o campo (ou acentua) e impede o fluxo normal do campo H2345. Observei em mim mesmo que em determinadas circunstâncias, à evocação de alguma palavra obsessiva, o fluxo H2345 se interrompia, meu corpo estacionava, e com intensidade percebia apenas o campo 3H3, transversal, unindo as regiões parietais dos hemisférios esquerdo e direito, passando pela hipófise. E é a partir da hipófise que pretendo elaborar a teoria. A idéia é gerada na hipófise, ocupa a totalidade dos hemisférios, percorre o campo eidético, o campo absolutizante, e mais alguns outros, a descobrir ainda nessa esplêndida massa tão desprezada. A idéia geral seria apenas uma idéia particular de um homem concreto sobre uma *possível* idéia particular de outro homem concreto. Agora sim, um pouco de literatura. A importância de Abraxas na teoria das idéias. Esse resíduo primitivo que despertou no velho de Bölingen um poema belíssimo, escrito em transe nada místico para mim. A fonte primeira de onde jorra a realidade (significativa) de cada um. E é no reino de Abraxas que se localiza a possibilidade de uma teoria da sexualidade. Abraxas, hermafrodita, porque nada impede ao homem pensar a relação sexual com a mulher, pensar a relação sexual com um homem, nada impede à mulher pensar a relação sexual com o homem, pensar a relação sexual com a mulher. Abraxas que me encantou há dias com a tentação de alterar o plano de uma novela: Schlimazel Mensch. Alterei para *Guia do Reino de Abraxas*, e ousei:

> Quando se esquece o caminho do Reino de Abraxas é que se passa a viver no Reino de Abraxas. A jornada começa com a loucura, mas é quando se comete a suprema loucura de abandonar a jornada é que se ingressa realmente no Reino, e armado da necessária crueldade da loucura racional pode-se aceitar a condição de Súdito. E Abraxas é ínfimo no Reino. Fonte primeira e atual, sugador de formas mas sem contê-las, demônio maldito e bendito, gerador de deuses, mas inferior a qualquer um deles, açoitador e ameno, alimenta os mortos e sufoca os vivos. Seu Reino tem em torno de uma polegada quadrada, o de seus súditos a dimensão do universo que se amplia. Está entre os olhos e a nuca de um homem e zomba de seu cosmos.

*

Acabou-se a inspiração. Já não há anjos. Gostaria de escrever um poema: A luta de Abraxas e Moira. Os nomes! Os nomes!

*

Não há problema de *bem* ou *mal*. O *bem* é uma conquista, um esforço, e não um prêmio, um esforço do egoísmo fundamental, inerente ao ser (indivíduo humano), egoísmo fundamentado na intuição da morte, apesar das promessas feitas por qualquer esquema religioso.

*

A relação simultânea sujeito-objeto no processo do conhecimento *normal*. No *anormal* há predominância do *corpo* do sujeito.

*

Há um problema de *tempo* entre pensamento e ação. Atentar para o óbvio, o evidente. Uma idéia tem uma determinada *duração*. A ação tem outra, bem maior. Compreender isto melhor.

*

Há um tipo de pensamento adequado ao corpo. Essa adequação define valores pessoais.

*

Se o mundo me aterroriza, só há um lugar onde posso vencer o terror — o mundo.

A idiotice de qualquer sistematização é quase tão nefasta quanto a sistematização da idiotice.

Voluntariamente deixo fechado o atlas de anatomia humana que me daria um vocabulário mais preciso para definir campo eidético, campo absolutizante etc. Neste ponto sou pré-socrático, ou pós. Acho que a mulher tem menos dentes do que um homem. O que não me impede de viver!

*

Gostaria de discutir comigo mesmo uma idéia antiga: bem mais importante do que a especulação sobre a existência é a existência. Nego valor à especulação? Não! Apenas distingo especulação e pensamento. Limito o conceito de existência? Não! Apenas reconheço que qualquer especulação é inferior ao ato global do instante da especulação. Pensamento teológico? Não. Há uma totalidade que teria para mim um deter-

PUBLICAÇÕES EM LIVRO

minado significado se eu pudesse apreendê-la na totalidade de partes que a compõem. E isso é impossível. Considere-se ainda que a soma das partes não é o todo. Três pontos não equilineares não são a soma de três pontos, talvez ousasse falar em pré-triângulo. Não há retas unindo os pontos. Mas há uma experiência do pensamento que me faz relacionar dois pontos com alguma coisa que eu não sei bem o que é. Haveria alguma importância em chamá-la de *pré-linha?*

Chegaríamos com isto a alguma pré-geometria vinculada à percepção? Não creio, embora a fantasia me atraia. Mas há uma coisa que me perturba. Não consigo imaginar um *pré-ponto.* Imagino a linha porque percebo na linha uma *relação.* E isto me diz alguma coisa sobre o funcionamento da consciência, que, para efeito de exposição, distingo em três movimentos simultâneos, coincidentes no mesmo ato:

compreensão
comparação
atualização

o que no fundo é uma operação de *relação.* O ponto não me permite isto. Vou mais longe ao afirmar que a linha seria o resultado de uma operação da consciência espontânea, natural, seguindo o princípio da ação mínima. E essa operação, fundamental na apreensão de um mundo, apreensão significativa, é mais rápida do que a verbalização. Daí a conclusão de que um homem não vive na sociedade porque aprendeu que o homem é um ser social, mas é um ser social que aprendeu que o homem vive em sociedade. No plano da gênese do conhecimento isto me parece fundamental. A mim, pelo menos, o que já é alguma coisa.

Parto ainda nesta discussão comigo, em que me permito aparentes divagações, do fato de que o aprendizado de convivência provém realmente da convivência, e não das idéias generalizadas sobre convivência no grupo que convive. O grande problema, apesar das bestas edificantes, ainda é a criança, e ao incutir-lhe um sistema de valores é preciso saber se a gênese individual da consciência segue realmente as leis que lhe querem impingir. Foi este fato, talvez, que me levou à intuição do Eu-Tu-Ele, como partida fundamental para um sistema de valores, quaisquer que sejam. Apenas me repugna, daí o caráter fragmentário do livro, o jeito didático de uma definição. É isto, é aquilo. Se aparece no texto é produto daquela displicência intencional de uma oralidade. E pelo amor do que seja, não relacionem Eu-Tu-Ele com nenhum triângulo místico ou coisa que o valha. Numa hora de transe posso descobrir o icosaedro místico, muito mais complexo, e completamente distinto de uma decomposição somada de triângulos. O único perigo nessa história toda é a chegada ao lugar-comum. Há uma saída, considerar o lugar-comum uma banalização de um esforço criador. Há outra: dar importância ao *caminho* utilizado para chegar ao lugar-comum. O que, pelo menos, é uma fruição de presentes sucessivos.

*

A grande ilusão de uma função do *presente* é considerar o *presente* como imobilidade (um ponto entre *passado* e *futuro*). Essa imobilidade convencional (o da meditação, por exemplo) não constitui todo o presente. O presente, a mobilidade de um *instante* ou o *instante* da mobilidade.

*

Para uma introdução à gnoseologia:

Princípio idêntico ao da ação-reação para o processo do conhecimento.
Simultaneidade e não causalidade na relação sujeito-objeto.
A idéia como *produto complexo,* conjunto elementar a partir do qual se organiza o pensamento.
A embriaguês do real.
A angústia como produto de uma polaridade na gênese binômio idéia-emoção.
Polaridades — princípio da contradição, simultaneidade de opostos, múltiplos, talvez, e não binários.

PUBLICAÇÕES EM LIVRO

Neste momento, qualquer reação minha no mundo é uma reação de *totalidade*. É como totalidade que ajo, e não fragmento lógico. Uma ilusão da consciência — caminho porque um homem caminha, ou um homem caminha porque caminho. Apenas: caminho.
Estrutura do pensamento mágico:
possibilidades reais
possibilidades virtuais.
A operação de transformação da realidade.
O pensamento *normal*, *sobre* o qual pouca coisa se pode dizer, já seria *mágico*. Toda visão *pessoal* da realidade é uma visão mágica. O que há, de *fato*, no processo mágico?
A obtenção de uma realidade que contraria o processo mágico significativo espontâneo. O processo mágico vulgar é um saber. Com a força *de minha vontade* (consciência) atuo sobre minha realidade para obter produto, às vezes, ilusório.

*

Eu não tem medo de *mim*. O *mim* não conhece palavras. Para o *mim* há. A entrega ao *mim* não significa passividade nem quietismo. A visão esquemática do oriental acentua o *mim*. A visão esquemática do ocidental acentua o *eu*. O *mim* não é ocidental nem oriental. O *mim* é.

*

Flutuação entre *mim, eu, mim, eu, mim.*

*

A gênese simultânea de idéias (verbalizações) e o sentido aleatório da constituição de uma linearidade (temporalidade).

*

A idéia de infinito é a idéia de *abertura* apenas, e não de *sem-fim*.

*

Ciência, realmente, é um *não-saber*. O *conhecimento acumulado* não é ciência, é técnica. O conhecimento do *destino humano*, portanto *filosofia* do destino humano como abertura, é CIÊNCIA e não metafísica (no sentido pejorativo).

*

Ilusão do grande criador:

— Ah! Ninguém me compreende! Estou séculos na frente!

Uma ova! Não está merda nenhuma na frente. Vive no seu tempo exato. Apenas as *coisas* não mudam com os *tempos*. São os criadores que vão acumulando possibilidades de compreensão, *futura* para uns, os mortos, *passada* para outros, os vivos.

*

Não sei onde li isto. É belo:

Que ouse falar do amor quem não conheceu o ódio.

*

A consciência adquire, às vezes, formas semelhantes às consciências divinas imaginadas pelo homem; perde seu vínculo com o corpo. É o caso de algumas fases da esquizofrenia. A *humanização* da consciência seria uma forma conquistada em que é restabelecido o vínculo com o próprio *corpo*.

*

À pergunta *por que me comporto assim, agora?*, qualquer resposta é inferior à realidade global do comportamento *(minha realidade)*. Se eu responder *faço isto agora porque...* não dou uma explicação verdadeira para mim, introduzo *pessoalmente*, ou melhor, *crio* uma causalidade grosseira. A marginalidade vulgar é fruto de um pensamento esquemático desse tipo.

*

Procurar na *criação da realidade* (gênese individual) o que é modificado pelo indivíduo e o que independe de sua ação. Ex.: olho um canto de um quarto, *crio para mim uma realidade significativa*. Mesmo que nada ocorra, continuo permanentemente criando *realidades significativas sucessivas*. Se um objeto se desloca, uma porta se abre, uma lâmpada se apaga, uma luz aparece, ou um móvel se desloca, continuo criando *realidades significativas*, mas algo nessa realidade não *dependeu* de minha *realidade*. (Está confuso isto, não dá bem idéia do que penso.)

*

Grifo porque não consigo expressão mais adequada para o que pretendo *me* dizer.

*

Como se processa, concretamente, a chamada *transformação de valores* (éticos) de um indivíduo? Considerando que não há anjos, que os valores éticos não me foram sussurrados por algum Deus, como se formam, como se processam, como desaparecem e se renovam? *Através de alguns homens e nunca de um modo absoluto*. Insisto, não acredito em Deus, mas a noção me preocupa porque vejo na idéia de *absoluto* um problema fundamental da consciência humana, fundamental nos menores detalhes do conhecimento.

*

Um parêntese. Escrevo *Eu-Tu-Ele* para *mim*. Se realmente for para *mim*, tenho a certeza de que será útil para *Eu*, para *Tu*, e para *Ele*, um indivíduo, um homem. O próprio autor, talvez, se me permitem os humildes monstros da vaidade. A literatura para *mim* agora é uma forma de autoconhecimento. Apenas. O que caracteriza certo tipo de criação. Quanto ao cotidiano, isto me ocorreu num café na esquina de Catete e Machado de Assis. Pedi um papel e esferográfica e anotei. Subitamente me ocorreu que se eu abordasse esse problema com o dono do bar ele me mandaria tomar no cu. Como idiota, sem perceber a ambiguidade das palavras, a ilusão e o valor afetivo de uma expressão, iria mesmo. E o que é *terrível*, para a sociedade, se eu gostasse?

*

Só agora *descobri* que o homem é um animal, simplesmente, e isto é terrível, e que é capaz de desenvolver valores morais, e isto é esplêndido. Apenas, a educação... ah! a educação!... Merda!

*

A diferença radical do comportamento do homem Buda e do homem Cristo. E do homem Sócrates, que por equívoco é conhecido como *filósofo*.

*

Patológica não é a relação homossexual, mas a atitude em relação à sexualidade.

*

A relação sexual é a máxima aproximação do *eu* com o *tu*, em função de um *ele*. Homo ou hétero. A atitude em relação à sexualidade caracteriza bem... o quê? Observação de mictório público.

*

Há um despertar para os objetos em volta que tem o sabor de uma descoberta. É a segunda pureza, conquistada pelo indivíduo. É o redespertar para as coisas. E desta vez elas têm um nome.

O *deve ser*, fundamento de uma ética, está encravado na própria gênese da consciência. Sendo abertura ela sempre *completa* alguma coisa. Quando o comportamento individual concorda com o *deve ser* da consciência não há conflito acentuado.

*

Um engraxate me conta os episódios da enchente por que passou. Quase foi arrastado pelas águas, chegou a afundar num bueiro, salvou-o a humilde e tranqüila aceitação das coisas. A dura conquista da simplicidade e naturalidade dos fatos, quaisquer que sejam, como atingi-la?

*

Que vínculos reais entre a minha disposição *agora* para fazer alguma coisa e toda uma *história pessoal?*

*

O longo aprendizado de um pequeno hábito do cotidiano. Como se operaria um fenômeno inverso, através da consciência? Como se *incorpora* um novo hábito? Defino *incorporar*: a aquisição pelo corpo de disposições novas oriundas de um valor diferente e que passa a se manifestar com espontaneidade.

*

A náusea de uma filosofia *acadêmica*, sistemática, fechada, *eterna*.

*

Quanto tempo para compreender o termo *realidade*! Entre sutilezas espirituais e grossuras materiais, a fluidez de uma consciência-em-ação.

*

Ainda pensando em sexualidade como elemento ético na gênese Eu-Tu-Ele, gostaria de escrever um pequeno trabalho: alguns aspectos da masturbação no homossexualismo masculino.

*

A recusa, em bloco, de uma determinada tradição cultural não implica em recusa da existência, preferiria dizer, da realidade. Creio que muita coisa ficaria mais clara se em vez de especular sobre existência eu o fizesse sobre *realidade singular*. Quando digo existência, é como se dissesse: eis aí *qualquer coisa*, um objeto, Deus etc. Quando digo *realidade* minha consciência se percebe como criadora de uma *determinada realidade*. A observação de perturbação na *atualização* da consciência leva a inverter a posição da fenomenologia atual, já que em vez de *intencionalidade*, teríamos *avidez*, característica ativa-passiva da consciência em-ação. Daí a impossibilidade de comunicação em certos casos. O hábito, a educação, nos oferecem a *realidade* como um dado objetivo; apesar disso, a consciência *se conhece* como ávida. Um trauma que afete essa avidez, esse autoconhecimento da consciência, impede a transcendência da idéia. E o que importa para superar uma situação dessas é o apelo a recursos do pensamento não-conceitual, que nada têm a ver com inconscientes, individual ou coletivo, mas está vinculado à capacidade que tem o corpo de *pensar*. Há pouco, ao observar um homem na rua, meu braço direito foi ao cinzeiro, e os dedos amassaram a ponta do cigarro: por que

PUBLICAÇÕES EM LIVRO

não chamar a isto o *pensamento* do corpo, saindo um pouco do primarismo de reflexos condicionados, que uma péssima vulgarização sempre ligou a cão, campainha e alimento. Para desenvolver ainda o que seria uma teoria da realidade, caberia considerar uma realidade *virtual* e uma realidade *atual* não desvinculada da primeira, coexistente. Um regresso às noções de consciência *operante* e *operada*.

*

Em nome de quê ver na regularidade dos movimentos planetários a presença de uma inteligência superior, ou numa lei *universal* a imagem de *minha realidade*?

*

Observar o aspecto probabilístico da gênese de uma idéia. Até certo ponto, toda idéia deveria ter a mesma probabilidade de ocorrer em um mesmo indivíduo. A ocorrência, com probabilidade maior de determinadas idéias, caracteriza um pouco o indivíduo. As idéias obsessivas, com o grau de probabilidade atingindo quase a *certeza*, mereceriam um estudo pela natureza patológica que assumem em caso extremo. Patológica, não pela idéia, mas pela somatização da idéia. (Ainda a gênese do binômio idéia-emoção.)

*

Basta nascer com uma cabeça, tronco, membros, um caralho ou uma boceta entre as pernas, para ser *homem* ou *mulher*, basta? Basta nascer assim para ser um homem em termos genéricos? Ou é preciso renascer, filtrado pela dor, para compreender que o máximo a fazer é formular a pergunta, sem tentar obter *solução* para o problema, se problema existe. Formular a pergunta, simplesmente, e passar a vida colhendo de si mesmo fragmentos de respostas. Nessa condição não há lugar para desesperos absolutos. Ou o homem nasce, realmente, quando no auge de um acúmulo de fracassos, no paroxismo da angústia, consegue esboçar um gemido, que é a pergunta. É este o segundo choro, não o da maternidade, mas o do mundo, que me interessa agora.

*

As idéias jorram realmente de uma fonte, num processo totalmente desconhecido. É o pré-pensamento de todo o corpo concentrado num cadinho e que sob a ação de uma luz sutil, interior, se transforma em idéia, pouco importa a língua. Deve ser esta a real transmutação de valores dos alquimistas, e nela reside, talvez, a gênese do homem, que é criação permanente, enquanto *é* apenas. Neste sentido o *futuro* seria apenas um nome, o nome da abertura, característica de um *presente*. É preciso reconhecer esta alquimia interna para não cometer o único erro talvez existente. Suportar o fogo e não se lamentar, pois esta dor não é dor. É apenas um sinal de que o caminho está limpo, e a estrada livre.

*

A bênção dos objetos, pela importância de sua relação com a consciência. A bênção como uma oração dirigida a ninguém, e que revela à consciência o *valor* do objeto. Uma atitude pretensamente religiosa, que as religiões avacalharam introduzindo mediadores, deuses.

*

Penso em Caim, nome coletivo, invenção alegórica de alguns inspirados, criação fantástica de algum louco, transcrição corrompida e adulterada de algum som primitivo, penso em Caim como o despertar real de uma consciência, em Caim como um corpo-consciência em movimento, o nascimento, talvez da reflexão.

*

PUBLICAÇÕES EM LIVRO

O que há de belo no homem é a capacidade de sonhar um ideal. De trágico, a de confrontá-lo com o real.

— Quando realmente sonha e confronta!

*

Sou homem de crepúsculos. De transições. De nascimentos e mortes aparentes. E foi um crepúsculo vivido apaixonadamente que me deu o início deste livro.

APÊNDICE: Análise Eidética

Introdução ao conceito de uma fronteira entre a psicologia e a psicopatologia

— A vida é perfeita!

Esquina de Quitanda e Sete de Setembro, entre uma e duas horas da tarde. O grito parte de um crioulo em farrapos, a carapinha imunda, os pés descalços, o rosto encaroçado e sujo. Louco. Há risos. Figura engraçada, pitoresca. Um monte de arte de merda já foi feito com esses tipos. Literatura, pintura, escultura. Tenho a impressão de que já vi este quadro, *este*, repito, nunca pintado, em alguma sala que nunca vi, com belas molduras de entalhes e dourados que detesto. Acendo um cigarro. Percebo que não preciso de respostas para prosseguir. Preciso de perguntas.

Partindo de um fenômeno completamente desconhecido, a gênese da idéia, e tentando compreender o que realmente ocorre em determinados processos psicopatológicos, cheguei, empiricamente, à importância tremenda adquirida pela simultaneidade de ocorrências na gênese do processo psicológico, e às várias causalidades ou graus de causalidade, introduzidas pela consciência. A chamada abordagem científica do fenômeno consciência peca pela base ao introduzir a causalidade de algumas ciências *naturais*, produto da consciência humana, na consciência humana. Se num determinado momento a consciência assume uma determinada configuração somática ligada a uma série de ocorrências simultâneas do passado, não é possível estabelecer um vínculo causal entre uma dessas ocorrências e o estado atual. A consciência operante, designação da *abertura* implícita, não opera necessariamente segundo uma lei de causa-efeito. Na maioria dos casos a *causa-efeito* é produto de aprendizado. Ou então forma primária, ou primitiva, de operação de conhecimentos. Se o conhecimento do conhecimento é posterior ao próprio conhecimento como manifestação corporal, ele teria que seguir as etapas *grosseiras* que toda ciência atravessa. Como não concebo uma epistemologia distinta de uma gnoseologia, tento me desembaraçar do amontoado de confusões lançado sobre confusas interpretações de uma observação do cotidiano. E procuro não esquecer que tudo se passa em algum cotidiano, que é o do corpo. É este o limite do sonho, um corpo situado. Uma alteração nas noções comuns vinculadas ao conhecimento não perturbaria os *fatos*, mas perturbaria bastante o conhecimento dos *fatos*. Não há ainda aqui a presença da velha polêmica determinismo e livre-arbítrio, polêmica oriunda de uma inútil discussão sobre causa-efeito, inversão arbitrária de conteúdos de consciência.

Creio, hoje, que a única Teoria do Conhecimento realmente científica partira dos *Três corpos* do budismo, sem implicações religiosas grosseiras. Os três corpos são:

DHARMA-KÂYA
SAMBOGHA-KÂYA
NIRMANA-KÂYA

Traduzo da introdução ao volume *Discursos e sermões* do Sexto Patriarca do Zen-Budismo, HOUEI-NÊNG, o seguinte trecho, transcrição de um estudo que precede o BARDO THODOL, Livro dos Mortos Tibetano:

"O Dharma-Kâya é simbolizado — pois todas as palavras, conceitos humanos, são impotentes para descrever o que é sem qualidades — por um oceano infinito, calmo, sem uma onda, do qual se elevam brumas, nuvens e arco-íris simbolizando o Sambogha-Kâya. As nuvens iluminadas pela glória do arco-íris se condensam e se precipitam em chuva simbolizando o Nirmana- Kâya."

PUBLICAÇÕES EM LIVRO

Este trecho me basta, e quase diria que houve uma quase simultaneidade entre uma série de pesquisas pessoais e o encontro com o livro de HOUEI-NÊNG; sinto a maior repugnância pela farsa da erudição e pela erudição estéril, farsa comum num ambiente de charlatanismo cultural. Já copiei traduções portuguesas antigas de lendas do Pantchatantra para um homem que sabia tanto sânscrito, e outras coisas, como aquele outro sabia javanês. E vi, com o tempo, a que conduz essa farsa. Não só os mitos desabam. Outras coisas também. Apenas nunca me deixei levar por um orientalismo anacrônico em oposição à barbárie e desordem de um ocidentalismo primário. E já é tempo de olhar para os frutos de uma especulação assombrosa sem as embromações *arquetípicas*, ou o linguajar esotérico de monges mercenários. Ouso afirmar que há uma embromação fundamental nas teorias do conhecimento até hoje apresentadas. Insisto. Gnoseologia e epistemologia não são duas coisas distintas. Apesar da consistência das ciências ditas não-humanas. A única prova de validade é uma certa concordância de fenômenos. Considere-se ainda que o aprendizado da lógica não é *lógico*. E aí talvez caiba a observação de que a essência precede ou coexiste com a existência: como abertura a consciência cria a forma de uma idéia no ato em que se completa como realidade de idéia. Daí o equívoco e o atraso enorme na pesquisa psicológica provocados — pela generalização abusiva de ilusões psicanalíticas. Se algum dia uma análise do psiquismo humano se estabelecer, será fundamentalmente uma análise eidética, em que o abordado é o óbvio, o evidente: a gênese da idéia. E a gênese da idéia implica um corpo como ponto de partida, e um corpo (o mesmo) como ponto de chegada. Entre os dois, a consciência simplesmente. Chegamos pois a uma trindade nada mística e que em resumo é uma coisa: um homem. A partir daí algumas conclusões são possíveis, em vários níveis de humor: um homem guilhotinado, por exemplo, não pensa. Posso concluir brilhantemente que não pensa porque lhe cortaram a cabeça? Não ouso! Tentar elaborar uma ciência com os mesmos elementos utilizados na observação contínua da queda de uma pedra? Tentar estabelecer leis do pensamento com o pensamento travado por um cientificismo chulo? Um fenômeno elementar, grosseiro, é utilizado como ponto de partida:

a memória. Apenas, nada de concreto se sabe sobre a memória. Há estudos no nível da célula e no nível cósmico de memória histórica em que tudo é dado como sabido. Uma pergunta, apenas, a memória *acumula* dados ou disposições somáticas que permitem a criação de dados no momento necessário? Olho a capa de um disco compacto, para não sair do lugar-comum me fixo na abertura circular. Tenho na memória a idéia platônica do círculo perfeito, ou uma disposição para criar o círculo quando meu corpo e o círculo da capa são um só elemento. Um detalhe ainda: à esquerda uma lâmpada de pé, papéis, discos, livros; à frente discos, vidro de cola, cinzeiro de madeira, fita gomada, copo de couro para canetas, copo de plástico vermelho, envelope, cinzeiro, maço de cigarros amassado, recorte de jornal, desenhos de crianças, cartão-postal com um menino índio e papagaio. Esse amontoado me sugere uma simultaneidade complexa no ato de percepção do círculo. Não estarei criando agora a idéia do círculo por *exclusão acelerada* de outras idéias? Mesmo que eu fechasse os olhos agora, não estaria repetindo o processo operando apenas com simultaneidade de idéias? Repito, o aprendizado de qualquer lógica não é lógico. Há uma *incorporação* de alguma coisa. E essa incorporação é negação da fenomenologia husserliana.

O que provocam realmente na consciência certas palavras ouvidas ao acaso, palavras que estatisticamente têm um certo grau de presença no vocabulário: pai, mãe, irmão, bife, cadeira, sala, cama, sexo etc.? Se considero a palavra um *conhecimento* que pouco tem a ver com o campo lingüístico restrito, não posso esquecer uma *disposição somática* vinculada à palavra. Entre o DHARMA-KÂYA (disposição da consciência de um corpo no instante em que se gera a idéia, sem idéia gerada) e o NIRMANA-KÂYA (disposição da consciência de um corpo no instante em que a idéia se somatiza, depois de gerada) desconheço o tempo decorrido, e da simultaneidade existente não sei bem separar possíveis vinculações para o estabelecimento de uma causalidade tão necessária a uma ciência, dizem. Sem cair de queixo, nem me estirar numa cama de pregos para a adoração de alguma divindade arquetípica com nome bem arrevesado (por que não TUPÃ), encontro relação entre *campo eidético* e SAMBOGHA-KÂYA. Só uma ação integrada dos hemisférios com o

PUBLICAÇÕES EM LIVRO

corpo permite a explicação de certos fenômenos. Por exemplo, a consciência racional é racional? Concebo *idéia* no seu aspecto verbal, auditivo e visual, e para facilitar um pouco o trabalho distingo o verbal com duplo aspecto: linguagem secreta, interna, individual, e linguagem social, comunicativa. Isso me leva à oposição ilusória de uma realidade real e uma realidade eidética, e à natureza, ou à *realidade* de uma idéia, *idéia* como criação humana. Daí ao ciclo *pré-idéia, idéia, pós-idéia.*

Uma observação fundamental: enquanto gênese e dispersão, todas as idéias têm o mesmo valor, a idéia sublime e a idéia sórdida, a idéia de bondade e a idéia de crime; realmente o zero e o infinito dos orientais são idênticos, mas creio que devo acrescentar alguma coisa para desfazer um equívoco que empanturra muita cabeça de sábio. Zero e infinito são idênticos enquanto idéia de *zero* e idéia de *infinito*, produtos da consciência humana. Nessa posição considero a filosofia alemã, Kant, Hegel e o pseudofilósofo Marx, responsáveis pelo fenômeno alemão *nazismo*. Paradoxalmente o escolhido, por um terrível equívoco de linguagem, foi Nietzsche. A velha história do camelo e da agulha. Realmente o camelo de Nietzsche nunca poderia passar pelo cu de Göring. Resisti à pornografia, mas não vi, de repente, motivos para evitá-la. A linguagem polida nem sempre me interessa. Considero a especulação enluvada nefasta, e não vejo por que uma palavra mais áspera possa ferir qualquer coisa de alguém. Algumas coisas óbvias, ainda. As coisas *são* e *não são* ao mesmo tempo... para a *minha consciência*, apenas. (Deixo de lado as discussões estéreis de nível elevado: o *em si,* o *para mim* etc. Ex.: cigarro — alguma coisa redonda, comprida, que quando chupada solta fumaça, e idéia de cigarro em minha consciência.) Se eu odeio alguém, e não amo a *minha idéia* de que odeio alguém, eu me odeio, e não odeio *alguém*. As coisas óbvias me parecem necessárias para distinguir macrooperações da consciência de microoperações. As macrooperações, tão a gosto dos dialéticos de qualquer espécie, são movimentos de uma consciência adulta, já constituída, educada, deformada; as microoperações são movimentos de consciência que antecedem as anteriores, e que conduzidos de modo mais espontâneo podem não levar a operações dialéticas, ou coisa que o valha. É nesse ponto que os três corpos do budismo ganham importância, como produto de uma intuição formidável. Volto à acusação anterior: considero a filosofia alemã, Kant, Hegel e o pseudofilósofo Marx responsáveis pelo fenômeno alemão *nazismo*. Exagero, loucura, conclusão idiota de um ignorante? Talvez, mas é o que eu acho! Para os refinados analistas da coerência de um sistema este *eu acho* é sandice. Como se a coerência artificial de uma pseudociência humana não fosse sandice também. Sandice por sandice, prefiro a minha, por coerência ontológica. E localizo a minha sandice na área das microoperações da consciência, e não num território mágico de um inconsciente qualquer. Estabelecer a relação entre uma filosofia que se dispersa em conteúdos de consciência e passa a constituir um fundo esfumado em setores educacionais, comerciais, industriais, artísticos, é tarefa difícil. Considero o nazismo um fenômeno puramente *racional*, um esquema lógico de uma coerência perfeita, tão perfeita como a coerência do louco. É evidente que em relação a ele mesmo. A coerência de um sistema não é isso? Os *imperativos categóricos* e as teorias *senhor-escravo* quando deixam de ser *posições de consciência*, ou melhor, *designações* de posições de consciência tomam rumos inesperados. Ou esperados, para um olho mais hábil. Só as utopias são belas. Ou a realidade, vista sem viseiras, sem anjos, subidos ou caídos. Uma pretensa visão *histórica*, tomada como absoluto, é origem de muita especulação limpa e muita ação sórdida. Nada mais canalha do que uma absolutização do passado efetuada por macrooperações de consciências alienadas na gênese em sua aspiração a encontrar raízes para a alienação. Vejamos um exemplo. Um homem de vinte anos entra em uma sala de aula, vestido, calçado, vindo de uma residência ou um escritório, com um bom domínio da língua, tão bom que é capaz de entrar na sala para aprender *lógica*. A relação entre o aprendizado da lógica e a lógica ensinada é evidente, imediata, para todos. Só eu, por burrice, nunca entendi essa relação. E é essa burrice que me leva a prosseguir nesse caminho em que tudo é óbvio. Tudo o que escrevo é estritamente pessoal. Não vejo por que generalizar. E por ser pessoal, não vejo inconveniente em fundir a especulação no contexto. Talvez seja esta a operação mais importante na elaboração de qualquer conhecimento.

PUBLICAÇÕES EM LIVRO

Para iniciar propriamente uma divagação sobre a idéia de análise eidética, recoloco um problema banal. Em todas as oposições em que a ciência entra como um dos elementos, esta é apresentada como um reino de certezas e absolutos. O velho, velhíssimo, $2 + 2 = 4$ (dois mais dois igual a quatro) era o modelo do inabalável. O que se esquece, me parece, é que o número limitado de convenções implícitas, postulados ou coisa que o valha, permaneceu num limbo qualquer. Pergunto: o que fazer com $10 + 10 = 100$. Observe-se que o que está escrito antes é o mesmo dois mais dois igual a quatro, apenas no sistema binário. Ilusão de ótica? Naturalmente isto nada tem a ver com a consciência, e muito menos com qualquer sistema de valores. Apenas um jogo. E se escrever $2 + 2 = 100$? Imagino, agora, um comportamento psicopatológico. Um homem interrompe seu fluxo de idéias porque uma delas, um fato passado ou futuro, imobilizou sua consciência. Procuro conciliar isto com $2 + 2 = 100$. Como mediação entre as duas atitudes, coloco a seguinte intuição (a precisão, a coerência, a rigidez de um sistema de definições não me interessam): *espaço* e *tempo* são *valores* produto de uma gênese de idéia, e estão ligados a um fenômeno de quantificação, fenômeno do processo eidético global. Como parêntese, acho o homem que se queixa de alguma coisa um idiota; como a *queixa* é um modo ontológico, concluo que em grau maior ou menor sou idiota. Ia escrever *somos* idiotas, mas achei a generalização muito rápida, e banal. Infantil também. Como as crianças nas primeiras palavras antes de *distinguir*. De novo a *espaço e tempo*. Nunca perco de vista que quando alguns homens falam entre si sobre *espaço* e *tempo* têm, todos, um aprendizado de valores ligados às noções. A consciência é *espacial* e *temporal* ao mesmo tempo. O próprio crescimento me dá em certa medida uma noção vaga da coisa. O *espaço e tempo* absolutos, ou espaço-tempo de certas teorias me parecem artifícios de operação, algoritmos, utilizados para facilitar os trabalhos. Entre a criança e o adulto, incluindo aprendizado, muita coisa se desenvolve. O *a priori* para espaço e tempo tem o mesmo valor absoluto de $2 + 2 = 100$. Em psicopatologia essas considerações deveriam ter um valor bem diferente do valor escolástico, e as perturbações dessa ordem poderiam despertar algo mais do que piedade, ironia, ou indiferença.

Estranho como as perturbações acentuadas de alguns valores da consciência afetam os dois em questão. Um parêntese para reflexão: entre o que eu faço e a idéia que eu tenho do que faço, o infinito, isto é, indeterminação, isto é, abertura; só uma percepção totalizante explícita me dá esta noção.

A análise eidética seria o exame das idéias e das condições de sua gênese, isto é, modificações das disposições somáticas num intervalo de tempo convencional $t2 — t1$. Uma indicação útil para a patologia seria a de que o máximo, e o mínimo, a fazer com uma consciência perturbada é modificar as disposições somáticas. O máximo e o mínimo coincidem. Creio que este é o caminho da natureza. O resto é embromação, charlatanismo, consciente ou não. A não ser que interesses monetários estejam em jogo, assunto de outra área, policial, talvez. Argumentar com uma consciência incapaz de perceber logicamente os valores convencionais, ou de perceber os valores de uma lógica de convenção é quase sadismo, às vezes. A *situação psicanalítica*, embora recomendada em uma área em que não houve ruptura dessa percepção convencional, me parece um relação sádica. A situação global paciente-analista é fundamentalmente sadomasoquista. Não fosse seu fundador um homossexual enrustido, que na impossibilidade de aceitar o ato sexual com simplicidade e espontaneidade esmerou-se em teorias que concedem aos analistas certos halos comuns aos magos e aos sacerdotes, mas sem a autenticidade destes. A não ser que passe a encarar a profissão como rendosa. E me parece que o é. Não foi por acaso que Adler, sexualmente descontraído, tomou outro rumo, não na teoria, esta não me interessa, mas na relação paciente-analista. E não foi por acaso que Jung embarcou na canoa oriental. Gostaria de vê-lo como o descreveu um diplomata chileno, de quimono e anel esotérico, meditando. Gostaria de vê-lo, é claro. Agora, os pacientes que se fodam! A minha insistência na tecla de negação da psicanálise se origina na impossibilidade quase de falar em consciência, hoje, sem esbarrar no muro dessa frescura ideológica. Às vezes não só ideológica. Nesse ponto a humildade me interessa. Procuro saber o que é. Ser humilde é aceitar o presente. Ser humilde é perdoar realmente todas as ofensas, porque as ofensas são idéias de ofensas, e o ofendido se ofende sempre. Ser humilde é aceitar o outro como ele é, relativo, mutável,

PUBLICAÇÕES EM LIVRO

transitório. Ser humilde é aceitar o próprio orgulho passado e compreender a simplicidade das coisas. Ser humilde é não dominar o outro como ser, e não se deixar dominar pelo outro como ser. Ser humilde é reconhecer seus erros e os erros dos outros. Ser humilde é não se aviltar. Ser humilde é não se humilhar, depois de se ter humilhado, e não se engrandecer depois de se ter engrandecido. Ser humilde é compreender a beleza de todas as formas de existência. Ser humilde é aceitar sua finitude. Ser humilde é saber limitar a possibilidade de conhecimento, enquanto finitude. Ser humilde é saber limitar a possibilidade de acerto, enquanto vivo. Ser humilde é saber limitar a possibilidade do mal, enquanto humano. Ser humilde é, principalmente, não desejar ser sábio, justo, bom, nem humilde. Ser humilde é ser humilde.

Para alinhavar essas coisas, sem nenhuma preocupação sistemática, não me interessam os títulos, as cátedras ou os epítetos. Junto à minha frente um volume de psicologia, de psicopatologia, de anatomia, de física, de lingüística, a lembrança de um miolo de boi comido não sei quando, a lembrança de algumas situações traumáticas pessoais, envolvendo alimento, sexo, família, trabalho. Em torno disso divago, e anoto para uso próprio:

disposição somática — tendência para determinados movimentos do corpo. (Considero os movimentos dos hemisférios cerebrais movimentos do corpo. É óbvio, não é?)

Baseado na definição acima é que julgo possível o estabelecimento de uma Psicofísica Quântica, ciência destinada a afastar a vaguidão lírica de charlatães da *mente*. As aplicações são evidentes, e creio que é o único meio não embromatório para enfrentar certos problemas graves psicopatológicos. O pensamento seria encarado como luz, com minúscula, sem encenações rituais, tanto em seu aspecto corpuscular como ondulatório, e considerando os hemisférios um *meio* elastoplástico, os aglomerados de neurônios em suas disposições somáticas, isto é, com uma configuração espaço-temporal, teríamos a possibilidade de falar no *espaço* de uma idéia e no *tempo* de uma idéia, de uma *velocidade* da idéia e de uma *aceleração* da idéia. Uma maneira de tornar óbvio que o homem é o criador de sua *realidade*, permanentemente. Que a *realidade* não é um dado absoluto. Que o próprio *espaço-tempo* é criação humana, desde que se tenha sempre presente que é impossível, como homem, conceber um espaço ou um tempo que não sejam idéias de espaço e de tempo, isto é, criações vinculadas à ontogênese.

Poderíamos constatar certos fatos:

1) A velocidade da idéia, no processo neurótico ou psicótico, é inferior à velocidade do processo psíquico normal; exemplifico: penso em *meu pai*, como a velocidade é pequena *sou* somaticamente *meu pai*, penso em *abóbora, sou* abóbora; o processo de identificação patológica (fora do TAT TV A ASI) é um processo de lentidão de percepção global.

2) As crises agitadas seriam o conflito de todas as idéias com uma ou algumas: imaginemos a totalidade das idéias em uma consciência como um fluxo normal:

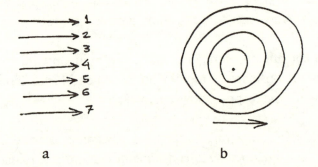

a e b se deslocam com a mesma velocidade média; se em *a* a velocidade 4 for reduzida:

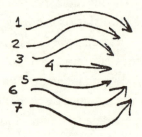

Se em *b* a velocidade de *1* for reduzida:

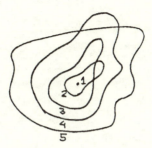

3) A ligação dos diversos espaços hemisferiais, suponho, se dá na *fonte das idéias*, área hipofisária, com o aspecto de duas superfícies reversas, esquerda e direita. A da esquerda sofre uma torção da direita para a esquerda; a da direita, uma torção da esquerda para a direita.

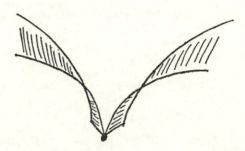

Insisto, o tratamento físico-matemático não elimina qualquer atitude ética, nem altera a função da *palavra*. Permite, apenas, compreender melhor o processo eidético, e em caso de perturbação, oferecer recursos para a eliminação da mesma num campo limitado de uma ciência. Já que somos presença como *realidade*, por que não equilibrar essa presença? Esboço apenas a idéia por não possuir conhecimentos para ir mais longe. Historicidade, temporalidade, deixariam de ser *objetos*. E o homem talvez pudesse assumir a própria realidade.

Angústia e conhecimento
[1978]

Eu pertenço à raça daqueles, benditos ou malditos, que precisam conhecer melhor os recursos de sua consciência para viver.

Prefácio

As utopias do judeu Buber

Em março de 1965 deixei Israel triplamente frustrado: o nojo de algumas rasteiras profissionais numa *sociedade competitiva*, a impossibilidade de visitar o Jardim das Oliveiras (vi do terraço do King David Hotel) e a doença de Martim Buber, que anulou o pedido de uma visita. Quando saltei no aeroporto de Tel-Aviv eu levava apenas a admiração por um homem no país: Buber. O resto era mitologia. (Nada sabia, na época, de Agnon.) Não pretendia conversar com ele, nada tinha a dizer, nem a ouvir. Queria apenas vê-lo. O filho de um dos sócios da cadeia de hotéis Dan, Federman, para quem eu trabalhava, ficou de marcar a entrevista. Que não houve. Creio que foi através de Buber que aprendi os primeiros elementos positivos de judaísmo. A experiência concreta só me havia mostrado os elementos negativos. Em Spinoza, velha admiração, o *Tratado da reforma do entendimento* me dava a dimensão do homem material, despojado de sua mitologia própria. A concisão, a precisão de pensamento do pensador de Amsterdam, alijavam qualquer comunicação de experiência pessoal. Ela vinha filtrada por uma visão de essência em que o vivido é apenas fruição do próprio. Um pequeno detalhe: Spinoza foi excomungado pela comunidade judaica. Em março de 1965 deixei Israel triplamente frustrado. Em junho de 1965 Buber morre durante o trabalho: uma tradução alemã do *Livro de Job*. Alguns anos antes eu havia começado um pequeno trabalho pessoal, interior, a experiência dolorosa de repensar, em termos próprios, o *mundo*. Era o mergulho delirante nas utopias e os choques do confronto com a realidade concreta. Tinha principalmente na mente as duas grandes ilusões do cientificismo do século XIX: Marx e Freud. Sentia que os dois haviam fracassado, sentia a embromação atrás de uma ciência grosseira, que nem chegava a ser ciência. Algumas tinturas primárias do que seja o pensamento científico (leituras rápidas de Bachelard, o conhecimento de rudimentos de geometria analítica, física e química de nível ginasiano) me levaram a sentir o cheiro de podridão atrás daquilo tudo. O tempo e a releitura, agora, da edição brasileira de *O socialismo utópico*, de Martim Buber, confirmaram a minha intuição.

Constato, agora, que falharam porque como judeus, com uma forma particular de consciência, não conseguiram efetuar a transição de um ritualismo grotesco, às vezes patológico, para uma visão além da ciência no estranho animal chamado homem. René Laforgue, num capítulo de *Au delà du scientisme*,[1] aborda bem essa particularidade do *judeu sem religião*. Faltou aos dois o que se chama *a experiência do pensamento*, que leva um homem como Buber a distinguir *religião* e *religiosidade*, e a pedir encarecidamente ao Sr. Jung que se atenha à sua especialidade, sem querer ir acima do tornozelo. (Li alguma coisa sobre a polêmica em *Eclipse de Deus*, um livro em tradução espanhola, perdido em alguma andança.) Diria hoje que Marx forjou o esquema do Burguês Integral, e Freud o do Doente Total (o neurótico aparentemente curado). Acompanhemos Buber: "Não se julgue poder compreender a realidade espiritual como produto e reflexo da material, como mera 'consciência' determinada por um 'ser' que capta as relações técnico-econômicas, mas reconhecer nessa realidade espiritual uma entidade de caráter peculiar que se acha em ação recíproca com o ser social, se que, por isso, possa ser suficientemente explicado em nenhum ponto por este."[2,3] Aliás, para compreender o fracasso do pseudo-humanismo marxista basta ler um trecho

---

[1]René Laforgue, *Au delà du scientisme*, Les Editions du Mont-Blanc, 1963.
[2]Martim Buber, *O socialismo utópico*, Editora Perspectiva, 1971.
[3]Martim Buber, *Caminos de utopia*, Breviários del Fondo de Cultura, 1955. A edição castelhana dá como original *Pfade in Utopia*; a edição brasileira dá como original *Der utopische Sozialismus*. O texto é o mesmo. Fica a observação.

PUBLICAÇÕES EM LIVRO

de sua carta de julho de 1870 dirigida a Engels: "Os franceses precisam de porretes. Se os prussianos vencerem, a centralização do *state power* será proveitosa para a centralização da classe operária alemã." Em matéria de visão antropológica, os dois parece que esquecem uma coisa que só as fundas raízes de uma tradição autêntica dão: o caráter assintótico de uma conquista ética. Se em vez de explicações houvesse uma ativação *científica* da compreensão, no campo da psicopatologia, muita asneira poderia ser evitada. Ao *compreender* que o pai pode ser um idiota, a mãe uma débil mental, os irmãos uns canalhas refinados, o marido um fresco enrustido, e a mulher uma galinha em potencial, sem cacarejar, muita gente poderia economizar *dinheiro*, que é coisa bem diferente de *capital*. "Cuando suprimimos las necesidades del hombre tanto para la emoción como para lá razón, por valores y hechos, y nos sometemos a uno con la exclusion del otro, el resultado es un equilibrio alterado que es tanto perverso como destructivo", é a conclusão de um velho rabi encontrada em uma edição popular de vulgarização do Talmud.[4] O industrial vitorioso e o burocrata comunista no poder não precisam de Marx nem de suas teorias. Um industrial fracassado, ou um burocrata comunista em desgraça, também não precisam de Marx, nem de Freud, para nada. Uma especulação sobre este pêndulo só pode ser feita por homens como Spinoza, Buber, em que a ação da consciência se desenvolve na linha da grande tradição judaica, que não é bem a de um ritualismo estreito, nem um sórdido comércio, estereotipado pela propaganda anti-semita.

---

[4]Morris Adler, *El Mundo del Talmud*, Paidos, 1964.

Angústia e conhecimento

Sofro. Penso. Existo. Nenhuma relação, uma seqüência intuitiva. Uma constatação sem vinculação lógica com coisa alguma e sem vinculação entre si. Uma intuição direta de existência como pensamento emanado do sofrimento, uma intuição direta do conhecimento não como fruto do castigo, mas vinculado à condição humana, uma intuição da palavra como expressão do pensamento, num nível um pouco diferente do animal que vive sempre a sua identidade, mesmo quando em períodos longos ou curtos alguma particularidade se modifique, secundária. Julgo impossível através de uma especulação aristotélico-judaica atingir qualquer forma de conhecimento profundo da inevitabilidade do conhecimento e de sua relatividade, do conhecimento como vinculado à existência, possibilidade infinita de conhecimento, principalmente conhecimento de sua finitude como existência. Nem sempre a traição das palavras é necessária, nem sempre o seu emprego paradoxal obrigatório. Em qualquer língua *sentar* tem um significado só, seja em cadeira, poltrona, pedra, grama ou latrina. E quando o significado se amplia, diversifica, enriquece, como na expressão poética, ainda assim é uno na sua qualidade de *expressão poética*. Tese e antítese como dois movimentos de pensamento visando uma terceira expressão, sintética, me parece uma expressão bem semelhante do pensamento à atuação dos vigaristas comuns em qualquer rua, praça, edifício. Alguns anos de observação me fizeram constatar essa evidência simples: os vigaristas atuam sempre em dupla, um é *grosso* e outro é *fino*, o que um *afirma* o outro *nega*, o caminhante distraído realmente conhece imediatamente a *síntese*: o assalto. É lamentável que toda uma tradição de pensamento ocidental se

PUBLICAÇÕES EM LIVRO

veja vinculada a um texto que é uma colcha de retalhos, de origem duvidosa, um amontoado de belos poemas e relatos medíocres, de alguns atos sublimes, poucos, e muitos atos sórdidos encobertos pela máscara da interpretação alegórica. É muito difícil aceitar o *monstruoso* simplesmente como *monstruoso* e perceber que alguma coisa mais importante se afirma na percepção do *monstruoso*. A indagação metafísica não deixa de ser um complexo matemático aplicado à matéria inorgânica, desde que não se transforme em *cortina de aço* do próprio pensamento, apresentando o *ilimitado* como *limitado*, e não queira aplicar suas deduções em áreas um pouco fora de seu campo restrito de ação. Em certas situações incríveis do comportamento humano, e um pouco mais generalizadas do que se pensa, um outro movimento se percebe bem mais interessante, após a destruição de um *ego ilusório*, a criação de uma *ilusão de ego*, uma espécie de inversão fantástica de conhecimento, sem má-fé voluntária. Constata-se, por exemplo, a impossibilidade absoluta de determinar a relação entre os vários *eus* e os movimentos corporais o que leva talvez a um reexame de posturas éticas em todos os níveis de comportamento, sexualidade inclusive. *Espaço* e *tempo* surgem, talvez, como funções do relacionamento com o *outro*. E algumas perguntas se impõem: terá o binômio *altruísmo* e *egoísmo* alguma fundamentação lógica? Alguma relação com *aprendizado*?

Não acredito em *especulação*, a não ser no sentido banal da palavra, e talvez o sentido seja sempre *banal*. Acredito em meditação. E meditação está sempre imbricada em situações concretas. Só, num domingo, numa superquadra de Brasília, meditando, por necessidade sobre o *universo auditivo*, sem ter idéia precisa do que seja, me vejo arrebanhado da divagação por uma frase de Lima Barreto. *No mundo não há certezas, nem mesmo em geometria.* E com a frase de Lima Barreto toda a minha infância, adolescência e maturação, ou que nome tenha, no subúrbio carioca, entre Ramos, Olaria, Bonsucesso. Rua das Andorinhas. Rua Lígia. Rua Leonídia. Rua Juvenal Galeno. Rua Quatro de Novembro. Rua Cardoso de Morais. Praça das Nações. A imagem de mestre Joaquim Cardozo em seu escritório nos primeiros tempos de trabalho sob sua direção se funde à frase de Lima Barreto, mestre Joaquim

Cardozo recebendo as visitas de seu amigo José Maria Albuquerque, com suas cestas de pitombas, cajus, abacaxis, e suas lembranças dos subúrbios do Recife. Circunstâncias pessoais me fizeram revalorizar meu subúrbio e revitalizar uma inveja antiga, nunca bem compreendida, uma casa simples, gente simples, com todos os conflitos, os hábitos simples e descontraídos, em média, objetos sem grande valor artístico, mas de grande valor afetivo, o prato de louça das frutas, o gato e o elefante de porcelana barata, cortinas comuns bem lavadas e passadas, uma cozinha com seu fogão de lenha ou carvão funcionando. Choro, e espero que as lágrimas me humanizem um pouco, e me livrem de muitas *certezas*, com a ajuda de Lima Barreto, mulato, pobre, louco, filho de louco, com um detalhe insignificante. Como Machado de Assis e Graciliano Ramos, arrancou de sua pobreza seu sofrimento, alguma coisa mais sadia, mais rica, mais equilibrada. Não acredito na loucura de Lima Barreto, como não acredito, hoje, na loucura de minha mãe: eu tinha uns nove ou dez anos quando se manifestou. Não acredito na loucura, hoje, como *doença*. Tomei contato com Lima Barreto aos dezesseis, dezessete anos, enquanto estudava no Colégio Brasileiro de São Cristóvão, e me lembro de conversas com Ivan Batalha, colega de turma. Terminado o ginásio no Colégio Santa Teresa, comecei a cursar o científico em São Cristóvão. Ia bem em todas as matérias, menos em uma: matemática. Nos dois primeiros meses minhas notas foram baixíssimas. A convivência familiar abaixo de qualquer padrão mínimo de equilíbrio e decência, meu trabalho na loja de móveis de meu *pai* e meus *irmãos*, na parte da tarde e início da noite, descobri mais tarde que vivia sempre atordoado. Pela primeira vez na vida um homem, professor Batalha, pai de Ivan, me chamou para uma conversa. Pela primeira vez na vida alguém me perguntou se eu estava sentindo alguma dificuldade, se não estava entendendo, se não gostava da maneira como ensinava. Deve ter havido alguma coisa de especial naquele dia durante a viagem de bonde do Largo da Cancela ao ponto de parada da Rua Uranos, perto de uma loja com o nome de *Kramer*. Entre berros de *mãe*, *pai*, e safadezas de *irmãos*, nas horas que me sobravam, fiquei de calção de banho, fazia calor, uma toalha no pescoço e blocos de papel, na mesa ao lado do sofá da sala de visitas, onde

PUBLICAÇÕES EM LIVRO

eu dormia. O apartamento tinha duas salas e dois quartos. A sala de visitas era muito importante. Lá ficavam o telefone, o rádio e a escrivaninha de meu *pai*. Creio que nesse período, mais ou menos, meu *pai* comprou uma casa, com quatro moradias independentes, de dois quartos e sala, na Rua João Silva, e minha *mãe* ia à sinagoga nos dias de Ano-Novo e do Perdão com um bracelete de quatro ou cinco dedos de largura, de ouro. Terminei ontem o artigo *Kafka e a mineralidade judaica ou a tonga da mironga do kabuletê*. Choro, e enquanto vislumbro os livros das estantes através da lágrima ouço alguns palavrões vindos da rua. Comuns. Banais. Irritantes pela mineralidade das vozes. Sem aquele encanto da voz de Bita, empregada, a única pessoa na convivência familiar que me deixou lembranças auditivas simpáticas. "— Bita, cadê o livro que deixei aqui?" — "Desvaneceu-se!" Bita, de Campina Grande, Paraíba do Norte, que em criança brincava com um bode e um urubu, e que montava cavalo em pêlo, e que pela primeira vez na casa preparou um *prato* pedido por mim, pamonhas, para queixas de muitos. Quando terminei o primário no colégio Chile, em Olaria, pensei em fazer o admissão para o Pedro II. Ao lado do Pedro II funcionava um preparatório. Fui lá me informar. As aulas começavam ao meio-dia. O bonde levava uma hora da Rua Uranos à Rua Larga, esquina de Camerino. Precisava almoçar às dez e meia. Não sei por que falei com o *irmão mais velho*, e ele foi consultar a *mãe*. A resposta foi negativa, impossível. Não me lembro de *uma* frase cordial dirigida a mim por pessoa da família. Fui sozinho ao Colégio Santa Teresa, freqüentei o preparatório, fiz o exame de admissão. No dia do resultado, fiquei surpreso, estava entre os primeiros colocados. Quando entrei em casa, minha *mãe* não estava. Tinha sido internada em algum sanatório. Ao terminar o ginásio, fui o orador da turma no Cine Rosário; no dia da formatura o *irmão do meio* disse que a *mãe* queria ser a madrinha. Eu havia pedido à *irmã*. Um detalhe, eles pagavam as mensalidades dos estudos e me davam uns trocados para o bonde. Rua Piumbi, Rua Piancó. Caminho de Itaóca. Ruas que varei com uma bicicleta enquanto fazia a cobrança das vendas à prestação dos outros. Vicente de Carvalho, Irajá, Inhaúma, Pilares, Higienópolis, Méier, Rua Humboldt, em que subúrbio da Central fica a Rua Humboldt? A rua na Penha Circular onde eu parava para conversar com Augusto Boal, colega do Santa Teresa, durante o ginásio. Não me lembro de uma frase de minha avó na casa de esquina, de dois pavimentos, de Klimontow, cidadezinha polonesa, onde moravam alguns parentes. Minha avó era uma velha enfezada, sei apenas isto. Tinha sete anos quando a vi pela última vez. Os palavrões ecoam, lembrança de palavrões e lembrança visual de cenas que não vi, numa criação fantástica auditivo-visual. Teresópolis. Alguns fins de semana com a colônia judaica, alguns feriados. Friburgo, alguns fins de semana num sobrado alugado pelo *irmão mais velho* e pelo *cunhado*. Na verdade nunca me senti mal, porque nunca me senti bem. Horas depois do almoço sentia tonteiras, impressão de febre. Gripe. Muitas vezes logo depois da refeição corria para o banheiro com diarréias fantásticas. Provavelmente eu sofria de alguma coisa, intestinos, vesícula, *essas coisas*.

Não creio que as teorias físicas combinadas com as biológicas sejam suficientes para explicar o universo auditivo. Nem com o complemento das psicológicas. Há uma composição ou decomposição do que se poderia chamar *estruturas significativas*, além de perturbações quase musculares do cérebro, envolvendo movimentos, em função da altura do som e do ruído, impossíveis de quantificar ou qualificar. A altura do som, ou do ruído, a distância de sua emissão, combinadas com uma leve intoxicação pelas narinas, intoxicação feita sem o conhecimento do indivíduo em estudo, forneceriam material bem interessante para um outro tipo de análise, a análise de paralisias parciais de regiões hemisferiais, perturbando, e às vezes invertendo uma série de movimentos naturais. Há reações interessantes no dia-a-dia, em graus variados, ligados a um fenômeno: necessidade de ação vinculada a uma impossibilidade física, agredir fisicamente *palavras* ouvidas. Um outro aspecto seria a perturbação provocada pelo estrondo verbal na sexualidade.

Ainda os palavrões minerais. Saí do Bar do Hotel Novo Mundo, há muitos anos, em companhia de Bernadette, nome de guerra, mulher que me levou para um hotel da Glória. Quase meia-noite. Um estrondo inutilizou completamente o *encontro*. Uma diarréia verbal naquele tom cafa bem conhecido no Rio e outros subúrbios. Na mesma hora, duas lem-

PUBLICAÇÕES EM LIVRO

branças auditivas ligadas ao *irmão do meio*. A primeira, em Teresópolis, eu andava aí pelos dezoito anos. Após uma sessão noturna de *Casablanca*, Ingrid Bergman e Humphrey Bogart em grande estilo ao som do *As time goes by*. Com aquela imbecilidade invisível para mim durante tantos anos, ele se vira e pergunta: "O que é que a Ingrid Bergman representa no filme?" Resposta: "Uma mulher, ué!" Levei um esporro, e nem mesmo aí desconfiei da bichice do *mano*. A segunda lembrança, eu já com trinta anos, morando em Santa Teresa, tocando meu barco, e visitando-os de vez em quando, um almoço, jantar, *família*, delícias. Nesse dia eu estava no começo de uma fossa, que se revelou mais funda que os abismos do Pacífico. Entro, ele está deitado num sofá-cama. Começo a conversar, me queixo, não me sinto bem. Resposta: "Prostitua-se!" Fico imaginando a que tipo de prostituições ele se entregava. Eu atribuía minhas tonteiras, tremedeiras, insônias, e afinal uma imparcial incapacidade de concentração no trabalho a meus desejos homossexuais. E não dava importância a certas *coincidências* relacionadas. Em 1956, quando saiu a primeira edição de *Contos do imigrante*, deixei cedo o escritório, tomei uns aperitivos, jantei com a *família*. Antes do jantar telefonei para Dinah Silveira de Queiroz. Ia lhe levar um dos primeiros exemplares que o Athos Pereira me dera à tarde. Quando ia saindo, o *irmão do meio muito solícito me diz: você não está se sentindo bem, eu vou com você!* Afinal, sou humano, dia de estréia, livro de José Olympio. Nem pensei em discordar. Horas depois, tinha saído da casa de Dinah, caí desmaiado na banheira do apartamento de Renard Perez. Fui levar um livro ao Renard. Tomei uns uísques, poucos. Isso nunca me tinha acontecido. Estava habituado a bebericar em casa de Renard, com Fausto Cunha, Sérgio de Camargo, José Condé, nos bares do Centro e da Lapa, no dancing Avenida, nos papos de depois do trabalho, ou nos fabulosos papos de sábado à noite. *Coincidência*. Desta vez o *irmão do meio* estava presente. O velho e fabuloso capítulo dessa coisa inesgotável para estudo, o campo das *coincidências*.

Depois de um longo silêncio, uma nova enxurrada de palavrões. Os mesmos, as vozes ainda minerais. Lembranças auditivas: os mesmos palavrões pronunciados por Victor Fadul, engenheiro do escritório de

Cardozo; e Marrano, médico, cunhado de Fadul, enquanto eu na região mais abissal, sentado numa prancheta, paralisado diante de umas fundações de um prédio que eu não conseguia acabar. Coincidência. O prédio era do engenheiro Kielman Honigbaum. Estava completamente desvinculado de atividade profissional com judeus. Coincidência também. Na mesma época apareceu no escritório o prédio da Manchete, projeto de Oscar, e que Fadul estava calculando, e um outro prédio na Av. Pasteur, de *Goldfeld e Cia.* Coincidência. Na mesma época, *o irmão mais velho*, o *irmão do meio* e o *cunhado* arranjaram dinheiro para um terreno e uma incorporação de edifício de seis pavimentos. Coincidência. Na mesma época minha *mãe* é trazida de Israel, onde passara oito anos, com médico à espera no aeroporto, em companhia do *irmão mais velho*, modelo de respeito filial, modelo de respeito fraterno. Desconfio que mais alguma coisa passou pela alfândega, além da farsa. Uma lembrança auditiva desvinculada de tudo isto: numa sala especial do Dan Hotel, de Tel-Aviv, enquanto conversava com Oscar Niemeyer sobre seus trabalhos, a voz do editor Koogan, do Rio, se faz ouvir. Veio cumprimentar Oscar, e de passagem me dá notícias de uma antologia de contos que ele estava querendo editar. Meu conto "O profeta" seria incluído. Não sei como a lembrança do suicídio de Stefan Zweig em Petrópolis me veio à memória.

Escurece. Choro, esperando que as lágrimas me humanizem um pouco. Vislumbro as estantes e os livros, através da lágrima, e acredito hoje que todas as teorias psiquiátricas juntas não valem nada. Nenhum desses episódios teria importância maior sem *poluição sonora* combinada com *poluição atmosférica*. Infelizmente quase toda a filosofia moderna está montada na *intencionalidade* de Husserl. Um estudo interessante o da conjugação da *intencionalidade* e *coincidência* em alguma figura de gângster que me espreita em alguma esquina. Mas isso nada tem a ver com *consciência*.

Farto das especulações dos existencialistas sobre a angústia, constatando que toda explicação da angústia é inferior, como totalidade, à *angústia* percebendo de um modo vago que o importante é a *compreensão* e não a *explicação* (o importante não é o que o outro me *explica*, mas o

PUBLICAÇÕES EM LIVRO

que eu *compreendo*), e não entendendo bem a relação estabelecida entre angústia e presença no mundo, talvez por deficiência minha, talvez por incapacidade de chegar *imediatamente* ao óbvio, resolvo partir do óbvio, do evidente, do implícito, que para mim não são *óbvio, evidente, implícito*. Constato que o autoconhecimento pode ser utilizado na autoconservação e na autodestruição, constato que o problema especulativo de qualquer natureza filosófico ou científico não é bem distinguir o *verdadeiro* do *falso*, e sim uma relação *real* de uma relação *irreal*, prossigo intranqüilo o meu caminho. Ao olhar um macaco, o máximo que eu posso deduzir, ou concluir, é que não sou anjo, sou animal. O único absurdo que eu conheço é a afirmação de que o universo é compreensível. Não creio que a compreensão *física, química, matemática*, tenha alguma coisa a ver com o ato de *compreender*. Costuma-se confundir o irracional com a *violência animal*. Creio hoje que a violência humana é um ato puramente racional, lógico, apesar das aparências. Há muita coisa sobre esta entidade fantástica, incrível, imponderável, mas que pertence a todos, e todos sabem muito bem o que significa: a razão (com m minúsculo). Esquematicamente poderia anotar classificações, hierarquias, *razão pura, razão prática, razão dialética, razão lógica* (absurdo?), *razão ilógica*. Se a razão opera com a linguagem, teria uma *razão lingüística*, se opera com números, uma *razão numérica* ou *aritmética*. Ou tentaria estabelecer uma relação entre a lógica de uma operação numérica e a lógica da construção de uma frase. Procuraria distinguir entre *proposicional* e *operacional*. Há uma posição fundamental em relação ao conhecimento que caracteriza o homem, e pode levar à melhor compreensão da angústia. Esta posição não pode, creio, ser determinada por caminhos especulativos, válidos nas particularizações, mas por um *ato de meditação*, que tem muito a ver com uma posição teológica, envolvendo sempre uma ética implícita. Há mais de dez anos, no Zoológico do Rio, observei sem nenhum interesse específico o chacma. E uma frase me ocorreu em determinado momento: o olhar metafísico do chacma. O fracionamento da unidade de uma *consciência sintética* pode gerar uma *idiotice analítica*. No Zoológico havia um *eu*, meu corpo naquele instante, um *tu*, o chacma sentado com os olhos no infinito, um *ele*, homens, mulheres, crianças, à minha volta, sintetizando a totalidade de coisa, noções, valores, apreendidos por *mim* até aquele instante.

Uma compreensão não teológica do homem leva necessariamente à consideração de uma ética esboçada a partir da animalidade, e não a partir de valores arbitrários, fixados em nome de um deus, e uma vez afastada a hipótese divina, os valores permanecem em nome ninguém sabe de quem. Afirmam que do homem. Mas que homem? Um animal com determinada forma de consciência. O modo como essa consciência se desenvolve e opera é quase que completamente desconhecido. Um trauma psíquico representa perturbação parcial do funcionamento normal da consciência. (Chamo funcionamento normal da consciência o fluxo espontâneo de *idéias*, e não um conjunto de padrões com permissões e proibições.) O indivíduo afetado age em função de algumas idéias, poucas, rígidas, relativas ao passado ou ao futuro. Creio que a consciência, em grau maior ou menor, cria *campos de conhecimento*, com núcleo definido por uma palavra, ou fragmento, um número ou fórmula, uma imagem visual ou auditiva etc., e periferia variável, em que conhecimentos simultâneos se organizam segundo conhecimentos particulares individuais. A *forma particular de uma consciência* poderia ser determinada pela forma particular do *campo de conhecimento*; uma representação esquemática, arbitrária, seria uma esfera de raio r, em que o conhecimento varia do núcleo ($r = O$), e se identifica com o núcleo, até um valor $r = A$, em que o conhecimento assume um valor concreto, *apenas em função do núcleo*, nada mais. O que distinguiria as consciências animal, humano primitivo, humano mitológico (nosso) seria o aumento de r. Se para o mundo próprio animal o raio é igual a r_1, e para o humano é r_2, r_1 será menor que r_2, isto é tão óbvio que deve dar raiva essa insistência. É esta raiva que me interessa. Ou o humor. Porque é dessa desigualdade que pretendo partir para uma compreensão aproximada da relação *conhecimento e comportamento ético*. E isto em paralelo com a gênese da consciência que permite o uso equilibrado de uma *lembrança*. Por que a lembrança de um sofrimento de ontem me faz sofrer hoje? Em que esfera localizar o terror bíblico do sacrifício de Isaac, ou da maldição de Caim? Em termos de operação de consciência o *"agnus dei"* e *"o que*

PUBLICAÇÕES EM LIVRO

fizeste a teu irmão Abel" só se verificam quando o conhecimento oscila desvinculado de uma relação concreta com o corpo. Quantas vezes na fronteira patológica do terror a pergunta é formulada: se a gênese real de minha consciência foi esta, por que não aceitá-la? Colocaria o esboço de uma ética no ato de perceber imediatamente a *realidade lingüística* no paradoxo emotivo originado pela linguagem interior. Dificilmente se consegue um paradoxo afetivo puro, isto é, totalmente emocional, desvinculado de palavras. Não sei mesmo se é possível. Creio que o paradoxo emocional é gerado por situações nas quais está sempre presente algum aspecto da *linguagem interior*. Não necessariamente as palavras desta linguagem estão vinculadas à situação, já que nada pode garantir a produção interior desta ou daquela palavra. Nem sempre ao ver o objeto *mesa*, ou a imagem *mesa* a palavra gerada é *mesa*. Pode ser abóbora. Assim, nos exemplos o *homem subiu para baixo* e *a galinha pariu um elefante*, a análise lógica pode caracterizar, às vezes, o elemento paradoxal. Creio que só uma análise eidética pode esmiuçar um *paradoxo emotivo*. Considerando as *palavras* e as *imagens* da realidade interior *movimentos*, o paradoxo emotivo seria uma resultante da *qualidade* destes movimentos. Ironicamente poderia sugerir uma espécie de *cinemática interior,* desde que se faça a ressalva de que o homem que pense fazer isto não se transforme em mecânico de automóveis. A dificuldade de estudar a gênese de uma ética é que um elemento ético está implícito na própria abordagem do problema, o que vem caracterizar uma espécie de sabedoria da ignorância, e mergulha totalmente o problema ético no problema ontológico. Diria quase que o mesmo do problema estético e lógico.

Neste ponto, uma abordagem de conteúdos de consciência.

Neste instante, neste exatamente, sentado, de costas para a rua, dobrado sobre a mesa, o que constitui o mental, o psíquico, ou que nome tenha, *para mim*? Não encontro outra resposta a não ser *conteúdos de consciência*. Neste instante, exatamente, em que a imagem visual, auditiva, se organiza aleatoriamente, e seguindo uma regularidade probabilística, se transforma em pensamento, não consigo distinguir consciência e inconsciência, racional e irracional, mas apenas uma totalidade com uma gênese vinculada ao organismo e uma capacidade de criar realidade cujo funcionamento ignoro. Não vejo nessa situação a possibilidade de estabelecer uma ciência, e não consigo perceber claramente a relação existente entre a psicologia como a encontro nos livros e este instante, exatamente este, em que ordeno o produto de uma lenta e dolorosa meditação. Vejo, hoje, *ciência* como um instrumento para conhecer certos aspectos da realidade individual, nunca *ciência* como a realidade individual. Se o objeto da ciência é o movimento dos corpos, então é possível, elaborando certas hipóteses e simplificações, e partindo de experiências concretas, chegar a uma soma de regularidades, que assumem aspectos de leis e generalizá-las.

Dentro de certos limites uma pedra atirada em determinadas circunstâncias poderá atingir um alvo. Quando o objeto da ciência é o próprio homem, como totalidade, não vejo por onde começar. Por isso nego qualquer validade à psicologia como corpo epistemológico. E continuo à procura do óbvio, do evidente, para compreender um pouco melhor o comportamento humano em suas situações limites.

Distingo, por esquematismo, três tipos de conteúdos de consciência: fortes, médios, fracos, e relaciono esses tipos com a disposição somática hemisferial, e os estados de interferência dos vários campos eidéticos. Defini, em trabalhos anteriores, campo eidético e campo absolutizante. Creio, agora, na existência de mais alguns difíceis de precisar e de um campo global, ou espaço global formado pela envoltória dos dois hemisférios. Tenho a certeza absoluta, sem caráter de profecia, de que será possível algum dia curar perturbações mentais gravíssimas, a esquizofrenia, por exemplo, com o restabelecimento das funções normais desses campos através de ação mecânica ou química. Henri Laborit, criador da clorpromazina, tem mais importância para mim do que Sigmund Freud. Quando as relações humanas deixam de ser concretas e passam a ser puramente conceituais, a idiotice tem as portas abertas. Um meio de fechá-las é o beijo ao leproso, sem sentido alegórico. Parece que se a lepra é contagiosa, é perfeitamente curável hoje.

Quando penso em conteúdos de consciência, penso em gênese de conteúdos de consciência, pois o homem é um animal eminentemente educável, talvez uma das poucas afirmações possíveis, e penso em gênese

PUBLICAÇÕES EM LIVRO

de um comportamento sexual, deixando de lado a ficção da sexualidade masculina e sexualidade feminina, em sua condição de entidades baixadas de algum céu superior, ou inferior.

Afastando a hipótese de algum demônio sideral, não vejo como estabelecer a relação entre razão e conteúdos de consciência. Ou melhor, não vejo como estabelecer fundamentos racionais para a razão. Enquanto a sucessão de idéias permanecer no campo mais que vago de uma probabilidade difusa, nada se pode afirmar. A não ser o reconhecimento do limite instantâneo da compreensão como fenômeno *compreensão*. E entram nesse limite instantâneo, entre outros, a experiência da angústia. Sonhei todos os sonhos. Delirei todos os delírios. Olho a pedra do meio-fio. Os nomes. As coisas. Nenhuma teoria da realidade equivale à minha realidade instantânea. Mesa em inglês é *table*. Quando deixarei de me espantar com as palavras? Observo meus conteúdos de consciência à medida que brotam em minha consciência. A palavra certa seria *jorram*. Fonte ou clareira. Heidegger tem razão. Os hindus também, no acúmulo de experiência do ato de pensar. O que não significa nada em relação ao ato de agir. Quando penso nos hindus, penso em alguns hindus que acumularam a experiência do pensar. Os outros, à parte os conteúdos de consciência, particulares, são iguais aos negros de Biafra, ao mestiço boliviano, ao caboclo amazonense, ao francês de Marselha, ao espanhol de Barcelona etc. O homem se cria à imagem e semelhança das operações que a consciência faz com os seus *conteúdos*. A coisa mais fácil. Sem precisar maiores definições para *condição humana*. Por isso não concebo uma ontologia nos termos em que vem sendo estudada. Ontologia — estudo do ser humano. Não concebo a ontologia a não ser como estudo da gênese do ser humano como equilíbrio de paixões. Característica fundamental: egoísmo necessário. O *caminho* é o caminho da *ética* — como os valores morais se organizam. O erro do existencialismo, me parece, é que a consciência dos filósofos existencialistas está saturada de valores teológicos primários, e confundem existência e vida. Os valores morais válidos são os obtidos pelo conhecimento de certas exigências do corpo humano nas diversas situações, e nunca *absolutas*. O homem pode se educar segundo valores morais reais, e é destruído pela fidelidade a valores fictícios. Entre um valor, e a realidade global do indivíduo, a realidade global. Se até hoje pouca coisa se sabe a respeito do homem social, muito menos se sabe sobre o indivíduo. Os místicos dão uma pequena amostra. A ciência não pode fornecer explicações sobre uma totalidade chamada *realidade*. A religião opera com essa totalidade. Só uma estrutura de consciência semelhante à religiosa fornece um conhecimento dessa totalidade. Sem teologias, nem teogonias. E essa *realidade* está fundamente vinculada a um Eu, que entendo agora como conhecimento de uma simultaneidade. E o conhecimento se modifica. É esta a fronteira indecisa da psicologia e da psicopatologia. *Eu* está imerso num conhecimento temporal. A variação de disposições somáticas hemisferiais, e conseqüente variação de campos eidéticos, produz uma variação na gênese do tempo antropológico, que não é tão diferente do tempo cosmológico. Apenas a *minha* realidade não é bem a realidade de uma mecânica simplista a estudar bolotas que se deslocam num espaço chato para *mim*; a não ser que esteticamente... Isto é outro problema. A única contribuição do existencialismo foi a abordagem da angústia. Implícita na angústia, a consciência da morte. Apenas não vejo nisso justificativa para o espanto, mas abertura da fruição do cotidiano, qualquer que seja. No espanto há muito vício de educação, formação, inevitáveis. Donde a necessidade que o homem sente, se é despertado, de rever a validez de uma formação. E talvez nessa hora lhe surja em sua simplicidade a tão batida, vulgarizada e ignorada *realidade espiritual*. Amanhece nesta sexta-feira na mesma superquadra de Brasília. Amanhece lentamente neste frio de julho. Mal definidas ainda as arestas dos edifícios e as manchas de pequenas árvores. Um rádio ligado e duas vozes trocando queixas e insultos a um terceiro ausente. A angústia me domina completamente. Tenho a impressão de que me estupidifica. Lembranças. O estado de angústia e estupidez em princípios de 1962. Um estado de angústia e estupidez total. Os *parentes* acham que é minha solidão em Santa Teresa. Deixo o pequeno apartamento da Almirante Alexandrino e fico como hóspede de um sofá na casa do *irmão mais velho*. Acabara de jantar, mergulhado em minha estupidez e meu silêncio. A televisão ligada. Ninguém falava comigo, quase. Uma palavra ou outra, uma frase que eu entendia lá a minha maneira. Lanço o rabo do olho para a tela quando o rosto da Tônia Carrero surgiu. O locutor lhe pergunta à queima-roupa se tinha saudade de seu último amor. Eu sabia que naquele dia o último amor de Tônia estava casando. Houve uma pausa no rosto da atriz já belo, se iluminou e se tornou mais belo ainda, e a frase veio com raridade de um rosto de rara beleza; *não, não tenho saudade de meu último amor, tenho saudade de mim mesma, enquanto amava.* Ainda sob o impacto da frase, quase deixei cair a xícara de café ao ouvir outra frase do *irmão mais velho, que porcaria, desliga a televisão.* (Era casado havia dois anos, e tinha um filho de ano e pouco.) Sinto ainda hoje o gosto do café, duvidoso. Eu vivia tonto, completamente tonto, mal conseguindo caminhar, o resto era angústia e estupidez. Gostava de uísque, antes do colapso. Os *irmãos* me levaram, na mesma época, ao bar On the rocks no Panorama Hotel da Lagoa Rodrigo de Freitas. Local ideal para o meu estado e para quem sofre de vertigens. Henry Miller disse em algum lugar que o diabo nunca faz nada, apenas nos deixa sempre à beira do abismo. Tomei o meu uísque. Relaciono isto com a hipótese sobre o comportamento aparentemente psicótico provocado pelo uso do álcool como antídoto de certos venenos. Vejo sol nas placas de concreto. O rádio continua ligado, e os palavrões continuam. Comuns. Banais. Minerais. Lembranças auditivas. A última vista à *irmã* e ao *cunhado. O irmão do meio* está presente. Interrompo o trabalho, dou uma volta. São nove horas. Sinto o sol na pele e o vento nas pernas. Regresso à máquina. Há um canto de serra circular em obra próxima e um trinado de gaiola. Absurdo querer viver sempre em clima de encantamento. Mas há um azul no céu, e uma claridade no ar. *Ladrão que rouba ladrão.* A última frase que ouvi da minha irmã, naquele dia, há uns cinco anos. O *irmão do meio* estava presente. Falava-se da necessidade de alugar um apartamento para o *pai*, já que a *irmã* e o *cunhado* iam mudar para um apartamento de cobertura em Copacabana. O *irmão do meio* e a *cunhada* estavam em lua-de-mel, ainda. Uma semana antes, ao interromper a estada no hotel, eu o vi em seu apartamento estupidificado pela sonoterapia e por alguma outra coisa que eu ignoro, com diarréias incríveis. Estava ótimo, agora. O cunhado era proprietário de um edifício no subúrbio de cinqüenta e poucos apartamentos, em final de construção. Os *irmãos, o mais velho e o do meio* eram proprietários de um edifício de doze pavimentos em Ipanema. O *cunhado* adiantou que o *irmão mais velho* pagaria o aluguel do apartamento do pai, e as reticências ficaram no ar. Como bom idiota, não entendi. Eu vivia meio longe, desligado, no Hotel Paissandu, e meu dia de trabalho no DNER não me dava muito tempo. Ousei perguntar: *escuta, o velho não é sócio da loja, que história é essa?* O pai, o *irmão mais velho, o irmão do meio* eram sócios de Palace Móveis, em Bonsucesso, na Avenida das Nações. *Não, ele era sócio, já não é!* A fala do *irmão do meio.* Espanto meu. *Por que, você está interessado na herança,* pergunta o *irmão do meio* em tom de ofensa, eu já em pé, com a *cunhada* ao lado. A indignação do *irmão do meio* é tão grande que se retira. Olho para a *irmã.* Falo em contratar advogado. Resposta: *Ladrão que rouba ladrão.* O tom é o mesmo do *irmão do meio.* A indignação, a mesma. E lembra, ainda, em tom que me espanta, que o *irmão mais velho* andava com a pressão meio alterada. No dia seguinte consegui uma certidão da Junta Comercial do Estado da Guanabara. O *pai* ainda era sócio. E me lembro do falecimento da mãe, sete anos antes. Nunca ouvi falar em inventário. Não foi difícil localizar a advogada que dera início à coisa. Pelo telefone, conversamos apenas pelo telefone, mostra-se espantada, diz que sempre perguntou por mim aos *irmãos,* e eles sempre diziam que não sabiam onde eu andava. *Agnus dei qui tollit peccata mundi miserere nobis.*

Tento contemplar um amanhecer comum. De repente no canto da janela percebe-se uma zona um pouco mais clara, e os contornos dos edifícios da esquina em frente. Uma emergência do negro compacto. O amanhecer contemplado é no poente. Uma caixa-d'água na cobertura do edifício fica mais nítida. Os elementos de concreto de outra fachada se definem. Da massa negra inferior as copas das árvores se destacam. Num pequeno trecho de um edifício longínquo há reflexos de claridade do *nascente.* Cobrindo as casas uma névoa tênue esbranquiçada. O resto um azul puro, transparente. Subitamente percebo que as formas são apenas massas escuras envolvidas por uma claridade total. Apenas sombras. Impossível chegar à compreensão do que há de eterno no homem por via especulativa. O máximo que eu posso perceber é uma frase pronunciada com intenção oposta. Como perceber o silêncio interior que envolve os ruídos?

Publicações em jornais e revistas literárias

Diário de um candango
[1963]

...e minha imaginação vai-se perdendo por imprecisos hori-
zontes de outrora.

(José Marques da Silva)

Fui à Vila Planalto numa chuvosa e cinzenta manhã de sábado. Meu
intuito: localizar José Marques da Silva, autor de um livro publicado
pelas Edições O *Cruzeiro*, e proprietário, segundo as páginas que acabara de ler, de um bar-restaurante denominado São José. Estava decidido a
não pedir informações a ninguém. Utilizaria como elementos de referência reminiscências de leitura, o nome de um bar, o parque de diversões
etc. Depois de percorrer durante duas horas a rua principal e as vielas
nascidas ao acaso e ao sabor de pequenas modificações topográficas,
depois de remoer lembranças que me faziam percorrer não um bairro
desconhecido, mas uma paisagem freqüente e comum para quem tenha
o hábito de em qualquer cidade ir um pouco além do centro aprumado
ou dos quarteirões confortáveis, depois de rever barracos, lama, valas,
rádios a tocar bem alto em minúsculos quartos, depois de rever moleques nus chapinhando em poças d'água, e um velho erguer-se de um
leito aos resmungos, depois de tudo isso desisti. Nada que me permitisse
encontrar o bar procurado.

Volto ao mesmo local na manhã de domingo. Retomo como ponto
de partida o parque de diversões. Há no *Diário* algumas referências à

atuação de um palhaço no palco, que não deveria ficar muito distante dos fundos do restaurante. Havia ecos de gargalhadas no quarto em que às vezes descansava. Às primeiras perguntas, nenhuma indicação. Depois alguém me afirma que tem uma notícia vaga. Pouco depois, por intermédio de um grego, proprietário de uma quitanda na Avenida Central, Kellys, consigo conversar com José Marques da Silva.

Diário de um candango contém páginas datadas de 13 de outubro a 31 de dezembro de 1961. O Bar-Restaurante São José não funciona mais, e em cima de uma mesa há apenas livros, cadernos, recortes de jornal. José Marques me informa que muita coisa mudou nas redondezas desde que encerrou o *Diário*. O parque de diversões a que faz referências não mais existe, e o que funciona atualmente, em local diverso, é bem recente. O templo das Testemunhas de Jeová também mudou de local, e o Bar Cacique, local que serve de cena a algumas das melhores páginas do livro, foi vendido, retirado do local, reconstruído a alguma distância, e hoje abriga uma farmácia.

Dia 25 de dezembro — Segunda-feira

O Cacique-Bar está batendo um triste recorde: desde sexta-feira que se toca e se dança sem cessar.

No momento em que escrevo (já são 2 horas do dia 26), uma mulher é jogada para fora do baile.

José Marques da Silva, vinte e quatro anos, natural de Ipameri, Goiás, fala com certo descontentamento sobre a primeira reportagem publicada sobre seu livro, em um *jornal de Brasília*. Lamenta que só queiram ver em seu *Diário* um roteiro de misérias e tristezas, de pobreza e humilhação. Acha que não deram importância ao outro lado, ao aspecto alegre e belo que soube vislumbrar naquele aglomerado humano.

Dia 26 de novembro — Domingo

Em todos os lugares por que passei, vi grupos de nortistas.
Eles cantam falando e falam cantando.

PUBLICAÇÕES EM JORNAIS E REVISTAS LITERÁRIAS

É um homem o nortista; ele nasce com o germe da aventura no sangue, e com o demônio da fatalidade em sua vida. Se trabalha, é cortado do serviço; se é cortado, gasta o dinheiro, bebe com os amigos e volta para as suas plagas.

Não tem temor. Sabe enfrentar a vida.

....

Dia 17 de dezembro — Domingo

....

São 16 horas e 20 minutos.

É tarde, linda tarde de dezembro. O sol ainda iluminava a Vila Planalto. As nuvens, parecendo véus de noiva, de imaculada alvura, passeavam ligeiras pelo céu.

As músicas vinham dum alto-falante do Templo Memorial Batista.

....

Olhei o lago, as nuvens estavam lá dentro.

Do lado do iate, três cavalos pastavam sossegadamente.

Em cima, o céu, as nuvens correndo; embaixo, a verdura, o lago, a criação...

....

Enquanto folheio os cadernos que serviram de manuscritos para o *Diário*, e completo algumas informações biográficas meio esboçadas no livro, procuro ordenar na memória o que já foi escrito sobre a construção da nova capital, e me voltam bem claras as palavras de uma conversa com um professor da universidade: quando surgirá Brasília como cenário de ficção, quando surgirá um *autor* de Brasília? O que eu tinha entre as mãos ainda não era ficção, mas o autor ali estava presente. Trabalhou durante três anos no Palace Hotel de Brasília. Foi despedido, indenizado depois de alguma luta, e comprou o barraco do Bar e Restaurante São José. A pouca habilidade comercial fez com que fechasse a casa, já que muitos gostavam de sua comida, mas poucos pagavam.

Peço-lhe que me acompanhe pela Vila, e me indique alguns lugares de referência constante em seu *Diário*. A Vila Planalto, no início apenas um acampamento de obras, enquanto erguiam os monumentos da Praça dos Três Poderes e a Esplanada dos Ministérios, é hoje uma cidade enquistada entre o lago e a estrutura do edifício do Tribunal de Contas. Cidade improvisada que se afirma com a triste riqueza humana da pobreza, e com os vínculos determinados pela presença de homens, mulheres, crianças, animais. É desse agrupamento, talvez transitório, que o autor nos dá testemunho. E o seu testemunho vem com o acento pessoal, resultado de tudo aquilo que encontrou no caminho, desde Ipameri, sua terra, nas proximidades de Pires do Rio, até o Bar e Restaurante São José: a infância, os poucos anos de Seminário em São Paulo, a vida em Goiás novamente.

Dia 14 de dezembro — Quinta-feira

Tenho 22 primaveras que se assemelham aos outonos dos anciãos que nada mais esperam da vida.

Dia 13 de dezembro — Quarta-feira

Sou fâmulo da fatalidade, onde quer que eu ande, chorarei minha vida.

Dia 9 de novembro — Quinta-feira

Em casa vejo os ratos derrubando as coisas.
Desconfio que um dia eles derrubam o meu barraco.

Dia 16 de dezembro — Sábado

De um lado, os grandes prédios, a praça monumental que embasbaca qualquer estrangeiro, e do outro (a outra face!), a podridão, os homens maltrapilhos, os mendigos nauseabundos!

Muita coisa foi dita sobre Brasília, muito poema laudatório, muita folha de jornal manchada por ataques quando de interesses escusos. *Diário de um candango* é o depoimento de um jovem que viveu alguns anos

PUBLICAÇÕES EM JORNAIS E REVISTAS LITERÁRIAS

em meio ao fermento da implantação de uma cidade, e que registrou durante quase três meses o seu dia-a-dia. É um testemunho que afirma, negando. Que descreve um ambiente operário real e generalizado. E que termina com um acento um pouco melancólico.

Dia 31 de dezembro — Domingo

A primeira madrugada do ano foi fria e triste.

Começo de caminho: o áspero amor
Renard Perez
[1967]

Antes de mais nada, numa explicação desnecessária: sou amigo do autor há quase vinte anos, e as considerações sobre o seu romance nesta crônica estão profundamente imbricadas nessa convivência e nessa amizade; são considerações parciais, nunca objetivas, em suma, o oposto do que se poderia exigir de uma *leitura-fechada, leitura-atenta*, ou se preferirem *leitura-rigorosa*.

No momento em que sodomia, lesbianismo, coprofilia, sadismo, toxicomania, posições de compromisso e protesto, guerras do Vietname, Oriente Médio, Congo etc., são assuntos do dia-a-dia, Renard publica um romance em que dois jovens, não sei até que ponto adolescentes, se procuram e desencontram em uma cena de masturbação simples e amedrontada numa ladeira de Ipanema. Talvez seja um episódio banal, digno de um sorriso daqueles que atingiram a *maturidade* plena (como distinguir a real compreensão do cinismo?), talvez uma intuição rápida de uma situação bem mais complexa do que a desenvolvida nos vastos e longos tratados dos especialistas, mais real no sentido de uma apreensão da média que compõe um sistema de valores, e não de exceções marginalizadas nos extremos da santidade e da canalhice. E não será até certo ponto essa a função do criador: captar através da intuição o que está implícito na realidade, e não se agarrar às ilusórias explicitações das frases feitas? Realmente a pergunta é uma pergunta, e não um artifício!

Renard cometeu um grande crime: escreveu um romance puro, um romance do início de quase todos os que vêm da província, uma espécie de introdução ao que poderá vir depois. Carlos Vasconcelos, personagem, no futuro poderá descambar para um marginalismo à Genet, dramático, para um acanalhamento de uma sensualidade que não se sente mais culpada de nada, para uma humilde e gloriosa tentativa de viver simplesmente, ou para a besta estratificada num fardão e mumificada pelo bom-tom e pelo conformismo.

"Apenas os sonhos. As mãos vazias, a roupa do corpo. '— Vencerei', dissera consigo mesmo, centenas de vezes."

Que visão do mundo exigir de uma vivência em que os conflitos não têm aspectos catastróficos, mas são produtos do alambique cotidiano? Há frases, naturalmente, palavras. Mas Renard não brinca com palavras, e parece não depositar muita confiança em frases. As profundas especulações podem ser feitas por quem bem entender, e talvez a mais profunda seja ainda a que se faz através de uma simples palavra dita por uma criança quando revela o espanto. *"Começo de caminho: o áspero amor"* é talvez o retrato fiel de quase todos os aspirantes a escritor atraídos pela ex-Capital, e cada vez mais grande cidade, retrato de aspirações, de lutas miúdas, de Código de Honra que só se anula nas portas de um bordel ou nas mesas de bar. Lembra às vezes a nudez do desespero de um Pavese: um toque lírico-amargo de um Pratolini, os vincos da amarga-ternura de um Graciliano. Evoca essa nostalgia de pureza que sentimos quando estamos no charco, essa nostalgia que dá o sentido do trágico. Sem essa nostalgia não haveria tragédia. E a tragédia é provocada quase sempre por coisas um pouco mais simples do que uma masturbação. O mundo do romance é realmente o mundo que cercou o romancista e o autor desta nota, o mundo em que uma velha, numa sala, diz: *"—Minha filha, pergunte ao Carlos se não quer tomar um cafezinho."* Alguns acentos de Marques Rebelo, mas sem os gracejos: aspectos do dia-a-dia, subúrbio, ocupação miúda — a cidade sem piada nem aberração. No meio, o espanto com o anormal, o espanto que ainda trazemos dentro de nós, mesmo aos sessenta anos, mas que é preciso não revelar para não passarmos por tolos.

Carlos vai para o ponto de bonde, a lembrança o segue. Um ingênuo. Até então acreditara que invertidas fossem somente aquelas figuras grotescas que via na Cinelândia, os cabelos pintados, o andar maneiroso, que passavam com olhares provocantes para os transeuntes. Desviava-se delas, com uma repulsa que se mesclava à compaixão. Agenor não era assim. Era um sujeito de aparência normal, de maneiras gentis, de fala tranqüila. No entanto, um homossexual.

Renard não mascara as perplexidades nem as ingenuidades das personagens, ao contrário, acentua-as. E talvez nos faça pensar, para além de nossa liberdade livresca, de nossa falsa compreensão das coisas, da hipocrisia dos que compreendem *tudo*, o milagre do espanto antes da Queda. Relembro no momento um episódio lido não sei onde e que explica o rompimento de Hemingway com Gertrude Stein. Hemingway, o caçador de leões e búfalos, o homem das touradas e guerras, o pescador de grandes peixes, ficou furioso quando Gertrude sugeriu certas coisas à mulher de Ernic. (Seria interessante ainda a leitura do conto *A mãe do veado* incluído na coletânea da Civilização Brasileira.) E relembro também um outro que teria ocorrido com Ben Hecht, e que li em qualquer parte, se é que li: um produtor de Hollywood, seu amigo, lhe telefonou completamente aturdido com um fato — uma jovem protegida sua, e que deveria lançar no cinema, se recusava a ir para a cama com ele. O produtor não conseguia encontrar motivos que justificassem a recusa. Segundo Hecht, nunca poderia passar pela cabeça do homem que a menina tinha alguns princípios ainda, apenas isso.

Um outro aspecto a abordar em *Começo de caminho: o áspero amor* é o da técnica utilizada. Renard se insere conscientemente numa linha tradicional, e dentro dessa linha procura um equilíbrio. E consegue com sucesso esse equilíbrio. A experimentação, válida, não contém em si mesma valores implícitos, poderá ou não produzir alguma coisa, poderá ou não chegar a algum resultado, e creio que mais do que se pensa, surge como um estado de espírito, uma visão das coisas que, mais tarde, se resumirá em atitudes, postulados, teorias, visão das coisas não muito

PUBLICAÇÕES EM JORNAIS E REVISTAS LITERÁRIAS

longe de uma fronteira patológica existente nessas experiências, e ligadas a uma exacerbação da percepção de certos setores. Patológico aí
como constatação de alguma coisa, sem intenções pejorativas ou de
exaltação. Veja-se Becket, Margueritte Duras, Goyen, Reverzy, Clarice
Lispector.

Chão galego
— A dupla viagem de Renard Perez
[1972]

Não sei que impulso leva um escritor a mergulhar em sua mitologia pessoal à procura de algo que ele já conhece, nem sei mesmo se deve haver explicação para esse impulso, além do reconhecimento do fato. A *busca* surge como uma necessidade não definida de esclarecer alguma coisa que nem sempre precisa ser esclarecida. Fica-se no campo da memória. E a memória é o vago, indefinível, é o presente ausente, o ausente presente, é a fusão dos dois numa tentativa nem sempre de recriação do passado, mas de encontrar no passado alguma coisa que justifique o presente. Como se houvesse necessidade realmente de justificativa. Como se não houvesse nisso o estabelecimento de uma causalidade às vezes desnecessária. E os elementos míticos surgem em sua inexorabilidade de anjos e demônios. Mas há na busca uma coisa mais importante do que a partida ou a chegada: é o *caminho da busca*, uma espécie de *iniciação*, de *transição*, de preparação para um *encontro*. São os quarenta anos de deserto, são as *provações*, as *flagelações*, as negaças, os desvios tomados para qualquer coisa que não se sabe o que é — nem sempre o trabalho de espera para uma fruição completa, nem sempre um amadurecimento necessário, nem sempre o medo das decepções, mas uma necessidade interior de adiar o *simples*, de transformar o lendário em cotidiano.

A fumaça sobe do grande alguidar, homens de faces curtidas em torno. A mistura que vai sendo depositada nos pratos — a *pulpada?* O *cozido gallego?* —, o prato às mãos dos fregueses. (p. 32)

PUBLICAÇÕES EM JORNAIS E REVISTAS LITERÁRIAS

Um torverlinho de fantasias, de idealizações, a imagem pronta e fixa de possibilidades anteriores e posteriores, expectativas e frustrações oscilando a cada passo, enquanto o verme rói o fruto.

— *Entonces piensa usted que acá es Andaluzia, donde toda la gente es gitano y vive em las calles a cantar?* (p. 13)

O gosto particular, um cheiro, uma certa resistência no tato, um som particular, a visão interior distinta da exterior, estereotipada, a presença total como idéia.

> Estamos em Orense — digo a mim mesmo. E é difícil conscientizar esta verdade, tanto o fato significa para mim. Engraçado é que na agência, em Lisboa, quando incluí o nome desta cidade no roteiro, o funcionário insinuou delicadamente a desnecessidade da parada — Orense não tinha o que se ver. No entanto, é esta a parte mais importante da viagem: foi para conhecer Orense que vim à Espanha. (p. 33)

Chão galego, viagem dupla de Renard Perez, antiviagem, não-viagem, mergulho na própria biografia, prosa madura de um escritor maduro, lembra o melhor Graciliano de *Infância*. Contista, romancista, repórter, espantado com a própria vida, e a vida, espantado com o *seu* mundo, e o mundo, me conduz ao clima de prosa dos italianos de pós-guerra, e me evoca principalmente o Vittorini de um romance inacabado, *Erica*.

> Erica — dizia eu na minha carta a Moravia e Carocci — descobriria tudo na vida, conheceria tudo por si própria, pouco a pouco (e também o prazer, e também o amor, e também a amizade), apesar da miséria de sua condição. E desenvolver-se-ia (embora no meio dessa miséria) em tudo o que constitui o ser humano, desenvolver-se-ia, em suma, em todos os pontos que formam a alma humana. Tal era o tema essencial deste livro. Essa alegria fundamental que, apesar de tudo, há na vida, seria atingida justamente (para mostrar o apesar de tudo) a partir duma situação de infelicidade absoluta... (Elio Vittorini)

Distingo hoje, um pouco esquematicamente, duas correntes principais na prosa brasileira: uma aborda a problemática da criação, a outra, a criação da problemática. À primeira pertencem os que aparentemente realizam *experimentos* (na verdade dão testemunho de sua maneira pessoal de ver o mundo), à segunda, os que encaram o ofício literário com a objetividade artesanal, que é no fundo a característica de toda criação autêntica. Se Clarice Lispector paira soberanamente na primeira, Renard Perez, com *Chão galego*, se agiganta na segunda. E acho sintomático que este salto tenha sido dado em não-ficção. As raízes do Renard não são propriamente Vigo, Pontevedra, Orense, o Pueblo, Porqurós, nem Aurélio, Anita, Milagros, Antônio, Mariluz, Aurelita, Obdúlia, Paco. Subitamente, e isso deve trazer ressonâncias à sua trama ficcional, o autor descobre que é imigrante, que sua infância não foi moldada apenas no Nordeste, em Macaíba e Fortaleza, mas também no impulso que levava homens a procurarem fortuna e felicidade em outras terras. Duas mitologias se fundem: à paisagem rural e urbana, paisagem interior, se junta o impacto de um mundo soterrado até então, não perdido, apenas ignorado. E que agora surge no pulso firme de um escritor de primeira linha.

Uma ressonância atávica, que me integra neste ambiente, identifica-me com ele, fazendo que eu sinta tudo isso familiar, íntimo, vivido. Como se eu estivesse, sem saber, preparado para o momento. (p. 50)

Renard Perez, *Chão galego*, Civilização Brasileira, 1972.

Kadish — Oração pelos vivos das Olimpíadas de Munique
[s/d]

Considerando que os mortos estão definitivamente mortos, absolutamente mortos, totalmente mortos, considerando que o gênesis canônico dá o mundo como definitivamente criado, totalmente criado, absolutamente criado, considerando que algumas seitas esotéricas, não sei se heréticas, imaginaram um demiurgo menor de um mundo em criação permanente, definitivamente vivo, absolutamente vivo, totalmente vivo, considerando a inutilidade total, definitiva, absoluta de um sentimentalismo barato, oro simplesmente, de dentro para fora, pelos vivos. Músicas serão compostas, quadros pintados, monumentos construídos, poemas serão feitos, mas os mortos estão absolutamente, totalmente, definitivamente mortos. Oro pelos vivos, de dentro para fora, pelo simples fato de estarem vivos. Os mortos não distinguem inocentes ou culpados. Não procuram justificativas, nem razões para isto ou aquilo. Os mortos cometeram um grande crime. Estão mortos. Oro pelos vivos, de dentro para fora, em tom seco. As flores de retórica, as figuras, as preces, o pranto, a angústia são inúteis para os mortos:

> Amitzur Shapiro,
> David Berger,
> Joseph Romano,
> Zeev Friedman,
> Yakov Shringer,
> Kehat Short,

Moshe Weinberg,
Yosef Gutfreud,
Eliezer Halfin,
Mark Slavin,
Andre Spitzer.

Há um jogo de jogos perfeitos, um jogo em que tudo é jogado e os jogadores são jogos de jogos jogados por jogadores perfeitos numa simetria de crime perfeito. Todos os rituais serão cumpridos. Da tocha simbólica aos pedidos de desculpa, tudo de acordo com as regras e as metas dos jogos: mais alto, mais forte, mais veloz. E nesse jogo em que os mortos estão absolutamente, definitivamente, totalmente mortos, oro pelos vivos, joguetes de um jogo em que cada um cumpre sua função, os inocentes culpados, porque estão mortos, e os culpados inocentes, porque estão vivos. Quando o patriarca primeiro seguindo uma voz ergueu a lâmina para sacrificar o filho, ele sabia que não sacrificaria o filho, por uma fé inabalável. Entre a lâmina erguida e o olhar para o lado, entre o filicídio e a visão do carneiro pró-pascoal, uma fração infinitesimal de tempo. O tempo de dois movimentos de consciência, o intervalo dos vivos. Oro por eles, por esse intervalo, pelo fluxo de imponderáveis energias.

O *De profundis* do artista Antonio Carlos Villaça
[1974]

L'homme a des endroits de son pauvre coeur qui n'existent pas
encore, et où la douleur entre afin qu'ils soient.

(Léon Bloy, p. 83, *O nariz*)

A arte começa quando a vida já não explica a própria vida.

(André Gide, p. 105, *O nariz*)

A crônica de uma obra de escritor é o relato de uma aventura, com todos
os imprevistos e lances surpreendentes de uma história do gênero. Com
uma pequena diferença. Não é a aventura que interessa. Nunca a problemática da vida vivida e da vida observada para ser recriada pelo artista
foi colocada na literatura brasileira como na obra de Villaça. E a explicitação torna cristalino um problema estético confuso: toda criação de
obra de arte é de natureza religiosa; arte e religião mergulham no mesmo
abismo insondável que vai à raiz da existência concreta.

Não conheço, em nossa literatura, a presença de um cristianismo
agônico como o de Villaça. Numa sucessão de obras eminentemente *sociais*, no sentido vulgar do termo, a presença de crise espiritual raramente se manifesta em prosa, e desponta nos momentos altos da poesia.
Nenhum acaso. As crises espirituais eram sempre sinônimo de divagação
poética, indignas de uma prosa que sempre se desejou mais comedida.

Ousaria falar de uma certa timidez, um certo pudor em se desnudar? Um reservar ao confessionário, e ao sussurro, as agitações mais fundas. É verdade que em outros cantos as figuras existiam. Mas entre nós? Não havia clima. No entanto toda uma angústia católica, cristã, se derramava pelos bastidores, cada vez mais exacerbada. Religião e arte se manifestaram no poeta Antonio Carlos Villaça. Poeta que escreve em prosa. Poeta, homem sacudido em suas raízes como *presença no mundo* e que dá expressão às sacudidelas. É nessas manifestações que vejo hoje o *social*, num sentido mais alto, mais vasto. Um homem se retrata, se relata, se despe, se veste, dissimula, é franco, biografa, ficcioniza, nome, pseudônimo, fato concreto, cena imaginária, o que era diacrônico se transforma em sincrônico e deixa a impressão do desejo de satisfazer simultaneamente a necessidades *não atuais*. Que a vocação religiosa tenha se transmutado em vocação artística não me surpreende hoje, estranha alquimia das trevas ou da luz, o que surpreendeu foi o nível e o equilíbrio mantidos pelo escritor entre duas fogueiras: o apetite do cotidiano e o apetite do Absoluto.

O poema é a sede em nós de um absoluto, que pode ser Deus ou ser apenas o vazio de Deus no coração transverberado.

(*O anel*, p. 47)

Há em Villaça o que se poderia chamar a fratura do paradoxo, uma tentativa de encontrar repouso em alguma forma disciplinada e tradicional e um arrebatamento de criação verbal que é pura intranqüilidade permanente. O que me parece é a fratura em que se move o artista autêntico, sem que haja nisto expressão de uma vontade rígida de algum eu psicológico. A prosa de Villaça revela isto com transparência. O jogo verbal não é jogo verbal, o substantivo exato não deixa de ser uma palavra, e Villaça conhece como ninguém a vacuidade da palavra. Mas é sua substância, sua matéria, seu barro. E através dela sua vida real e mítica desfila diante de nós.

PUBLICAÇÕES EM JORNAIS E REVISTAS LITERÁRIAS

A vida passada a limpo,
como isso é longo e como dói.

(*O nariz*, p. 294)

Antropogênese. Só o testemunho de homens como Villaça dá uma idéia do fenômeno. Qualquer coisa que fermenta, treme, desaba, tirita de frio e ódio, range os dentes, se exalta, visita lugares e é por eles visitado, conhece homens e é por eles conhecido na forma de estranhos fantasmas, aprende a adorar mitos, se identifica com os mitos, e é mito na medida em que registra certos movimentos interiores. Há uma substância que flui entre crueldade e ternura, e há uma substância que flui e registra a fluência. É preciso às vezes ficar à margem do homem para se ter uma idéia de suas possibilidades, positivas e negativas. Eu não sei se existe, e se é possível, um cristianismo sem dogmas. É o de Villaça. Um sentimento que acompanha a emergência de qualquer coisa entre a pessoa e o indivíduo e que dá uma certeza de que a história do homem não é apenas a de pirâmides e satélites artificiais, é também a história de sua dor.

E assim, quieto e tenso, às vezes
crispado, eu me assisto viver, como
o tigre que espia a sua presa

(*O anel*, p. 49)

Liberto dos moldes rígidos do gênero, matéria de discussão estéril e inútil de diletantes, ou de natiesclerosados fabricantes de arte, Villaça surge com a perspectiva do artista numa comunidade que já deixou de ser comunitária há muito tempo. Não sei se as teorias da criação artística têm algum valor diante do fato bruto da criação. Não sei se as análises do artista primitivo integrado nos valores religiosos do grupo e dando expressão a eles têm realmente alguma coisa a ver com a criação artístico-religiosa dos agrupamentos primitivos. Por isso não vejo outro caminho a não ser o simples reconhecimento do fato bruto.

Caminhamos. Sondando o existencial, o mínimo, o vazio, perquirimos a face do nada, com saudade de nós mesmos, medo, angústia. O tempo nos faz, nos destrói. Somos e não somos. Palpita em nós o vago rumor de uma qualquer obscura, tímida aurora, mas é apenas uma aurora, sem mais nada. Quietamente auscultamos a tempo. Medimos. E, parados à beira do caminho, queremos ser e já não somos.

(O anel, p. 52)

Imagino que os meninos, que há pouco eu olhei, viverão como todos os outros meninos. Descobrirão a vida. Conhecerão o amor. A pouco e pouco, descobrindo a carne, o espírito e a morte, se revelarão a si mesmos. E no entanto haverá sempre novas descobertas até o fim. A última experiência, a da Agonia, será tão solitária como as outras. Porque sempre estamos sós, diante do destino, crucificados entre o céu e a terra. Como se fará, em cada um deles, a descoberta do amor e da morte? Como será o primeiro encontro de cada um deles com a morte? Como descobrirão eles a vida? Viagens fundamentais do homem enquanto homem, profundas incursões em que o ser todo se empenha e vibra. Depois de conhecerem a palavra, o silêncio, o medo, a solidão, o prazer, o gozo, a dor, o tempo, o tédio, a angústia, conhecerão a própria morte.

(O anel, p. 75)

Em meio a resíduos ultra-elaborados de leituras, em que a literatura propriamente envolve áreas especializadas de natureza ritualística ou dogmática, o escritor, no sentido mais amplo, colhe impressões agudas do que se passa à sua volta. Colhe e registra. Não ficcioniza. Não elabora realidades imaginárias dentro da realidade imaginária básica. Colhe e registra certos aspectos básicos da existência concreta, aspectos que formam uma espécie de envoltória daquele silêncio interior, raro, testemunho de um absoluto na duração relativa de quem se tenta conhecer no emaranhado de trevas e penumbra da aparente claridade das coisas. Tes-

PUBLICAÇÕES EM JORNAIS E REVISTAS LITERÁRIAS

temunho de quem aspirava a um despojamento comunitário e nos revela um despojamento individual, de quem desejava se integrar num *serviço* pré-fabricado e *serve*, sem disso ter conhecimento, talvez, ou possibilidade de conhecimento.

> Enquanto olho o lago, choro. Choro porque sei que a paz é impossível. Porque sei que morrerei. Porque sei que a vida humana é uma aventura inútil. O lago está quieto. Longe. E eu, da janela do trem, chorando, o vejo. Sinto-me tão sereno. A noite se aproxima...
>
> (*O anel*, p. 89)

Após as releituras necessárias, a verificação dos estragos causados por esta ou aquela interpretação teológica, a garra do escritor maior nós dá, em breve relance, uma abertura para o que seria, talvez, o início do caminho do artista, se ele realmente compreende o significado profundo do encontro com o nada, após o nojo. No cotidiano, dentro do cotidiano, pelo cotidiano, numa perspectiva que o coloca como animal faminto de absoluto.

A lógica do absurdo na era dos cafajestes
[1977]

Sou meio primário, e idiota, em certas coisas. Por exemplo, acho que colher foi feita para tomar sopa e comer pudim de caramelo, com ameixa, e relógio parado é questão de relojoeiro. Para os mais requintados, os que amam o sabor das descobertas, eu recomendaria o *Manual do relojoeiro*, de Dimas de Melo Pimenta (Edições LEP Ltda.) ou *Como consertar relógios*, de Manoel dos Santos e Dieno Castanha (Edições Melhoramentos). Creio que é melhor do que se embasbacar diante dos malabarismos de um exibicionista vulgar e grosseiro. Com leve tendência a desmunhecar. O que provocou o comentário de meu amigo Carlos Mathias: o homem é mais chegado a colheres do que a mulheres. Isso tudo a propósito das ruminações — em torno do último livro de Antonio Carlos Villaça: Místicos, Filósofos, Poetas. Há realmente um universo fascinante ao lado desse outro, chato, de terroristas da direita e da esquerda, de flutuações de moeda e de crise de combustível. Acho realmente que as eras de violência já passaram. Vivemos uma nova era: a da cafajestice. E realmente, além da escala Richter dos terremotos, uma coisa me atemoriza: um possível passeio de todas as onças goianas e matogrossenses pela W-3. Na memória a onça cavaleira vigorosamente descrita por Nertan Macedo em seu trabalho sobre o coronel Wolney e o episódio do tronco de São José do Duro. Só os místicos, poetas e filósofos nos fazem meditar sobre a morte na era dos cafajestes. O velho Hemingway, romântico, bobo, vítima de um machismo meio estranho em sua própria tradição, sempre admirou a ética implícita na luta do touro e do toureiro. Santiago finalmente vai dormir, e amarrado ao

PUBLICAÇÕES EM JORNAIS E REVISTAS LITERÁRIAS

pequeno barco a imensa carcaça do peixe, testemunha de sua luta e de sua vitória. Mais uma vez o imenso prosador de *O nariz do morto* e *O anel* nos surpreende com os rápidos ensaios deste livro. Fascinante aventura humana. Uma espécie de gargalhada em meio ao humor tétrico de autômatos automatizados por automatismos num rebaixamento do próprio nível animal. Quando acabei a leitura do ensaio de Leila Perrone Massaud sobre Lautréamont compreendi que uma biografia nunca é uma biografia. Para Villaça isto é intuitivo, direto. As figuras que se sucedem em seu livro caminham sempre pela lógica do absurdo sem paralisias e desalentos. O desespero não é um ganir impotente, mas a lúcida compreensão de uma esperança saturada de conflitos, esperança vista com aquele condimento ôntico de abertura para a morte. Para os homens da lógica do absurdo a eternidade não é um quintal com seu poste onde se amarra o burro à vontade do freguês. Acho que o livro de Villaça tem um irmão, e o irmão está retratado no volume: *As grandes amizades*, de Raissa Maritain. Em meio a tecnicismos estruturalistas, semânticos e estilísticos, os ensaios têm a mesma carga afetiva do outro: a paixão, o calor, a vibração, a proximidade, a identificação: um ato de amor no ato da leitura, irredutível à análise de qualquer informática, mas perceptível por qualquer um que compreenda o samba de Wando, aquele *Moça* (... quero me enrolar nos teus cabelos...).

Julien Green, Chesterton, Kafka, Otávio de Faria, Cristo, Tomás de Aquino, Santa Teresinha, Teilhard de Chardin, Newman, Maritain, Rilke, Mounier, Merton, Bartolomeu de las Casas, Simone Weil, Péguy, Psichari, Edith Stein, Dostoievski, Thomas Mann, Claudel.

Bernanos dizia que o inferno é não amar nunca mais. (p. 30)

A fenomenologia é o seu método. Mas não a de Husserl, nem a de Merleau. Theilhard acredita na matéria e em Deus. Sem nenhuma contradição. A sua obra quer operar a síntese das duas perspectivas. (p. 56)

Rilke integra na sua concepção de vida a experiência sempre nova do sofrimento, da miséria e da morte. (p. 78)

Escrever só por necessidade íntima, evitar os temas e as formas comuns, fixar-se no ambiente e recolher-lhe as sugestões. Porque arte é vida transbordante. Que propõe Rilke? A necessidade do mundo interior. A delicadeza pelos mínimos aspectos da vida. (p. 79)

O diálogo entre a miséria e a Misericórdia. *Todo y nada.* Foi uma experiência rápida e cortante, definitiva. Edith Stein descobriu Jesus Cristo através de Teresa. Tudo parecia distanciá-la do catolicismo: o meio de origem, a formação sinagogal, a universidade leiga, a fenomenologia de Husserl. Súbito a leitura de um livro rompe todas as limitações e inaugura numa vida jovem a Novidade perene. (p. 126)

Reli tudo isto em madrugada profundamente estrelada e fria, amarrotado em um ônibus a caminho de Cochabamba. Releio tudo isso no horizonte local com a lembrança de um estudo de René Laforgue sobre o que ele chama de *mentalidade de vida no deserto*. Um frêmito de terror diante do horizonte ilimitado e da hostilidade ilimitada.

Porque o sentido profundo da obra de Dostoievski é religioso. O que prevalece, dizia Meyer, é o fato da experiência religiosa, o diálogo interior, a dilaceração patética do espírito, a esperança interminante. Na obra de Dostoievski há sempre em cena duas personagens, o homem e Deus, o resto é comparsaria. (p. 131)

Como artista, Antonio Carlos Villaça encontra em cada uma dessas *grandes amizades* o elemento de criação presente naquilo que é especificamente humano e indefinível, como artista encara o Cristo em sua historicidade, em sua forma paradoxal e impensável de um *outro* ou um *eu* mergulhado no sofrimento. (Dinah Silveira de Queiroz em *Eu venho: Memorial do Cristo* utiliza a primeira pessoa para seu longo poema em

PUBLICAÇÕES EM JORNAIS E REVISTAS LITERÁRIAS

prosa — a intuição mais funda do criador diante de sua matéria.) Ouvi falar de um livro escrito por um imbecil em que se tenta desmistificar o processo da Paixão. Uma outra forma de mitificar a tolice. Como se a verdade histórica tivesse alguma importância no plano do mistério, do insondável, da noite eternamente estrelada. Falo de verdade histórica quando não se pode duvidar da autenticidade dos documentos. Em relação a documentos duvidosos, melhor é desempenhar o papel do vento da novela de Aníbal Machado: a janela se abre e as folhas soltas flutuam em todas as direções. Como artista, Villaça capta as manifestações de espanto e de abertura para uma realidade maior, que é sempre pura aspiração, e da qual suas *amizades* dão testemunho. Como artista, Villaça encara o artista que há em todo místico, poeta, filósofo, às vezes com facetas de desequilíbrio não necessário (e esse necessário é tão relativo), às vezes com a imagem de equilíbrio excessivo (tão ilusório):

> Mais uma vez arte e doença. Mann definiu sua posição em face da vida como ironia erótica. Há no homem uma cisão, a exigir uma decisão. Uma segunda inocência. Um segundo nascimento. Ou um novo humanismo. Mann foi sensível ao estado de crise. Quis conciliar a consciência mítica e a consciência moderna. O artista para ele é o ator, o fingidor. O ser ambíguo, mais voltado para a aparência do que para a realidade. Krull o simboliza. Assim Thomas Mann definiu a sua criação inteira: "Psicologia das formas de existência irreais, ilusórias." (p. 142)

Drummond: o ato poético
[1977]

> ... car tout ce que les poêtes
> méditent ou chantent
> cele s'adresse surtout
> aux anges et à Lui
>
> (Holderlin, tradução de Michel Deguy)

Num mundo de assassinos e de técnicos do humano, o que faz o Poeta? Revela. O técnico do homem nunca precisa fingir a dor que realmente não sente. Escorado em uma boa renda, três tostões de conceitos, e uma cegueira irremediável em seu diletantismo e em sua presunção, o técnico obscurece com sua claridade. O Poeta ilumina com sua escuridão.

> O espaço procura fixar-se.
> A vida se espacializa
> modela-se em cristais de
> sentimento. (p. 244)

Isto vale mais que toda a obra de Freud, Jaspers, Minkowski, Binswanger, juntos. O grande erro do louco é não perceber que a relação entre psiquiatria e loucura parou em Charcot. A partir daí os loucos continuaram na mesma, e uma indústria rendosa se estabeleceu única e exclusivamente apoiada na galinhagem e na frescura. Mas parece que até na Suíça as

PUBLICAÇÕES EM JORNAIS E REVISTAS LITERÁRIAS

vacas tiraram férias por falta de capim. O Poeta permite distinguir uma percepção dinâmica e outra estática da temporalidade, e revela, que sua função é revelar.

> Sonhei que meu sonho vinha
> como a realidade mesma (p. 172)

Não foi muito difícil para o velho Frazer, antropólogo tarimbado, recusar-se a receber o vigarista vienense.

> Onde não há jardim,
> as flores nascem de um
> secreto investimento em
> formas improváveis (p. 178)

Enquanto no versejador há sempre o acanalhamento da carga afetiva alheia, porque a própria é inexistente, o Poeta tem junto ao *ato poético*, transbordamento, um respeito emocional pela palavra que brota. Naquele instante em que as palavras ainda são *conhecimento de alguma coisa*, enquanto *amigo do conhecimento*, o Poeta tem alguma coisa a dizer. Há nele uma percepção interior do conhecimento, nunca um conhecimento do conhecimento.

> Que face antiga já se não descora
> tendo a efígie do corvo
> na da aurora? (p. 204)

A leitura atenta do Poeta permite perceber a ausência do *sujeito pensante* e a fluidez do eu conceitual que se revela, também, como permanente imanência transcendente. Entre as infinitas possibilidades de um eu como relação entre o próprio e alguma coisa que participa da totalidade, o *ato poético*, uma forma de êxtase instantâneo, testemunha a invelibalidade do conhecimento, e funciona como descondicionante do mimetismo animal. O ato poético, talvez a única afirmação autêntica da condição humana. Talvez nessa distinção seu valor intrínseco, o sujeito pensante como exteriorização da má-fé básica de uma consciência sempre alienada, mais do que um processo constante de identificação das coisas, as coisas são permanentemente inindentificáveis, mais do que um esboço de definição conceitual, ou de procura de efeitos imprevistos, o imprevisto no Poeta, ao longo de uma obra, não é bem historicidade, é um contínuo processo de auto-identificação e de recusa de *identidades*. Há instantes em que não é difícil descobrir a violenta recusa de sua condição de Poeta, contida por um certo pudor.

> Orfeu, dá-nos teu número
> de ouro, entre aparências
> que vão do vão granito à
> linfa irônica. (p. 214)

O Poeta traduz a fome dos outros para os que se alimentam de sua fome, e materializa através de uma meditação sobre o *poema* a oração presente para o animal mais anti-social da face da terra, e entre turvos descaminhos e irônicas alianças, sussurra:

> Que Neruda me dê sua gravata
> chamejante. Me perco em Apollinaire.
> Adeus Maiakovski.
> São todos meus irmãos, não são jornais
> nem deslizar de lancha entre camélias:
> é toda a minha vida que joguei (p. 76)

O Poeta sabe de ignorância certa que as paródias se anulam em sua insignificância, e que o poema é sempre manifestação de cultura viva, isto é, presença de valores realmente humanos, expressão da ambivalência emocional gerada pelo paradoxo afetivo, e reconquista do limiar de percepção da *realidade da palavra*. Pode-se ver nisso talvez o esboço da gênese de uma ética. Não há paradoxo emocional puro, desvinculado de palavras:

PUBLICAÇÕES EM JORNAIS E REVISTAS LITERÁRIAS

> esse amanhecer
> mais noite do que noite (p. 45)

Indeciso sobre o próprio destino do espanto, espantado diante da própria indecisão, tão sem lógica, o Poeta parece, enfim, cansado, permitir que o Poema se faça. Por que exigir de Deus uma tarefa que pode ser feita pelo homem? A criança não cresce, nem se torna adulta, por uma decisão lógica.

> A mão que escreve este poema
> não sabe que está escrevendo
> mas é possível que se soubesse
> nem ligasse (p. 13)

Nem albatroz desajeitado com suas asas desengonçadas nos passeios de cimento, nessa seta eterna procurando abrir um furo na esfera do infinito, o Poeta, em sua grandeza maior, permanece fiel, na condição de Simples, à reflexão como entrega ao silêncio interior, e à intuição de seu destino:

> E eu não sabia que minha história
> era mais bonita que a
> de Robinson Crusoé. (p. 4)

---

*Reunião, 7ª edição, José Olympio Editora, 1976.

Kafka e as aves de rapina
[1977]

Pedestre, voluntariamente, eu me permito certos luxos. É a melhor maneira de temperar a chatura das caminhadas. Um deles é o levantamento do vocabulário em determinadas áreas, e em determinadas horas. Por exemplo, entre o meio-dia e duas horas da tarde, entre a meia-noite e duas da manhã, no trecho da W-3 que vai do boteco *Servi-Lar*, em frente à igreja D. Bosco, ao café junto à *Porta do Sol*, constatei o predomínio maciço das seguintes palavras; miado, milho-da-juta, bigamista, comanotu. Às vezes tento estabelecer uma relação socioeconômica, vulgo *status*, entre as palavras e o *distinto* que as pronuncia. Confesso que sempre erro. Procuro distinguir o *distinto em si* e a *palavra em si* (vide Sartre), não consigo. A população noturna me dá menos trabalho. As jovens emancipadas são de mais fácil identificação. Aviso aos navegantes: *piranha* agora é *jovem emancipada*, pela ortografia moderna. As lojas de discos me distraem um pouco, mitigam a nostalgia de carioca boêmio: *Maria Helena és tu..., De babado, sim, meu amor ideal, oi, de babado não*, a voz-bomba do crioléu brasileiro no grito de Alcione. *Não deixa o samba morrer*. À noite, os ecos do conjunto do *Estalão*, o melhor em música noturna de Brasília. Ouvir palavras, ouvir conversas, pode ter seu lado perigoso, dramático. Confunde-se, às vezes, *existência* e *vida*. Foi o erro dos existencialistas. A *existência* é sempre trágica. A *vida*, não. Por exemplo, por conversa ouvida na sauna do Hotel Nacional (eu estava no boxe de massagem com o japonês, ouvi apenas vozes, não vi rostos), eu recomendaria a mestre Prudente de Morais, Neto, uma averi-

PUBLICAÇÕES EM JORNAIS E REVISTAS LITERÁRIAS

guação sobre as relações entre certos líderes da comunidade judaica e acontecimentos na ABI. (Vide caso Graiver, na Argentina, e episódios relatados pelo O Globo há alguns meses, ligados à expulsão dos judeus do Egito, não foi no tempo de Moisés, foi no de Golda Meir, se eu não me engano.)

Sofro. Penso. Existo. Nenhuma relação, uma seqüência intuitiva. Uma constatação sem vinculação lógica com coisa alguma e sem vinculação entre si. Uma intuição direta do conhecimento não como fruto do castigo, mas vinculado à condição humana, uma intuição da palavra como expressão de pensamento, num nível um pouco diferente do animal que vive sempre a sua *identidade*. Julgo impossível através de uma especulação aristotélico-judaica atingir qualquer forma de conhecimento profundo da inevitabilidade do conhecimento, e de sua relatividade. "Onde jaz uma carcaça, aves de rapina voam em círculo e descem." Conclusão de Thomas Merton ao se interessar por alguma coisa diferente dessa podridão emanada do Velho Testamento. Não entendo essa continuidade. Houve uma fratura. Estudos modernos já desmantelaram a sua unidade, revelando-se a colcha de retalhos (John E. Steinmueller, *Introduccíon especial al Antiguo Testamento,* versión castellana de P. Crisanto de Iturgoyen, Buenos Aires, Ediciones Descièe de Brouwer, 1951).

Kafka, de Erich Heller, recoloca o paradoxo do escritor tcheco, e o paradoxo da própria literatura, se encarada em perspectiva um pouco diferente da de *marketing*. No livro de Heller surgem aspectos diferentes dos revelados por Max Brod na clássica biografia do homem de Praga, aspectos um pouco mais sombrios, no relacionamento de Kafka com sua família e os judeus de Praga e Berlim. *O artista da fome, A colônia penal, A metamorfose*, seriam recriações de coisas bem diferentes de *vivências.* A culpa em Kafka mereceria um estudo mais profundo, mais delicado, do que o que existe por aí, baseado em baboseiras psicopsiquiátricas. A culpa em Kafka me parece emanada do que há de mais fundo num homem envenenado até a raiz do cabelo, e aporrinhado, a *culpa* como expressão de alguma coisa do indivíduo, ou pessoa, ou corpo, diante da pureza daquilo que nele é simplesmente *vida*. O livro de Heller é o oposto da estupidez didática assentada no óbvio aparente, e no lugar-comum expressivo, é uma incitação à abertura de questões, por exemplo, um campo novo na área da produção — os *raios da economia*; um campo novo na área da psicologia —, *sentimentalismo barato no sádico*. Nunca se ouviu de Kafka a palavra simples: *Desinfetem!*

Kafka e a mineralidade judaica ou a tonga da mironga do kabuletê
[1977]

As mais maravilhosas frases poéticas são as que nos fazem ver, com indiscutível certeza e grande clareza, o fisicamente impossível: trata-se de verdadeiras descrições pelas palavras, disse Hoffmannstahl a respeito de Novalis. (p. 74)

Aproveito os comentários sobre o livro de Erich Heller, *Kafka*, em tradução de James Amado, e publicado pela Cultrix, para fazer a minha declaração pública, a quem interessar possa, de meu desvinculamento completo e total de qualquer aspecto relacionado com a palavra *judeu*, familiar ou não. Não, não sou anti-semita, porque semitismo não significa necessariamente judaísmo, sou *antijudeu*, o que é bem diferente, porque *judeu* significa para mim o que há de mais baixo, mais sórdido, mais criminoso, no comportamento deste animal de duas patas que anda na vertical. Não vou pedir desculpas pela linguagem vulgar. O meu vocabulário é o do carioca, e com pilantras é impossível, e inadequado, literária e estilisticamente, o emprego de vocabulário mais refinado. Quero pedir a essa meia dúzia de oito ou nove, ou quatro ou cinco, de judeus ou parceiros de judeus em suas transas marginais, que vivem me aporrinhando por aí, que desinfetem! É, porque meia dúzia para judeu nunca pode ser meia dúzia, respeito por uma convenção, dependendo das horas, a meia dúzia varia. Estou farto de *pathos*, farto de ahhs!, ohhhs!, uhhhs!, arreganhos de dentes, deboches, berros boçais e manhas irônicas, ou pseudo-irônicas, porque ironia significa um certo grau de humor, e o único humor judaico que conheço é o macabro. Desinfetem! Reforça a minha decisão a leitura não terminada do livro de Alcântara Nogueira, *Spinoza*, em que tomei novamente conhecimento da tolerância, da cordialidade, da capacidade humana de debater um assunto que os judeus têm, e renova uma desconfiança de prática não muito incomum: a paródia da crucificação de um homem. Não, não sou nazista, ao contrário, acho o nazismo um totalitarismo criado por intelectuais judeus medíocres e traidores, traidores de esquerda e de direita, e que funcionou como a grande *culatra* do século. Falta-me a finura machadiana para, à semelhança da *teoria do emplastro*, elaborar minha *teoria da culatra*. Não sou comunista também. Como aquele personagem do conto de I. L. Peretz, "Bontzie, o Silencioso", também gosto de pão, e não precisa ter manteiga. Estou farto dessa chantagem de Estado de Israel, de tradição milenar, de esquizofrenia nacionalista, em que dependendo da hora o sujeito é *isto* ou *aquilo*. Se qualquer país latino-americano, ou africano, enfrentando suas dificuldades e suas misérias, utilizasse os recursos e a propaganda de meia dúzia de borra-botas, as coisas seriam fáceis. Os plantadores de laranjas bíblicas, os drenadores de pântanos e revitalizadores de desertos! Milhões de homens plantam suas bananas e seus tomates para comer, morar e vestir, e não pedem prêmio melhor, milhões de homens na América, África, Ásia enfrentam toda série de dificuldades, sem pedir outra coisa a não ser a superação do possível. Estou farto destes generais de batalhas que não são batalhas, porque o inimigo foi inutilizado antes do começo, e que na hora da luta mesmo, quando o inimigo se recupera do espanto do assalto, fogem como ratos, e depois vão vender raridades arqueológicas por um milhão de dólares a um antiquário de Nova York. Estou farto de chantagem em nome de Maimônides, Ibn-Gabirol, Einstein. Maimônides, Ibn-Gabirol, Einstein foram grandes. Os homens que fazem chantagem em nome deles são sórdidos. Estou farto dessas bichas, masculinas e femininas, paródias do que há de *homem* no homem e na mulher. Estou farto destes minerais, que nem a sensibilidade vegetal ainda conquistaram. Um policial americano, aposentado, fez algumas experiências com plantas e descobriu a *afetividade vegetal*. Um homem envenena uma planta, sem chegar a matá-la. Dias

PUBLICAÇÕES EM JORNAIS E REVISTAS LITERÁRIAS

depois, com alguns aparelhos ajustados, à maneira de eletroencefalógrafo, quando o mesmo homem se põe diante da planta, ela entra em pânico. Esta experiência é bem interessante e permite generalizações.

> Talvez estivessem ali parados o tempo todo, escrupulosamente, evitavam qualquer aparência de que o observavam, falavam em voz baixa, acompanhando os movimentos de K. apenas com o olhar distraído que se dá a quem passa, quando se está concentrado numa conversa. Apesar disso, os olhares deles pesavam duramente em K., que se apressou a chegar a seu quarto, mantendo-se colado à parede. (p. 88)

Toda a literatura de Kafka, ou quase toda, pode ser resumida neste trecho de O processo. Uma literatura espantosa, admirável, genial, fruto de uma pseudopsicose provocada por envenenamento e sadismo cínico em todos os graus. O artista da fome, A colônia penal, A metamorfose. Obras-primas como ficção, produto de um homem que na estrutura da rígida família judaica, às vezes, não tinha vocação de cafetão. Investigações de um cão produto de uma consciência quase sufocada em milagrosa alegorização de uma presença no mundo. A cintilação de certos paradoxos parece se originar numa rapidez de pensamento, como se houvesse medo de que também isto lhe roubassem. O interesse recente por uma outra figura alemã, Walter Benjamin, me reforça um pouco a imagem da reação judaica a qualquer coisa escrita, em que a pureza e a santidade dos tipos que constituem o povo eleito são postas um pouco em dúvida, e os chamados aspectos sombrios de qualquer agrupamento humano, e que alimentam qualquer literatura de qualquer parte do planeta, são acentuados.

> A Lei sem legislador, o pecado original sem um Deus a ser obedecido, eis a essência dessa teologia negativa que repassa os contos e romances de Kafka. (p. 34)

A *culpa* em Kafka mereceria um estudo mais profundo, mais delicado, do que existe por aí, baseado em baboseiras psicopsiquiátricas. A julgar por experiência própria, e se não posso provar, os outros também não podem provar o contrário (e há um tipo de prova um pouco diferente da convencional), a não ser que se apóiem numa lógica facilmente desmantelada por qualquer noticiário policial de jornal, a *culpa* em Kafka me parece emanada do que há de mais fundo num homem envenenado até a raiz do cabelo, a *culpa* como expressão de alguma coisa do indivíduo, ou pessoa, ou corpo, diante da pureza daquilo que nele é simplesmente *vida*. Paralisado pelos venenos sucessivos, insultado por sua vagabundagem, convidado sempre para participar da convivência, agredido por sua monstruosidade na recusa, insultado por sua vaidade de escritor, criticado por sua arrogância nas opiniões, ridicularizado nos mínimos gestos, e no fim a frase simples e cínica: *você não está se sentindo bem, não é verdade?* O deboche de sua vida profissional (Kafka escreveu "*Medidas para prevenir acidentes (em fábricas e fazendas)*", elaborou um projeto para a "Sociedade dos Trabalhadores Pobres", uma sociedade ascética), o deboche de sua vida sexual, de suas pretensões matrimoniais (Felice Bauer me parece uma peça num jogo de armar), a inveja por sua rápida afirmação como escritor (Kafka recebeu o Prêmio Fontana em 1915, e até hoje não me sai do pensamento a imagem de Max Brod como o grande cafetão da obra do amigo). Tudo isso em nome da grande piedade, ternura e calor humano sempre presentes no judaísmo. Uma coisa é sempre condenada nos estudos sobre Kafka, o aspecto primário de seu maniqueísmo. Creio que a vítima deve ter sempre razões fortes para um maniqueísmo primário e simples. Um pai que não é *pai*, mãe que não é *mãe*, irmão que não é *irmão*, noiva que não é *noiva*, casa que não é *casa*, amigo que não é *amigo*, probleminhas miúdos referentes a despesas, dinheiro, futura herança, cunhados, e um *pato* ali dando sopa com seu universo estratosférico, e ainda descrevendo de modo crítico e sarcástico. Vale a pena reler *A metamorfose*.

PUBLICAÇÕES EM JORNAIS E REVISTAS LITERÁRIAS

Qual o seu crime? Qual a Lei?
Quase ter conseguido silenciar tais perguntas é o segredo da arte de Kafka. Elas são, por assim dizer, ridicularizadas e eliminadas na Corte por demônios traquinas, acocorados nos espaços vazios entre as perguntas e as ansiadas respostas. (p. 82)

Creio que a experiência e o aprendizado do indivíduo na comunidade são fenômenos não-lógicos, frutos de uma operação sintética da consciência, e nunca analítica. Essa operação se revelaria no que poderia ser chamado a *linguagem do corpo*. E essa linguagem é mais importante, bem mais importante do que as palavras. Em nome dessa linguagem, aproveito os comentários sobre o livro de Erich Heller, *Kafka*, em tradução de James Amado, e publicado pela Cultrix, para pedir a essa meia dúzia de judeus ou parceiros de judeus em suas transas marginais que vivem me aporrinhando por aí, que desinfetem, e que vão para... *a tonga da mironga do kabuletê*.

"Nasci sem dinheiro, mulato e livre", escreveu um homem chamado Lima Barreto
[1977]

A primeira aula de filosofia me foi dada por um velho esfarrapado há muito tempo, em um ônibus entre Guaratinguetá e Cunha, a caminho de Parati, em companhia de Fausto Cunha, Sérgio de Camargo e Renard Perez. Um velho aponta o horizonte, e exclama: *o sor!* A segunda aula, há poucos anos, me foi dada por Evaldo Gouveia e Jair Amorim no samba *Perdão, Portela.* A terceira, eu me concedi a mim mesmo, quando valorizei uma lembrança: num bar do porto de Haifa vi o dono pegar um marinheiro pela gola e pelo cós das calças, carregá-lo até a porta e lançá-lo sobre a calçada. A quarta, agora, pelo vigia noturno do meu bloco residencial. Mal-educado que sou, confesso com alguma vergonha, acordei às cinco da manhã com um barulho provocado pelo vigia encarregado de garantir o silêncio, acordei e reclamei com meus *maus bofes.* Recebi como resposta uma oração que merece análise lógica, léxica, psicológica e estilística: você não é *morador, é inquilino.* Creio que já morri algumas vezes, e não posso garantir que esteja vivo, agora, a não ser pela *opinião dos outros.* E tenho a impressão de que no instante da morte *tudo* pode parecer uma grande trapaça. Sou homem de ralé, às vezes, esfarrapada ou encasacada. Gosto de me emporcalhar, de vez em quando. É um tempero num universo ambíguo. Gosto do palavrão em suas modalidades paradoxais. O palavrão é saboroso na ralé esfarrapada e

PUBLICAÇÕES EM JORNAIS E REVISTAS LITERÁRIAS

pornográfico na ralé encasacada. Quando alguém da ralé esfarrapada tem pretensões a príncipe, o palavrão ganha rapidamente tonalidades pornográficas. Quando alguém da ralé encasacada dá uma topada com o dedo mindinho do pé numa quina de mesa, o palavrão vem gostoso, como uma gargalhada de dor. Homem de paradoxos, flutuações. Até determinada época *ladino* era para mim palavra de dicionário. Em fins de 1964, enquanto iniciava os cálculos de concreto armado da Universidade de Haifa, interrompidos por uma fuga desabalada para Marselha, a prefeitura de Haifa me forneceu um auxiliar como desenhista. Era um engenheiro romeno, e eu me entendia bem com ele. Eu falava meu português, e ele, o *ladino*. Em pouco tempo descobri que o significado de uma palavra, obtido após longa sedimentação, não é tão desprezível. Isto se refere a *ladino*, e mais algumas palavras do mesmo *conjunto cultural*. A decisão para a fuga me veio diante de um quadro, original, de Soutine, *Le boeuf écorché*, exposto em algum museu de Tel-Aviv. Senti saudade da Pensão Lafonense, junto ao Rossio, onde por um dólar e pouco eu tomava café e dormia, e onde deixara minha mala com algumas cuecas e livros; senti saudade do Solar da Madragoa, onde Hilde Silva, uma cantora miúda e enfezada, cantava em sotaque quase ininteligível. Mas antes disso fui dar uma espiada em Montmartre, tomar um porre junto às obras de Gaudí, em Barcelona.

O que foi, e infelizmente ainda é, o tráfico de escravos no continente africano, os exploradores nos contam em páginas que horrorizam; o que era nos navios negreiros, nós o sabemos pela tradição oral das vítimas; o que por fim se tornava depois do desembarque em nossas praias, desde que se acendiam as fogueiras anunciativas, quando se internava a caravana e os negros boçais tomavam os seus lugares ao lado dos ladinos nos quadros das fazendas, vê-lo-emos mais tarde. Basta-me dizer que a história não oferece no seu longo decurso um crime geral que, pela perversidade, horror, e infinidade dos crimes particulares que o compõem, pela sua duração, pelos seus motivos sórdidos, pela desumanidade do seu sistema complexo de medidas, pelos proventos dele tirados, pelo número das suas vítimas, e por todas as suas conseqüências, possa de longe ser comparado à colonização africana da América.

(Joaquim Nabuco, *O abolicionismo*, p. 108)

Acho praticamente impossível compreender certas doenças de figuras singulares, Gérard de Nerval, Fernando Pessoa, Kafka, Lautréamont, Machado de Assis, Baudelaire, Lima Barreto, sem conhecer, de maneira direta ou indireta, certos hábitos *ladinos*. Um homem destituído de qualquer vocação poética com febre alta aguardará a passagem da febre sob a ação de algum comprimido. Jorge de Lima com febre escreverá *Invenção de Orfeu*.

Sua vida e sua obra tinham todos os caracteres de uma independência total dos grupos, dos manifestos, das polêmicas de escola. (...) Nada o ajudou a subir, nem nome, nem proteção, nem fortuna, nem situação, nem mesmo o talento. (...) Não escreveu para desabafar a sua ira contra os vencedores da vida, nem para promover a revolução social, como um Plínio Salgado ou um Jorge Amado; nem uma revolução espiritual como Jackson de Figueiredo; nem uma revolução estética, como um Mário de Andrade; nem para fazer romances realistas. Escreveu para se libertar, não para se vingar. Escreveu por amor, não por ódio, ambição ou fé. Escreveu de mansinho, em surdina, como para si mesmo ou para um reduzidíssimo grupo de amigos. Escreveu para sofrer menos. Escreveu para dar o seu depoimento.

(Tristão de Ataíde, prefácio para a edição da Brasiliense de *Vida e morte de M. J. Gonzaga de Sá*.)

No fundo da dor, encontro sempre uma canção. *Chorai, chorai, poetas da minha terra*. Não me lembro do nome, nem do cantor, nem da casa de fados. Era no Alfama, e a noite em Lisboa esplêndida para o terror e o

PUBLICAÇÕES EM JORNAIS E REVISTAS LITERÁRIAS

amor. No bolso do blusão um livro comprado, relido e lançado em algum banco de praça: *Infância*, de Graciliano Ramos. Não encontrei em Lisboa nenhuma edição semelhante de Lima Barreto. Queria reler o *Gonzaga de Sá*. O avesso da glória numa fruição da glória pelo avesso. Eu me lembrava de uma história, lida não sei onde, contada não sei por quem: Lima Barreto, paupérrimo, vinha de Todos os Santos, saltava na Central do Brasil e ia tomar pinga com os amigos. No meio da conversa Lima se lembrou que precisava receber uma colaboração num jornal, dessas que até hoje *quebram o galho* de qualquer um. Um dos amigos se oferece para ir em seu lugar, mas com uma condição, precisava dos sapatos emprestados, estava descalço. Lima emprestou-lhe os sapatos, e esperou até tarde. O amigo sumiu com o dinheiro e os sapatos. Eu ficava imaginando a reação de Lima bem semelhante à do vagabundo Carlitos em *Luzes da cidade, creio*. Quando o cocô de passarinho lhe cai no ombro, dá uma espanada com a mão, e segue. Como isto é difícil! Como é difícil um olhar meio terno para os aparentes fracassos, para a situação semelhante à da história do urubu: *urubu de baixo quando está de azar caga no de cima*. Pensando em tudo isto, me decepciono com o livro de João Antônio: *Calvário e porres do pingente Lima Barreto*. A imagem que nos dá do grande escritor é a da derrota, imagem medíocre de péssimo leitor ou péssimo companheiro. Conheci o subúrbio de Lima Barreto em clima diferente. Enquanto Lima chegava a Inhaúma por Todos os Santos, eu chegava, vindo dos subúrbios da Leopoldina, pela Rua Diomedes Trota, em Ramos. Com uma diferença — uma geração. Enquanto rumino um pequeno trabalho sobre *Rimbaud, Lautréamont, Baudelaire*, em que o aparente fracasso é uma espécie de ratoeira para camundongos, vislumbro no livro de Lima, *Vida e morte de M. J. Gonzaga de Sá,* uma quase impossibilidade de outra existência. Cada um tem a sua. E quando a morte chega é inútil levantar hipóteses e condicionais. Não há determinismo nenhum. Apenas a vida vivida foi a vida vivida. Farto da grande chantagem de corpos em putrefação, releio a cópia da guia policial que encaminha o escritor para a clínica do Instituto de Psiquiatria:

Interrogado sobre o motivo de sua internação, refere que, indo à casa de seu tio em Guaratiba, preparam-lhe uma assombração, com aparecimento de fantasmas, que aliás lhe causam muito pavor. Nessa ocasião chegou o tenente Serra Pulquério, que, embora seu amigo de "pândegas", invectivou-o por saber que preparava panfletos contra seus trabalhos na Vila Proletária Marechal Hermes. Tendo ele negado, foi conduzido à polícia, tendo antes cometido desatinos em casa, quebrando vidraças, virando cadeiras e mesas (...). Apresenta-se relativamente calmo, exaltando-se, contudo, quando narra os motivos que justificaram a sua internação. (p. 71)

Seul te silence est grand: tout le reste est faiblesse. Epígrafe de Vigny que Lima Barreto escolheu para *Vida e morte de M. J. Gonzaga de Sá.* Somos educados para ser vítimas permanentes de nossa própria chantagem em nome de uma alta espiritualidade que ninguém vê materializada em coisa alguma. Vejo um monte de livros à minha volta. Enquanto imagem mental, não valem nada. Eu me levanto, folheio um deles: a materialidade de um corpo que folheia e vê palavras ao acaso é fantástica. O universo da vida é um pouco mais amplo do que o estreito universo espiritual conceptualizado. Vale a pena ler, ou reler, um conto de Lima no volume *Histórias e sonhos*: Hussein ben-ali Al-Bálce e Miquéas Habacue, *conto argelino.* Eu nunca acreditei na *doença* de Lima. Pelo conto vê-se que ele conheceu bem os *ladinos.* E já naquele tempo a psiquiatria se prestava a certas farsas macabras. Desconfio, hoje, que a psicanálise nasceu de uma piada *ladina:* um grande instrumento de chantagem. Há em algum dos livros do *mestre vienense* o registro da recusa de um paciente, uma figura importante na área da política, porque se recusava a *contar tudo.* O resto, o famoso *inconsciente* era lugar-comum da especulação filosófica média da época. Alguns homens têm a capacidade de transformar o sentimento de amor em pequenos gestos de cotidiano, apesar dos *ladinos.* Lima Barreto era um deles, como Istrati, como Gorki, como Hesse. O livro de João Antônio é basicamente a ordenação do depoimento do professor Carlos Alberto Nóbrega da

PUBLICAÇÕES EM JORNAIS E REVISTAS LITERÁRIAS

Cunha, recolhido no Sanatório da Muda. Não sei até que ponto a arterioesclerose permite aceitar a validade das informações, a julgar por uma pequena amostra:

> É o período caracterizado também por numerosas cantoras estrangeiras, de grande gabarito, inclusive uma uruguaia que se prolongou até após a guerra, chamada Berta Singerman e... (p. 27)

Não, essa não! *Uma cantora uruguaia chamada Berta Singerman???* Não, João Antônio, pisou no meu calo, remexeu no fundo mais fundo de minhas paixões, revolveu minhas vísceras, eu tenho isso, garanto, redespertou minha adolescência plantada na galeria do Teatro Municipal, enquanto um espetáculo *belle époque*, estranho para meus hábitos e gostos, se desenvolvia no palco. Uma chuva de pétalas de rosas com a duração de cinco minutos cobria uma figura esbelta e pequena, cabeça de anjo, corpo envolto em véus, ao som dos aplausos de uma platéia delirante. Eu nada compreendia, embasbacado. Pouco depois, quando a cabeça lançada para trás, as mãos também, como se amarrada a um poste invisível, o corpo miúdo enrolado em véu branco emitiu seus versos: *Venid a mi palomitas de hierro*, compreendi bem, bem demais! E veio o resto, veio o carro-chefe de Berta Singerman, *puedo escribir los versos más tristes esta noche*, veio o magnífico *danza negra*. Berta Singerman naquela época despertaria meu entusiasmo se declamasse o catálogo do telefone.

Apanhou de um aleijado,
deu num cego à traição
[1977]

O número de discípulos de Po-Chang foi tão considerável, que ele teve que fundar outro mosteiro. Para achar quem o dirigisse, reuniu a todos, mostrou-lhes um *cantaro* e disse: "Sem usar a palavra *cantaro*, digam-me o que é isto." O superior respondeu: "Não é um pedaço de madeira." O cozinheiro, que se encaminhava à cozinha, deu um pontapé no *cantaro* e seguiu caminho. Po-Chang colocou-o à testa do mosteiro.

(Jorge Luis Borges, *Alicio jurado buda*, p. 93)

A bordo do *Moledet*, no caminho entre Haifa e Marselha, há muitos anos, fiz amizade com Yehuda Blum, um tipo baixo, gordinho, meio calvo, homossexual, e que dizia que ia a Paris a negócios. Enquanto o navio cruzava o Mediterrâneo, conversávamos muito sobre Lawrence Durrel. Yehuda se dizia meio aparentado com a primeira mulher do romancista. Naquela época *O quarteto de Alexandria* era uma espécie de universo obsessivo para mim. Um dos grandes romances do século, eu navegava nas mesmas águas que lhe serviram de pano de fundo. E a Alexandria que não conhecia, a Corniche com seus bares, suas bailarinas gregas, a presença dominante de Cavafis, poeta imenso, sem ser nomeado, apenas como *o velho poeta*, seu universo denso em que sexo, política, diplomacia, espionagem e especulações estéticas se fundiam, a figura fabulosa de Justine, que Anouk Aimée não conseguiu representar no cinema.

PUBLICAÇÕES EM JORNAIS E REVISTAS LITERÁRIAS

Justine, talvez o grande personagem feminino do romance do século XX (era preciso encontrar um misto de Ava Gardner e Michele Morgan, que pudesse reconstituir a fêmea esplêndida e neurótica revolvendo os prostíbulos de crianças para reencontrar sua imagem de infância); a Alexandria dos políticos e homens de negócios, de Mountalive, Nessim, Baltazar, Clea, a Alexandria em que Darley, romancista dentro do romance, encontrou o clima para fazer o que todo escritor faz quando senta para escrever *era uma vez...* essa Alexandria eu a recriava à minha moda na beira-mar de Tel-Aviv. Daí o interesse em conversar com Yehuda Blum. Mas tive uma surpresa. Yehuda me forneceu material para uma meditação que ainda não consegui ordenar, e que tem interesse em uma série de áreas da Ética à Biologia, da Psicologia à Anatomia, da Física à Filosofia. No meio de um porre em Marselha, Yehuda se confessou agente do serviço secreto de Israel, e me revelou uma das maiores experiências realizadas por seu chefe e ainda em andamento, sem conclusões. Era o EXPERIMENTO GOLIAS. Serviu de cobaia uma doente mental de um hospital psiquiátrico. Naturalmente insignificantes problemas de ordem moral foram afastados, tendo em vista a grandeza do experimento. Produto de profunda identificação entre interesses religiosos e políticos, o experimento teve sua base no material fornecido por um rabino, conhecedor de uma tradição oral, esotérica, e que ia beber suas fontes no velho Tibet (*O livro do tibetano dos mortos*), de um otorrinolaringologista (isto não é um palavrão?), e de um neurologista com profundos conhecimentos de sexologia. A raiz do experimento: *a linguagem*. Enquanto comíamos a *bouillabaisse*, Yehuda me revelou que o experimento ainda não terminara, e que estava na fase da equipe de lingüística. Yehuda se despediu, e eu continuei no restaurante, olhando, olhando a praça, o sol de março de 1965, e pensando na morte de Melissa, bailarina do Quarteto, drogada com cantáridas por um grupo de marinheiros.

Há alguns anos comecei a me interessar pelos miolos desse bicho de quatro patas, duas no chão e duas no ar, às vezes. Mas miolo mesmo, e que em alguma selva da Polinésia servem *à dorée*. Comecei a me interessar fazendo questão de ignorar tudo o que se podia saber a respeito.

Paralisias parciais, vindas ninguém sabe de onde, poderiam eventualmente *barrar caminhos* e *criar muralhas*, e daí aquela história: a gente faz o que acha que quer, a gente acha que faz o que não quer, sentindo ziquiziras, ou planta uma bananeira sem a mínima intenção de colher palmito. E o miolo do miolo ainda seria a *linguagem*. O que papagaio fala é *linguagem*? Se macaco conseguir imitar papagaio dá *linguagem*? E cão? Não, nada de La Fontaine. Se duvidam, procurem nos arquivos de alguma TV, Flávio Cavalcanti como animador, talvez, o videoteipe da mulher que levou um cachorrinho que chegou a pronunciar algumas palavras. Com muito esforço a mulher conseguiu fazê-lo pronunciar duas ou três *palavras*. O desgraçado sofria de fazer dó, gania, mas articulava qualquer coisa parecida com sílabas. Darwin deve ter dado um pontapé no caixão, uma cambalhota, cuspiu para cima, e resolveu morrer de vez. Devo novamente a Gilvan Chaves, do *Eu de cá, você de lá*, o título desta crônica sobre *Coisas & Bichos* de José Helder de Souza. E como pagamento, lembrança dos tempos de menino, de fã de Jararaca e Ratinho, lembrança do primeiro congresso de cantadores e trovadores do Nordeste, mais de 200, a que assisti com Eneida, Pedro Bloch, Orígenes Lessa, Haroldo Brano (Rubem Valentim, comia o pão que o diabo amassou num quarto em cima da galeria Oxumaré), como pagamento aí vai uma brincadeira, o mote do programa da Rádio Nacional, glosada com descontração lúdica:

> Homem aquilo era
> Valente, danado
> Machão que nem ele
> Mais que paraíba
> Em briga de cabra,
> Tão homem, guariba,
> Embora não abra
> Que a cara vermelha
> Doído, calado
> Na mais longa espera
> De satisfação,

PUBLICAÇÕES EM JORNAIS E REVISTAS LITERÁRIAS

Do diabo cão
Safado, judeu
Baitola, ladrão
Macaco nojento
Vadio, sebento

....

Apanhou de um aleijado
Deu num cego à traição.

Nascido numa aldeia polonesa, cercado de judeus, não aprendi uma palavra de polonês. Aos sete anos, no subúrbio do Rio, com a mão esquerda segurando uma caixa invisível e os dedos polegar, indicador e médio da mão direita envolvendo um palito invisível, consegui comprar a primeira caixa de fósforo, riscando o invisível no invisível. Adulto, ou isso que chamam de adulto, entro em casa um dia e pergunto a Bita, empregada paraibana, que em criança criava um urubu e um bode.

— Bita, cadê o livro que deixei aqui?
— Desvaneceu-se!

Encontro em Helder de Souza um prosador admirável, um prosador que me dá a imagem global da língua *nordestina*, talvez o equilíbrio perfeito entre o português arcaico, castiço, e o brasileiro gostosamente errado do Rio e de São Paulo. Encontro Helder, um prosador capaz de dar um pontapé na gramática quando o recurso expressivo tem exigência maior, como aquele trecho do forró de Jackson do Pandeiro, em que para satisfazer à exigência de tônica ele tacou o:

então fui obrigado a quebrar-lhe a cara
pra mulher de homem saber respeitar

A maior contribuição que a literatura nordestina, através do modernismo, deu está na área da expressão e não da Sociologia. Graciliano Ramos, José Lins, Jorge Amado, Rachel de Queiroz, Jorge de Lima, Manuel Bandeira, Joaquim Cardozo e mais alguns são talvez os responsáveis por essa fala e escrita média atual, essa que vem no dedo e que ninguém procura saber o que é, mas que define o gosto médio de uma língua, entre a indigência e o rebuscamento. Equilíbrio entre a expressão lírica e trágica, entre o elegíaco e o dramático, sem esconder ternura e violência.

> Onde antes pastavam bois, muraram o campo e plantaram cruzes. (p. 9)

> O sol se pôs, um crepúsculo lento, mortiço, ficou barrando o céu sobre o Pacífico, e eu cá sorvi um último gole e despedi-me de Ponta de Lobos, talvez para sempre, antes que as lágrimas me viessem aos olhos... (p. 52)

> Como desejei, em toda a minha vida, que o poeta Rilke tivesse conhecido o cemitério de Massapê! Grande muro branco, quadrilátero, triste, enfeitado de cruzes pobres e de raros túmulos ricos. Lá estão meus manes. Ali devo escolher a sepultura sob uma carnaubeira antiga. (p. 60)

Se em momentos lamento a mistura, no livro de crônicas e contos, a quase obra-prima *O galo branco* e a obra-prima que é *Ao crepúsculo num quarto* (lembra a esplêndida com visão e a força de síntese de *Os assassinos,* de Hemingway), abandono o lamento quando releio este trecho:

> O diabo era aquela sensação de formigamento nas pernas. Aquele cansaço mole que pedia uma rede num alpendre. Arrancar os pés do chão e bater as alpercatas de rabicho contra a areia e as pedras do caminho era um esforço enorme. O rifle em bandoleira parecia

PUBLICAÇÕES EM JORNAIS E REVISTAS LITERÁRIAS

pesar mais que de costume, as cartucheiras cruzadas sobre o peito eram uma carga imensa. O sol atormentava, esquentava por dentro, fazia doer o peito. Uma dor cansada vinha do espinhaço como querendo pará-lo. Tossia seco, uma tosse impertinente arrancando dos brônquios um catarro amarelo-escuro. (p. 75)

É ainda com o Experimento Golias que me vem à memória a tarde de sol na praça de Marselha, os golpes dos saltos da Cartagenera no tablado flamengo de Barcelona, a bolacha antológica que Rita Hayworth levou de Glenn Ford em *Gilda*, um sentimento de amor à morte como pólos de existência, que me entusiasma com a linguagem do final de conto:

Urina e sangue derramavam-se nas tábuas largas e antigas do assoalho. (p. 69)

Béni soit qui mal y pense
[1978]

Ahora, Cristo, bájame los párpados
pon en la boca escarcha,
que están de sobra ya todas las horas
y fueron dichas todas las palabras

(Gabriela Mistral)

Há muito tempo não leio Allan Poe, nem vejo filmes inspirados em seus contos de terror. E ao me lembrar de Allan Poe me ocorre que o grande erro do gênio, me parece, é dar valor absoluto às suas criações. Em alguns casos essa absolutização pode se dar sem que ele tenha conhecimento do fato, nem de sua origem. Até que ponto Allan Poe foi vítima de uma situação dessas. Roger Corman nunca me convenceu com suas adaptações fáceis e seu ator predileto, o careteiro Vincent Price. O único diretor moderno que conseguiu recriar o clima do escritor foi Fellini, num episódio de um filme de três diretores. Modernizou a ação, transferiu-se para Roma, imaginou um *spaghetti-western* em torno da vida de Cristo e jogou Terence Stamp como ator britânico genial, neurótico, blasé, mandando brasa numa Ferrari pelas vielas noturnas. O terror em si é um mistério que sempre encontra grande audiência. Mestre Hitchcock aí está com seu admirável *Os pássaros*, um pouco além do roteiro convencional, com uma incursão pela metafísica, e Agatha Christie é campeã de qualquer bilheteria. Penso numa história de terror, em função de um palco de teatro. O título provisório é O BALLET DE RATOS... Tal-

PUBLICAÇÕES EM JORNAIS E REVISTAS LITERÁRIAS

vez me recupere da última experiência teatral, frustrada pela Censura, ao proibir A FARSA DA PESCA DO PIRARUCU E DA CAÇADA DO JACU, paródia sofisticada do teatro rebolado de Walter Pinto, Beatriz Costa, Colé, Costinha. Eu não sei latim. Em minha memória de leitor desorganizado uma frase em latim volteia e salta. *Primum Deus Fecit Terror.* Tenho a impressão de que isso é coisa de algum dos cobras da patrística, Orígenes, talvez. Preciso ler mais essas coisas para me livrar de algumas influências nefastas. Como Simone Weil, detesto o Velho Testamento. Meditando bem sobre a técnica de trabalho de meia dúzia de cafetões da bosta judaica que me aporrinhou a vida durante muito tempo, creio que o Velho Testamento tem alguma coisa a ver com o incêndio da Biblioteca de Alexandria. A maior biblioteca da Antigüidade. Como fazer pesquisas agora? Não havia livro impresso, ainda. Pelo que dizem vão ser precisos cinqüenta anos para se conseguir ler uma parte dos *manuscritos do Mar Morto.* O Gênesis tem um cheiro hindu primitivo, invertido, e outras partes me parecem inversões de apropriações de velhos relatos asiáticos, sem caráter sincrético, comum na fusão religiosa. O *Êxodo,* é só olhar para Copacabana e outros bairros, e pela observação da atualidade, me parece um relato duvidoso em si. Tenho a impressão de que, ao contrário do que se apregoa por aí, o *povo eleito* é mestre em implantar e espalhar o terror, com *inteligência,* evidentemente, ou *sutilezas.* Pornografia e obscenidade são coisas um pouco mais sérias e um pouco menos estudadas do que o necessário. Nada mais pornográfico do que um cafetão e traficante de drogas moralista. O cafetão precisa de mistério para faturar em todos os níveis de chantagem. Uma das grandes surpresas que tive em São Paulo, em fins do ano passado, no Encontro de Escritores, foi o reencontro com Sábato Magaldi. Meio atordoado em meio ao prazer de rever e conversar com Bernardo Ellis, Carlos Nejar, Fausto Cunha, Nélida Piñon, Lygia Fagundes Telles, Nelly Novaes Coelho, reencontro Sábato e recebo O *cenário no avesso.* *

---

*Sábato Magaldi, O *cenário no avesso,* Editora Perspectiva, 1977.

Tirésias acha que Édipo só pode ensinar aos filhos o orgulho, por-que "toda ciência que parte do homem, não de Deus, não vale nada". Édipo objeta que acreditou por muito que era guiado por um deus, mas Tirésias não se convence: "Um deus que era você mesmo; sim, você mesmo divinizado." E o adivinho fecha o cerco sobre o herói, que pensa conhecer-se, mas efetivamente não se conhece, porque se acredita feliz. (p. 24)

Depois da desabalada inspiração ou do absurdo naturalismo do século XIX, a ficção, voltando-se sobre si mesma, discutiu os pró-prios processos e objetivos. O romance não se contenta em narrar e fez teoria ensaística da narrativa. O poema tornou-se também de poética. Com Pirandello, a peça pôde ser uma súmula do fenôme-no do teatro. Falta de inspiração verdadeira? (p. 101)

O livro me acompanhou em viagem recente de férias, junto com outros: a versão portuguesa de *Antígona*, *Ajax*, *Rei Édipo*, de Sófocles, em tradu-ção de Antonio Manuel Couto Viana, a *Poesia lírica*, de Camões, *Semi-nário de ratos*, de Lygia Fagundes Telles, e mais tarde de uma *Antologia de la poesia chilena contemporanea*, comprada em uma livraria de San-tiago. O livro me acompanhou e acompanhou minhas lembranças, meus delírios, meus *projetos*, não tão sartrianos. Num ônibus entre Assunção e San Ignacio, onde cheguei agoniado para ver *ruínas*, e o dono do boteco, ao me servir um café ralo e caro me informou: *acá no hay ruínas*; no Hotel Repka, de uma tcheca, em Encarnación, um quarto pequeno num correr de quartos ao lado de uma casa velha, e onde um temporal notur-no desabou sobre a minha cama, me impedindo de ver as estrelas, no trem de Santiago para Puerto Montt, em uma poltrona econômica, du-rante vinte horas, vendo a paisagem, entre goles de uísque comprado no Paraguai e que quase me tomam na fronteira argentina de Posada, com a alegação de que era *proibido*. A bronca funcionou e a garrafa seguiu comigo. Há muito tempo não lia um ensaio tão completo sobre o fenô-meno *teatro atual*. Tomaria como exemplo de extremos dois espetáculos espaçados no tempo. As duas *Antígonas* encenadas por Celli há mais de

PUBLICAÇÕES EM JORNAIS E REVISTAS LITERÁRIAS

vinte anos e a montagem de *O balcão*, de Genet, por Ruth Escobar. Entre *texto* e *espetáculo* a análise magnífica de Sábato Magaldi escolheu o melhor Gide e Pirandello. E me permitiu uma descoberta pessoal muito importante: Freud retirou do mito de Édipo o essencial — o *mistério*, e transformou-o em *forma*, uma *forma* que é barreira para o *olhar*, ainda aqui não-sartriano. Perdoem a insistência, mas *forma* não é *forma*, *fôrma* não é *fôrma* e *olhar* não é *olhar*. Freud conseguiu transformar a grandeza do mito em *pornografia*. Daí talvez a importância de uma paisagem interior, de um horizonte amplo, algo além da vinculação existência-vida baseada em idéias. Quando algumas dessas idéias se transformam em uma espécie de *absoluto*, fica o dito por não-dito.

> Não será exagero afirmar que, depois da versão sofocliana do mito, a de Gide é a que mais satisfaz, pelos diversos motivos: ela submete Édipo a uma nova exegese, acrescentando-lhe uma perspectiva moderna e original: sintetizando os elementos básicos da saga edipiana, não se perde em enredos paralelos, que apenas diluem os conflitos essenciais; quebra a gravidade do tema, pela paródia de efeito cômico, mas preserva uma pureza de linguagem que lhe confere um admirável saber de classicismo; e que, nos seus três atos, adota uma estrutura rigorosa, alimentada pela inevitabilidade dos acontecimentos. (p. 42)

A garra do escritor, a tarimba do espectador e a força do pensador garantem o poder de síntese do trecho acima, em que o fenômeno do teatro é visto numa perspectiva um pouco mais ampla do que o do *espetáculo*.

> A única solução seria que a obra pudesse representar-se por si mesma, não mais com os atores, mas com os próprios personagens, que, por um milagre, assumissem corpo e voz. (p. 88)

> Não há dúvida de que Pirandello procurou captar a essência dessa criatura, que se realiza na despersonalização, para personalizar-se na imagem de cada personagem nova que encarna. (p. 93)

O trágico como conflito máximo entre *aparências*, e nisso a aproximação de Gide e Pirandello foi bem feliz. Pirandello esmiuçou ao máximo esse caráter paradoxal da aparência. Pode-se imaginar, com Pirandello, o ator trágico grego arrancando a *máscara* e questionando a sua personalidade até então velada por uma imagem fixa e estereotipada. Onde a emoção *própria*, o sentimento *próprio*? Pode-se perceber uma certa simetria no desrespeito aos *deuses*. Considerando o erotismo um pouco além de motivação para anúncio de cigarros, e de um apoio para uma sexualidade de bonecos, como a do cinema americano (nunca o cinema americano conseguiu um momento de erotismo como o que salta da cena de *Les Enfants du paradis*, em que Arletty responde a uma simples pergunta, seu nome. *"On m'appelle Garrance."* Nem mesmo com Marilyn Monroe, e muito menos com Rachel Welsh, excelente companheira de Kissinger), meditando sobre o erotismo, convém resumir certos aspectos das figuras trágicas de Tebas:

Diz a lenda que Laio vivia próspero em Tebas, quando o derrubou do poder uma revolta comandada por Anfião e Zeto (mais tarde ele conseguiu retomar o trono). Acolheu-o Pélope, rei da península que recebeu o seu nome (Peloponeso) e antepassado de Agamenon e Orestes. Supõe-se que a origem do destronamento de Laio foi o homossexualismo, a mesma razão de sua incompatibilidade com o hospedeiro. É que Pélope lhe confiou a educação de seu filho Crisipo, e Laio se apaixonou pelo jovem a ponto de fugir com ele. Impotente diante da situação, Pélope se limitou a amaldiçoar o hóspede indesejado: "Laio, Laio, que nunca tenhas um filho, ou, se chegares a tê-lo, que ele seja o assassino de seu pai." (p. 34)

Já no *Édipo* de Voltaire se vê que Jocasta ainda lamenta ter sido contrariado pela família o amor que sentia por Filoctetes e que, se fossem permitidas na tragédia maiores efusões, se perceberia que ainda sente. Uma análise psicológica não deixa dúvidas, porém, quanto à verdadeira inclinação da rainha. Na segunda cena do segundo ato, em que está só com a confidente Egine,

PUBLICAÇÕES EM JORNAIS E REVISTAS LITERÁRIAS

Jocasta fala que, sofrendo duas vezes a injustiça do seu destino, mudou de escravidão ou antes de suplício (casando primeiro com Laio e depois com Édipo). (p. 52)

Édipo recebeu Jocasta como prêmio por ter libertado Tebas da Esfinge. Reinventar os deuses, ou ceder-lhes o caminho outra vez. Nietzsche não teria sido vítima da indigência mental emanada do Velho Testamento, que numa economia primária de lucro certo impinge um monoteísmo chinfrim e reles?

Saravá, Tupã!

ÉDIPO — (*A Creonte*) Príncipe, filho de Meneceu e meu parente, qual foi o oráculo do deus que me vais transmitir?

CREONTE — Excelente, porque até a desgraça — digo eu —, se encontra uma boa saída, pode chamar-se felicidade.

(Sófocles, *Rei Édipo*)

Walter Benjamin, o cão de Pavlov e sua coleira, e o universo de rufiões
[1978]

Um interesse particular pelo comportamento dos cães, ou de alguns cães, pelo menos, me impediu, até agora, de solicitar a ajuda da Secretaria de Segurança para um pequeno problema pessoal, ocorrido numa área bem reduzida de Brasília, o espaço que separa o Bloco A do Bloco E na Superquadra Sul 103. Acredito hoje que o grande erro de Édipo foi decifrar o enigma da esfinge. O meu apartamento, um outro acima do meu e um outro no último andar do edifício em frente compõem um triângulo engraçado para espécies tipo Pavlov. O de cima, ocupado por duas damas distintas, recebe visitas constantes de outras pessoas muito distintas, com vitrola, bebida e outras coisas. O do prédio em frente abriga numa pequena varanda um grupo muito bem-educado, de vozes polidas e educadas, desfiando um rico e erudito vocabulário de fazer inveja a um catedrático de Coimbra. Às vezes os dois grupos se juntam na área entre os dois blocos e confraternizam em clima de baile de salão barroco oitocentista, de Viena. Alguns chatos já reclamaram, as duas síndicas fizeram apelos inúteis. Isto me faz constatar que há qualquer coisa da natureza dos anjos e demônios que participa do relacionamento concreto, e que é impossível traduzir em conceitos ou *formas*. Uma das maiores expressões da degradação humana que pude observar, em meus hábitos de observador, está relacionada com uma das coisas mais belas já ditas por mulher bela, nessa enxurrada de tolices que infestam a televisão. Há quinze anos, mais ou menos. Acabara de jantar com uma dessas figuras sisudas, recém-casado, comerciante de outra praça e, enquanto

PUBLICAÇÕES EM JORNAIS E REVISTAS LITERÁRIAS

tomava o café (até hoje me lembro do gosto duvidoso), um desses pilares de comunidade retratados pelo velho Ibsen, quando surgiu o rosto de Tônia Carrero na tela de TV. O locutor lhe pergunta à queima-roupa se tinha saudade de seu último amor. Eu sabia que naquele dia o último amor de Tônia estava casando. Houve uma pausa, o rosto da atriz, já belo, se iluminou e se tornou mais belo ainda, e a frase veio, com a raridade de um rosto de rara beleza: *não, não tenho saudade de meu último amor, tenho saudade de mim mesma enquanto amava*. Ainda sob o impacto da frase, quase deixei cair a xícara de café, quando a outra frase, do pilar da comunidade, se fez ouvir: *que porcaria, desliga a televisão*. Relaciono isto com uma hipótese sobre comportamento *aparentemente* psicótico provocado pelo uso do álcool como antídoto de certos venenos, e com as releituras de um trecho de Jean Guilart, em *Arte de Oceania*:

> Nos encontramos, en efecto, entre los cazadores de cabezas, ante una civilización refinada en la que la obra de arte es colocada en un puesto muy semejante al que ocupa entre nosotros.
>
> (*Arte de Oceania* — *región del Sepix*, tradução de J. F. Vidal Jové, Unesco.)

"Para ler Benjamin", de Flávio R. Kothe,* me provocou um verdadeiro turbilhão, e me revelou uma das figuras mais fascinantes dos últimos tempos, figura capaz de provocar asco, repulsa, admiração, revolta, encantamento, pela riqueza, pela variedade, pelo sofrimento, pela angústia, pelas intuições, pelas burrices, pelas fantasias delirantes que provoca, pelas dúvidas entre traidor e herói, pela indefinição de gêneros, pela existência paradoxal no período mais paradoxal deste século, entre a primeira e segunda guerras mundiais, no local mais paradoxal do planeta, a Alemanha. Procurei outros textos de Benjamin em nossa língua e encontrei, graças a Pompeu de Sousa, da Abril (obrigado, Pompeu), graças a Eduardo Portella, da Tempo Brasileiro (obrigado, Portella). Walter

---

*Flávio R. Kothe, *Para ler Benjamin,* Livraria Francisco Alves, 1976.

Benjamin, *filho de uma abastada família judaico-berlinense, suicidou-se em 1940, na fronteira da Espanha, aprisionado pelas tropas franquistas e ameaçado de deportação para a Alemanha nazista.* Nesse momento ele me aparece como um vulcão em que muita gente, inclusive Adorno, ou principalmente Adorno, foi buscar material, material que ele mesmo não conseguiu desenvolver, pela abundância, pela cintilação, pela rapidez, e talvez pela angústia, pelo medo, por um estado psicótico digno de estudo, bem semelhante ao de Kafka, envolvendo talvez a mesma problemática básica. Não faço questão de definição de gêneros em criação literária, mas na área das chamadas *ciências sociais*, campo bem adubado por tudo que é vigarice planetária, acho que não faz mal nenhum. Não sei se seus textos são de sociologia, antropologia, crítica literária, estética, psicologia, ou mesmo filosofia. Walter Benjamin escreve, fascina, empolga, provoca revolta por algumas conclusões rápidas e não tão evidentes. Há um pequeno trabalho do autor sobre "O lance de dados" que me faz pensar que ele esqueceu o principal do poema na hora de escrever o ensaio, esqueceu o prefácio de Mallarmé para o poema. Benjamin me faz pensar na *sutilização* como aparência de profundidade, como pseudo-inteligência. Nem sempre a visão ampla, de painel, dá a imagem de painel, mas de um jogo de armar montado por chimpanzé. Benjamin me faz pensar no fato estranho de ser sempre um tipo insuportável para o *outro*, em qualquer lugar. O critério do rufião aplicado à obra de arte é muito interessante, o mesmo critério aplicado à crítica de arte, à filosofia da arte, é interessantíssimo. Benjamin me faz pensar no conflito entre uma consciência aberta e uma consciência mineral, de computador ou cafetão, consciência binária: ganha, perde; sim, não; acontece, não acontece etc. O computador depende sempre de *input* para trabalhar, o cafetão também. Há um limite para o grito histérico de revolta: a rouquidão.

A Hora da Estrela ou as frutas do Frota, ou um ensaio de crítica literária policial
[1979]

> O que a boca sugere
> e o espelho revela não
> é o rosto dela
> não é sua emoção
>
> (Lélia Coelho Frota)

Alados idílios

Esqueci de dizer que tudo o que estou agora escrevendo é acompanhado pelo rufar enfático de um tambor batido por um soldado. No instante mesmo em que começar a história de súbito cessará o tambor. (p. 28)

....

E eis que (explosão) de repente aconteceu:

....

Seus olhos estavam arregalados por uma súbita voracidade
pelo futuro (explosão). E eu também estou com esperança, enfim.

....

Não! Não! Agora estou vendo outra coisa
(explosão) e apesar de...

....

Macabéa começou (explosão) a tremelicar toda por causa do...

....

Até isso? (explosão) bateu-lhe o coração.
até mais cabelo?

....

Num súbito ímpeto (explosão) de vivo impulso, Macabéa, entre feroz...

....

Então, ao dar o passo de descida da calçada para atravessar a rua, o Destino (explosão) sussurrou veloz e guloso: é agora, é já... (p. 91 a 95)

....

Devemos falar de uma nova Clarice Lispector, exterior e explícita, o coração selvagem comprometido nordestinamente com o projeto brasileiro.

(Eduardo Portella, *O grito do silêncio*, p. 9)

Ando meio cansado, ou meio iludido com o que se deve exigir da memória. Não me lembro bem em que parte de meu subúrbio carioca ouvia falar das FRUTAS DO FROTA. A história é meio engraçada, porque o Frota da história devia ser um débil mental, brincalhão: era um vendedor de *frutas bichadas*. Eu percorria o subúrbio carioca do Méier a Parada de Lucas, aos domingos, num serviço de cobrança de vendas a prestação, e não sei exatamente onde localizar a lembrança. Que existe. O homem se divertia em vender *frutas bichadas*. Um milionário excêntrico, um mendigo metafísico ou um fornecedor de estetas gastronômicos? O sabor lúdico e áspero da podridão numa laranja ou maçã pra lá de madura. Um gosto requintado de restaurante chinês de Nova York. (Só tive notícia pelo filme *Mundo cão*. Parece que um prato de baratas torradas custa mais de vinte dólares.) Não sei se é melhor morrer de fome ou de indigestão sólida e líquida. Aprendi com mestre Joaquim Cardozo, no período de trabalho em seu escritório na Rua México, 41, alguns hábitos. Não tenho interesse hoje em saber se são bons ou péssimos. A minha admiração pelo mestre não desapareceu, apesar dos insultos e elogios que lhe dirigi, assinados e publicados. Um pequeno detalhe. Não me arrependo de nenhum deles. Talvez orgulho meu. Uma parcela de homenagem ao Diabo, num mundo em que não se sabe bem o que

PUBLICAÇÕES EM JORNAIS E REVISTAS LITERÁRIAS

pertence a Deus ou ao Diabo. Um dos hábitos adquiridos é o da leitura simultânea, descontraída, de vários livros, sem a preocupação de acabar este ou aquele. Interromper um, à procura de uma referência de algum vocabulário de qualquer coisa. Eu me lembro do espanto de Narcélio de Queiroz quando, em conversa com ele, e Narcélio interessado na figura de Cardozo, eu resumi a impressão que o velho Mestre me dava quando eu o via lendo: a de um homem que espera tranqüilamente a morte. Há meses comecei a leitura de *Eu, Jesus — Memorial do Cristo / II*. (Achei o primeiro volume, *Eu venho*, uma obra-prima. Isto está dito e assinado no *Jornal do Brasil*.) Estou na página 118, com um trecho assinalado a esferográfica: *Não fora o anjo das funduras da piscina que por suas rochas mostrava sinais gregos, alguns misteriosos desenhos, vindos de tempo antigo...* Motivos pessoais me levam à leitura demorada, um deles a fruição da linguagem. (A gramática não me interessa, falo em *linguagem*.) A minha agressividade verbal e a minha irreverência são mais do que conhecidas. Além disso, sou realmente *mal-educado*. E me permito uma irreverência à crítica literária: *a linguagem do segundo volume de Dinah Silveira de Queiroz é mais gostosa do que chocolate suíço*. Li muita coisa no meio. A história do Cristo me levou inclusive a comprar de novo o *Moby Dick*. Acho impossível perceber a grandeza de Melville na adolescência. A gente lê um livro de aventuras, de navios, de pescarias, como quem lê uma história de piratas de Emilio Salgari. Difícil compreender um trecho como este, logo no início: *A verdade porém é que os selvagens possuem um sentido nato de delicadeza, digam lá o que disserem. É maravilhoso observar como são educados nas relações essenciais.* Isso tem um cheiro do melhor Heidegger, lido não sei onde, nem em que língua, num português mal traduzido, num espanhol ou francês mal compreendido. Estou agora no capítulo *O sermão*. E Benedito Coutinho, encontrado ao acaso em um passeio de rua (em Brasília, passeio de rua é *ficção científica*), me lembrou que na adaptação cinematográfica o padre Mapple é representado por Orson Welles. Orson Welles que eu catava nas subproduções italianas dos *Ursus e macistes* por causa de uma ponta de um minuto. Dizem que quando ele anda sem dinheiro, aceita ofertas para fazer pontas, que dominam o filme. Orson Welles, que há pouco deu uma aula de cinema num antifilme, *Verdades e mentiras*, rapidamente retirado dessa porcaria de sala de espetáculos que é o Cinema Um. Filme que a gente sente feito com alguns tostões, já que deve andar sempre amordaçado pelos produtores.

Que me perdoem Afrânio Coutinho, Fausto Cunha, Antônio Cândido e os críticos atuantes no momento, do cientificismo ao estruturalismo, mas penso em sugerir uma abordagem de crítica literária com um novo apêndice: *policial*. Não, não é crítica literária de ficção policial, mas a crítica literária servindo de base à ação policial, a descoberta de um, assassino, ou de vários, tendo como base apenas uma *obra de ficção*. Faço uma acusação, baseado numa experiência própria dos últimos dezoito meses, em muitas lembranças, e na leitura do último livro de Clarice Lispector. Já conheço o grande argumento contrário; exatamente dos tipos que poderiam ser investigados: *é maluco!* A expressão é enunciada depois de uma seqüência: primeiro, o choque, o corpo se inteiriça, meio mineralizado, os olhos ficam arregalados e adquirem um certo brilho, que eu chamaria brilho da *inteligência do rato*, a boca se abre toda, arredonda, e em tom de quase falsete emite em sílabas distintas (isto combinado com o brilho dos olhos é uma prova para terceiros de que sabe falar). Depois de pronunciadas as palavras, olha em volta à procura de repercussão, e se for favorável, sorri, um sorriso misterioso, sem perder o brilho dos olhos. Vale a pena observar esse tipo, *antes, durante e depois*. Vale a pena, como contribuição a alguma antropologia.

Não conheci bem Clarice Lispector, pessoalmente. A primeira vez que falei com Clarice Lispector foi na Caixa do *Jornal do Brasil*, em 1971 ou 1972, na época em que Remi Gorga Filho dirigia magnificamente o *Suplemento do Livro*. Ia receber meus trocados pelas colaborações. Vejo Clarice. Me apresento. A imagem que tenho é a de mulher em estado permanente de sofrimento intenso, acentuado por acidente de mãos e dificuldades econômicas. Sente tonteiras, pede uma cadeira e repousa. Me desespero. A última vez que falei com Clarice foi aqui em Brasília, no hall do Hotel Nacional. Problemas pessoais de saúde me levaram a mandar os médicos às favas e a utilizar os serviços da sauna, calor, frio, hidromassagem e massagem manual. Às onze da noite eu saía exausto do subsolo do hotel e me lançava em uma poltrona no canto do hall, às vezes de costas para a rua, esperando que as dores da cura cessassem um pouco. Numa dessas vezes, de costas para a rua, sinto duas mãos suaves cobrindo meus olhos, e uma voz meio grave meio rouca, com sotaque estrangeiro, pronuncia o meu nome. Isso à meia-noite para um ficcionista que vive no mundo da lua é um *acontecimento*. Era Clarice. Trocamos duas frases. Exausta, acompanhada por uma amiga, o rosto de dor, Clarice pega a chave na portaria, dá um aceno e pega o elevador. Fica em meu rosto a carícia, rara, de dedos suaves. Fica em meus ouvidos o som agradável, meio rouco, meio grave, raro, de meu nome. Estou habituado a outras coisas ultimamente.

> Devemos falar de uma nova Clarice Lispector, exterior e explícita, o coração selvagem comprometido nordestinamente com o projeto brasileiro? (Eduardo Portella, *O grito do silêncio*, p. 9)

A hora da estrela,* de Clarice Lispector, me chocou como uma das mais altas expressões de equilíbrio obtido em desequilíbrio total, provocado, forjado, por um bando de terroristas, vigaristas, moleques de deboche, faturando alto não com atividades apregoadas, mas com *outras*. É uma acusação que faço. E só a grandeza da escritora conseguiu uma feição estética de altíssimo nível, num livro que é uma espécie de autodeboche de quem sabe, mas ignora, e se não ignora, não sabe o que fazer.

> Esqueci de dizer que tudo o que estou agora escrevendo é acompanhado pelo rufar enfático de um tambor batido por um soldado. No instante mesmo em que eu começar a história — de súbito cessará o tambor. (p. 28)

---

*Clarice Lispector, *A hora da estrela*, 2ª edição, Rio de Janeiro, Livraria José Olympio Editora, 1978.

Há em seu livro a clareza, a transparência, como que uma redescoberta da palavra em sua *função de linguagem*, coisa talvez desconhecida por Clarice em sua infância e adolescência, no ambiente familiar, mas apreendida no meio não-familiar. E Clarice é *nordestina*.

> Wittgenstein entiende por "Lenguaje privado" no el lenguaje que de hecho solo una persona entiende — pero que, en principio, puede llegar a ser empreendido por otros — sino un lenguaje que, además de pertenecer a una sola persona, no puede llegar a ser compreendido por ninguna otra. (Alejandro Rossi, *Languaje y significado*, p. 48)

A seqüência de títulos (A culpa é minha ou A hora da estrela, ou Ela que se arranje (assim mesmo), ou o Direito ao grito, ou Quanto ao futuro, ou........................., ou Assovio no vento escuro, ou..................., Saída discreta pela porta dos fundos) me dá idéia de uma tentativa lúdica em estado agônico, quando uma realidade maior é intuída ou pressentida, não o lúdico infantil da despreocupação, mas um lúdico feito, ao contrário, de *preocupação*, num estado que não pode definir, porque escapa ao *formulável*, e que beira um humor na fronteira do horror.

Uma experiência pessoal, vivida nos últimos dezoito meses, me faz levantar a hipótese de que o livro foi escrito em estado pré-agônico, enquanto um *ballet de ratos* agia em torno da escritora. A série de indicações marginais, que poderiam dar uma ilusão de hermetismo, me parece apenas um indicativo *atual* em meio intemporal da criação. Por exemplo, a palavra *explosão* entre parêntese, das páginas 91 e 95.

> Por que escrevo? Antes de tudo porque captei o espírito da língua e assim às vezes a forma é que faz o conteúdo. Escrevo portanto não por causa da nordestina mas por motivo de força maior, como se diz, nos requerimentos oficiais, por força de lei. (p. 23)

Imagino uma situação relacionada com o trecho acima. À primeira vista, nada mais natural num texto de altíssimo valor, em que a matéria ficcio-

PUBLICAÇÕES EM JORNAIS E REVISTAS LITERÁRIAS

nal já é uma espécie de *terceira realidade*, porque a *segunda realidade*, o escritor dentro de *A hora da estrela* que elabora a história da *datilógrafa* Macabéa e do *metalúrgico* Olímpio de Jesus já é uma criação da *primeira realidade*, Clarice Lispector ficcionista sentada na máquina. A situação é apenas imaginária, uma frase solta no ar, em que nem sempre o *estado pessoal* permite ver *deboche* ou *intenção desmoralizante*. *Por que escreve?* Há idiotas que levam a sério a pergunta, a pergunta em si é séria, e se estabelece uma espécie de diálogo em dois níveis conflitantes, sentido mas não *conceituável*. Nem tudo é conceituável. Há, inclusive, um acúmulo de situações desse tipo criando um estado menos *conceituável* do que o anterior.

> Pois até mesmo o fato de vir a ser uma mulher não parecia pertencer à sua vocação. A mulherice só lhe nasceria tarde porque até no capim vagabundo há desejo de sol. (p. 35)

Nesse trecho eu me lembrei de uma conversa com Fernanda Montenegro e Fernando Torres, em Vitória. De férias, fui conhecer a cidade. Andando à toa pelo Centro, vejo o anúncio da Companhia de Teatro Carlos Gomes, *Seria trágico se não fosse cômico*. Um Strindberg recriado por Fernanda, *Lady Fernanda Montenegro*. Lá fui rever o espetáculo. Valeu a pena. Melhor do que da primeira vez. O tom do sarcasmo ferino de Durenmatt na reelaboração da *Dança macabra* do velho Strindberg ganhou mais intensidade num espetáculo já repetido mais de cem vezes. Depois conversamos sobre Clarice. Eu andava empolgado com *Água viva*. Lembrei a Fernanda a possibilidade de encenar o livro, sem adaptações, um monólogo da atriz, um simples monólogo. O resto era cenário, direção etc.

> Estou numa delícia de se morrer dela. Doce quebranto ao te falar. Mas há a espera. A espera é sentir-se voraz em relação ao futuro. Um dia disseste que me amavas. Finjo acreditar e vivo, de ontem para hoje, em amor alegre. Mas lembrar-se com saudade é como se despedir de novo. (*Água viva*, p. 80)

Para os tipos que compõem o *ballet de ratos* isto é fino demais: *doce quebranto ao te falar?* Já havia nisso a presença do *projeto nordestino*, Mestre Portella, que fere a fina sensibilidade da paródia do ser humano que compõe a população dos *ballet de ratos*, lixo do esgoto com uma semelhança formal que nos confunde.

> Mas quem sou eu para censurar os culpados? O pior é que é preciso perdoá-los. É necessário chegar a tal nada que indiferentemente se ame ou não se ame o criminoso que nos mata. Mas não estou seguro de mim mesmo: preciso perguntar, embora não saiba a quem; se devo mesmo amar aquele que me trucida e perguntar quem de vós me trucida. E minha vida, mais forte do que eu, responde que devo lutar como quem se afoga, mesmo que eu morra depois. Se assim é, que assim seja. (p. 98)

Eu não me simpatizava muito com o dono do Hotel Nacional, por motivos íntimos. Mas a sauna do hotel, o restaurante, o bar são lugares públicos. Ele sabia que eu sofria, que ia à sauna diariamente não por luxo, e sabia que eu sofria quando saía das massagens, e que a dor me levava à poltrona do hall, durante algum tempo, antes de retomar o meu caminho. Sinto os dedos de Clarice no meu rosto e o som do meu nome numa voz rouca e grave, com leve sotaque estrangeiro. E me lembro da expressão do *leão-de-chácara* do hotel, que me trouxe o recado da gerência: eles me pediam que não ficasse na poltrona.

> Não esquecer que por enquanto é tempo de morangos. Sim. (p. 104)

Sim, é tempo de morangos. Os que eu tinha na geladeira acabaram. Preciso descer e comprá-los nos garotos da entrada da quadra, ou no japonês da lojinha do comércio local. Gosto deles com creme de leite. Creme eu tenho.

Não sei por que me lembrei agora que estrela em alguma língua é STERN, e me ocorre que se a raposa não consegue uvas, acha que estão verdes; o rato destrói as uvas.

Sob a bênção de Pillán: prosa do artista Vicente Huidobro
[1979]

Una de las mujeres pudo escapar (por el lago); nadaba y nadaba. Hasta el kulfüwenu (ciclo azul) subió; hasta el Tramel-tramel (horizonte), en alto se fue. Y de ahí daba luz, como la madre da luz a los hijos en la ruca oscura. Ahora esa mujer es la madre Kuyen, la luna. Cuando se casó con el sol que era amarillo y esparcio su calor, para todos había luz, dia y noche y las Mapa daban todo cuanto necesitaba la gente y las bestias y el rayo echaba abajo un Chel-kura (hombre de piedra), al que se ofrecian sacrificios de hombres y animales. Y con el Chel-kura tiró tambien la Pillán-toqui (hacha de trueno), enviándola sobre la gruta cubierta de hielo y nieve.

(Religión, chamanismo y mitologia Mapuches, *Jorge Dowling*.)

Se eu fosse menos analfabeto, não teria a euforia de meus dias de janeiro em Santiago. Enfiado em um Hotel da Calle San Antonio saboreando *empanadas de pino* (carne) na esquina de Miraflores e Alameda O'Higgins, *locos e papa mato* na esquina de Merced e San Antonio (ao lado meia garrafa de *120* ou *Galo Blanco*), entre as notícias chatas da expulsão de chilenos da Argentina e do estremecimento com o Peru, tendo na língua o gosto da melhor *paila marina* (sopa de mariscos), da Juanita de San Antonio, um restaurante num subúrbio chamado Barrancas, a pele queimada ainda de uma difícil caminhada entre os pedriscos e as rochas de Isla Negra, olhando o olhar ausente de Neruda olhando o Pacífico, eu descobri um titã: Vicente Huidobro. Com uma antologia barata entre as mãos, vou de fragmento em fragmento crescendo em assombro e admiração. A visão das Obras Completas não me atrai. Detesto Obras Completas. Nem mesmo Totstói, Thomas Mann, Machado de Assis, Graciliano Ramos. Gosto de catar entre os volumes isolados o que me oferece em cheiro, tato e visão a garra do monstro. É bom descobrir *A morte de Ivan Ilitch, Tonio Kröger, O alienista, Vidas secas*. É bom descobrir entre os Hemingways *O velho e o mar*. É bom descobrir algumas páginas em prosa de Huidobro:

> *No llameis a los planetas de otra orilla, quedaos conmigo en amistad de iguales hambres. Olivos de viejos olivares, sufrientes y sinceros, olivos para los huerlos de sangre de los profetas, para la desesperación y la resignación, cuando los profetas comprenden que han mentido por amor, que han enganado a los hombres por compasión, por el ansia de creer ellos mismos su mentira henchida de esperanzas, y se miran el alma y miran la noche y ven que no hay un Padre, que no hay un Dios, y entonces se transfiguran y cambia el rostro del mundo y sudan sangre en otros espacios de pensamientos terribles. Y los olivos secan las gotas desgarradas.*

> ....

> *Bernardo se quedó clavado frente a un árbol magnífico, como si se hubiera convertido en estatua, tan enamorado de su tronco y de sus ramas, que un momento creyó que el árbol de su extasis era el árbol macho y él alli clavado, estupefacto, era su hembra, el árbol hembra.*

("Sátiro o El poder de las palabras".)

Uma senhora da Livraria Francesa (*Galeria España*) me fala do desinteresse que cerca o escritor em meio aos dois titãs Neruda e Mistral. Huidobro era aristocrata. Nessa altura, amei ainda mais Don Vicente. E meu sangue de vagabundo especial, menino pobre de subúrbio carioca, e

PUBLICAÇÕES EM JORNAIS E REVISTAS LITERÁRIAS

mais que pobre, ultracalejado em meio à miséria do enriquecimento judaico (conheci todas as situações de ratos paralisantes que esses vigaristas são capazes de armar, a ponto de em certas ocasiões não saber se sapato se enfia na cabeça e chapéu nos pés — são os eternos chatos vigaristas da História, hoje eu desconfio até do velho Maimônides, paródia de algum sábio árabe. Pelo amor de Deus, não estou a serviço de nenhum petrodólar), meu sangue de homem pobre ferveu, e amei esse superaristocrata especial, esse raro malabarista verbal, talvez o único americano a merecer realmente o nome de *artista* no sentido pleno.

> *Mi padre era ciego y sus manos eran más admirables que la noche.*
> *Amo la noche, sombrero de todos los dias*
> *La noche, la noche del dia, del dia al dia seguinte*
> *Mi madre hablaba como la aurora y como los dirigibles que van a*
> *caer. Tenia cabellos color de bandera y ojos llenos de navios*
> *lejanos.*

No hotel, observo a minha meia furada (desleixo, nem miséria nem avareza); enquanto ponho uns cubos de gelo no copo, olho a garrafa de escocês que me deram de presente, me lembro de um conto de O'Henri, creio, filmado com Charles Laughton, e depois do primeiro gole, estirado na cama, cansado ainda de uma subida nas escadarias do morro de Coquinho que dá para a baía, pedra e água, tascas de vinho e clima de ilha grega de Kazantsakis, e no perceber o que há de paródia na cafetina que é síndica do prédio em que moro em Brasília, a mão estendida com a palma para cima, indicador e polegar grudados numa longa piteira, os olhos apertados, num tique de pseudo-altivez, a boca em linhas de pseudodesprezo, o vocabulário uma pseudolinguagem de *esses* sublinhados, vibro novamente e brindo a imagem do nobre que a linha de Picasso deixou na capa de *Allazor*, e que, desconfio, conheceu bem uns chifres de touro à sua frente, sem capa nem espada, sem arena nem platéia... sem touro:

Levántate y saluda el amor de los hombres
Escucha nuestras risas y también nuestro llanto
Escucha los pasos de millones de esclavos
Escucha la protesta interminable
De esa angustia que se llama hombre
Escucha el dolor milenario de los pechos de carne
Y la esperanza que renace de sus propias cenizas cada dia
De una ola a la otra hay el tiempo de la vida
De sus olas a mis ojos hay la distancia de la muerte.

("Monumento al mar".)

Entre outras coisas, ando à procura de deuses. Essa verborréia técnica que anda por aí, inclusive na área especulativa, me nauseia. E junto com a admiração por Huidobro surge o meu interesse por um deus Mapuche, Pillán, deus araucano dos terremotos, dos trovões, dos raios, raro na América. Mas continuo com Huidobro:

Vuestro tiempo y vuestro espacio
No son mi espacio ni mi tiempo
¿Quién es el estranjero? Reconocéis su andar?
Es el que vuelve con um sabor de eternidad en la garganta
Con un olor de olvido en los cabellos
Con un sonar de venas misteriosas
Es este que esta llorando el universo
Que sobrepasó la muerte y el rumor de la selva secreta
Soy impalpable ahora como ciertas semillas
Que el viento mismo que las lleva no las siente
Oh Poesia nuestro reino empieza.

("El paso del retorno".)

Huidobro, como Tolstói, parece ter sido tocado pelo apelo maior da *realidade*, insensível em grau maior às *ilusões* que o cercavam. Sem os conflitos *absolutos* da chamada *luta pelo pão*, dotado de uma sensibilidade poderosa, em que o próprio toque do pé no chão pode assumir

PUBLICAÇÕES EM JORNAIS E REVISTAS LITERÁRIAS

uma segurança ilusória, não ficou mergulhado nesse estado de embeve-cimento pleno que sua situação aparentemente lhe permitia. E até prova em contrário, de todos os movimentos modernistas, desde os mais fasci-nados pela técnica aos mais exacerbados surrealistas, o *creacionismo* me parece mais amplo, mais aberto, menos limitado por particularismos re-gionais e temporais. Só uma espécie de mendigo vagabundo pode com-preender o significado maior desse superaristocrata e encontrar em seu *creacionismo* outra coisa além de um *ismo* a mais. O creacionismo como impossibilidade de concretização, como caminho, talvez até além da dor, num território em que a oposição ricos-pobres é ilusória. Quando até o mais humano dos renovadores, Le Corbusier, começava a encarar a casa como *máquina de morar*, Don Vicente de Cartagena escrevia:

> *Si el hombre ha sometido para si a los tres reinos de la naturaleza, el reino mineral, el vegetal y el animal, ¿ por que razón no podrá agregar a los reinos del universo su propio reino, el reino de sus creaciones?*

Quando saltei em Santiago ainda ruminava idéias sobre um ensaio que tem apenas o título, "Fronteiras do absoluto", e que gira em torno de alguns problemas pessoais, íntimos, e a atitude diante das coisas de três poetas, Rimbaud, Baudelaire e Lautréamont. (Ando à cata de traduções em português dos três, e dos dois primeiros encontrei pouca coisa.) Huidobro foi uma fratura nas ruminações:

> *Padre Adán, te separaste de la madre tierra,*
> *Te erguiste como una recia escultura de piedra,*
> *La vieja Madre quiso retenerte*
> *Para estrecharte, para besarte siempre.*
>
> (Epílogo de *Adán*.)

Adán é de 1916. "Monumento al mar" é de *Últimos poemas*, 1948, obra póstuma. Segundo a lenda, ou a História (alguma dife-rença?), Homero era cego cantador de feira.

(Brasília/DF/1979)

Ensaios inéditos

Devaneios de um solitário aprendiz da ironia
[1970]

> ...uma negra, de noite,
> de óculos escuros,
> dizendo *aliás*...

A estranha megalomania de se sentir plenamente inflado, imenso, consciência cósmica, enquanto as ruas desta cidade puta se sucedem. A incrível megalomania de cagar solenemente para a idéia de estúpidas sumidades que cagam também, mas cagam regras. Imenso, consciência cósmica. O corpo é o mesmo, no entanto. Baixo. Um metro e sessenta e poucos, cinqüenta e seis, sete, quilos, quarenta anos ainda estragados, ainda em fase de restauração, a pele levemente bronzeada por um magnífico sol e pelo óleo de uma princesa turca, que não é princesa nem turca, o nariz meio rombudo, ligeiramente encaroçado à esquerda, olhos castanhos, míopes; cinco dioptrias em lente suavemente escurecida. As pernas meio tortas, lamento, pernas vulgares, sem a classe das de um campeão do mundo, pernas que não driblam ninguém, mas que caminharam muito arrastando este lobo solitário que sou, lobo que sonha em passar da fase de rilhar de dentes para uma outra em que de lobo do deserto passo a lobo do asfalto, irônico, brincalhão, sacana, vulgar, com muito caráter, ou sem nenhum; pernas que já levaram rasteiras, pernas que gostam de bater pernas. É com raiva que ando nesta cidade puta. Se me pisaram os calos, me deram um chute nas canelas, e outro nos culhões, um soco na boca do estômago e o outro no estômago da boca, se me quebraram as costelas e me aporrinharam os miolos, se me enrabaram em uma época em que eu ainda não queria dar a bunda, por que não sei, se houve tudo isso, por que devo andar por aí feito lorpa lírico, com ar de fresco enrustido? É com raiva que ando nesta cidade puta. Com raiva e com desejos de apelar para um diminutivo: putinha. Mas isto só se consegue com ironia, e ironia significa inteligência. Estou longe disso. Bem longe. Nem mesmo posso concordar agora com o holandês que fez o elogio da loucura. Penso, hoje, que loucura é burrice. E ainda não posso fazer a exaltação da burrice como pretendia. Tenho outros planos, antes. Loucura. Burrice. Chatura. Ou o inverso. Chatura. Burrice. Loucura. Não sei. Nem mesmo a fenomenologia do chato consigo escrever. Não posso porque com aquela seriedade besta que detesto nos outros arranjei logo um subtítulo: prolegômenos para uma teoria da consciência unificada. Puta merda! Prolegômenos. É botar muita banca de filósofo. Pro. A língua trinando nos dentes. Legô. A língua feito minhoca e aquele sopro lá do fundo. Prolegô. Não, falta exercício ainda. Exercício de banca. E isso a gente consegue nesta cidade de bosta, isto se aprende como muita coisa inimaginada. Cidade de merda, cidade bosta, cidade puta, eu te amo, porque tudo o que ignoro é aqui que vou aprender. Foi aqui, numa época em que minha capacidade de suportar chatos era quase infinita, e eu não sabia disso, numa época em que não havia ainda percebido que *eu sou o meu maior chato*, numa época em que eu rachava aluguel de apartamento com um rilkezinho tupiniquim, que nunca viu a Grécia, mas botava banca de ateniense, chato miúdo autor de chatos poemas, numa época em que eu trabalhava no escritório de outro poeta chato, chato longo de curtos poemas chatos, pensador chato de chatas idéias, tendo como parceiro um chato fresco, mais chato ainda porque desconhecia aquele preceito cristão que fala em dar, numa época em que eu cometi a cretinice de não querer comer quando os outros queriam dar, numa época não tão distante, mas já remota, eu tive o meu primeiro contato com a fenomenologia, sem nunca ter ouvido falar nela: assisti à briga, em cima de uma prancheta, de uma formiga e um chato. Não tendo à mão pomada mercurial, e desconhecendo as qualidades do neocid em pó, apelei então para uma técnica de meus tempos de menino,

ENSAIOS INÉDITOS

quando catava piolho na cabeça, apelei para a unha. E o chato veio firme para a minha curiosidade. Mas houve interferência. Por trás da régua T uma formiga avança. E começa a luta. Resultado da observação: a formiga sempre ataca, o chato sempre se defende. Lamento não ter assistido à luta até o fim. Com tanta paciência para os chatos humanos, e nenhuma para o próprio, o autêntico, o verdadeiro, o digno, o ente, o CHA-TO, como diriam os heideggerianos chatos destas bandas. Dei um safanão nos dois, era hora de trabalho, e já então, surpresa, eu precisava de dinheiro. Um chato esperava umas ferragens de vigas de uma droga de prédio de apartamentos do Estácio. Talvez hoje fosse mais formiga do que chato, já que detesto essa história de cigarra. Cigarra para mim é o sujeito que passa a vida toda juntando dinheiro, e quando chega o inverno não tem um centavo de esporra para gozar com a própria masturbação, e enche o saco dos outros, como se um saco de merda tivesse direito a alguma coisa. Eu sou formiga. Embrulhei tudo. Sou chato, e estou na lona. Ah, as neves da minha infância, ah, as doçuras das varadas que levei porque chutei uma bola na rua. Foram contar ao velho barbudo (já então havia delatores), e o homem espumou na sala do prédio da sinagoga. Nunca mais acertei pé com bola, apesar das pernas tortas. Teria o mundo perdido um...? Não ouso. Ou devo ousar? A folha-seca, a bicicleta, a regra fora da regra, a molecagem com a pelota. Não faz mal. Dei outros chutes. E ainda darei. O chute na consciência, por exemplo, não minha, claro, na dos outros. Na consciência estúpida da consciência, sem prolegômenos de merda. Um chute com aquela raça do homem da folha-seca, ou do outro da bicicleta. Cidade puta, eu voltei depois de muitas andanças, e aqui, enquanto percorro as tuas ruas, vou esboçando a teoria da consciência unificada. Aqui conhecia a dor, o terror, a humilhação, a euforia, o gozo, a exaltação. Aqui amei e odiei. Aqui enrabei e fui enrabado. Estamos quites para recomeçar. Parado em frente à Cinelândia, um pouco depois do Chopin bicha que plantaram na praça, procuro localizar uma sala na Alcindo Guanabara. Não faço tempestades em copo d'água, mas com um copo d'água faço tempestades. O máximo de franqueza seria nunca ser franco. Voltando ao Chopin bicha, meus personagens me cercam. Poucos foram batizados. Chopin bicha. Bichão da Cinelândia. Polaco. Polacas. As polacas da Conde Lage, Taylor, ou do Mangue. Eu também sou polaco, também sou puta nesta puta da vida, e se não posso ser cafetina, nunca chegarei a cafetão, apesar de meus delírios de pederasta profissional. Sou profissional. Pago, às vezes, para trepar. Mas, no momento, o que me lembra (gostei deste *me lembra*), são as minhas caganeiras. Foram muitas e variadas. Poucas vezes recorri ao elixir paregórico. Preferia mesmo enfrentar a situação. Uma delas foi um minuto antes da partida de um ônibus em Friburgo. Terça-feira de carnaval de um ano qualquer. Fui visitar parentes e tinha a maior pressa em chegar aqui embaixo. Ia comer uma bicha argentina. Aquela caganeira. Deixo a cueca no mictório, limpo a calça do melhor jeito, e suja mesmo me instalo no ônibus. A fedentina durou três horas e meia, e eu consegui o milagre de fumar tranqüilamente, enquanto os outros viravam o nariz. Em casa, tomei banho, troquei de calças e comi tranqüilamente a bicha. Outra foi na esquina da Senador Dantas e Rua do Passeio, ali onde ficava a antiga sorveteria Americana. A coisa veio de repente. O banheiro é na sobreloja. Acelero, quando chego lá os vasos estão em compartimentos fechados. Ninguém no mictório. Um jornal do dia. E a merda já empolando a cueca. Tiro delicadamente as calças, com tanto cuidado, a cueca Zorba é tão boa que não houve corrimento. Tiro os sapatos, a cueca. Embrulho a bosta no jornal, lanço para os fundos de um compartimento fechado, mas com um palmo de abertura acima do chão, e desço leve, tranqüilo, pensando num episódio da vida de Sócrates, numa frase de Nietzsche e num verso do Rilke que não consigo localizar. O verso me lembra a trepada mais cara que já dei e que um outro pagou. Isso foi lá fora. Eu seco para comer um viado, o outro doido para enrabar uma mulher. O hotel era de luxo, e o outro tinha dinheiro. O gerente conseguiu duas mulheres, e embora eu prefira cu de homem, não desprezei, então, a babaca de uma vaca. O engraçado é que eu vejo o outro de pau duro pelo quarto e a mulher no maior escândalo. Ficou horrorizada porque lhe pediu o cu, e depois queria que ela lhe chupasse o dito-cujo. A mulher aos berros quase, que o homem era tarado, e o diabo. Por uma besteira. O homem era normal. Gostava de cu e, principalmente, gostava que lhe chupassem o pau. Aviso aos navegantes do mar de merda *da*

ENSAIOS INÉDITOS

psicologia profunda. Isto é prosa, prosa saborosa, bem carioca, brasileira, em que o palavrão, palavra reforçada por uma ambigüidade maior do que a usual, ainda assim palavra, humano instrumento, saboroso, preciso. Nenhuma equação matemática ou lógica descreve melhor do que as palavras o fluxo e refluxo da onda de um mar agitado, fluxo e refluxo englobando água, areia e um pé pousado nos dois elementos. A nitidez das arestas de um edifício sob uma certa luz crepuscular. Nenhuma função, linear ou não, é capaz de dizer isto melhor. Com aquela gostosa parcela de subjetividade que é a grandeza da linguagem humana. *A nitidez das arestas de um edifício...* Eu devia estar tocando uma punheta na rua quando a visão me surpreendeu. *A luz crepuscular.* Foi em Haifa, numa tarde de intensa vibração em que eu ainda temia essa torrente de idéias que me atordoava o cérebro, idéias e tensões, e não havia compreendido que o problema não é abolir as tensões resultantes das idéias, mas equilibrá-las. Equilibrá-las no sentido físico e metafísico. Acho que foi para compreender isto, agora, que passei tantos anos trabalhando em cálculo de concreto armado. Valeu a pena. Entre outras coisas, há uma luz que me preocupa agora. Farto das embromações dos vigaristas da teoria dos sonhos, comecei a estudá-los. Fiz um pequeno trabalho, *memória onírica,* que pretendo desenvolver. E agora, sob um céu de meiodia de fim de verão da Avenida Rio Branco, procurando uma intimidade maior com as coisas mais simples (e a coisa mais simples, no momento, é a idéia das coisas simples. E bem mais próxima), sob um céu azul de sol e cores de roupas e fachadas, uma frase se impõe com reticências iniciais, não sei por quê. ...Que espécie de luz ilumina os meus sonhos? Não tem intenção poética. E a luz é a luz mesmo, sem frescos simbolismos.

Poderia começar por aí o estudo dos sonhos, que deve ser o estudo da consciência quase pura. Mas antes teria que definir uma coisa chamada *consciência unificada,* e eu não cheguei ainda lá. *Teoria da consciência unificada.* Puta que o pariu. *Prolegômenos.* Caralho. Apenas, para continuar, constato não ser evidente, para mim, a forma como é transmitido o *conhecimento do mundo,* vasto problema de antropologia. De evidente: o homem é o criador da luz que ilumina seus sonhos. E mais um pouco: qualquer teoria sobre um movimento de meu braço é inferior à totalidade *movimento de meu braço.*

Sei que agora é sempre possível uma nova abordagem da realidade, e que qualquer abordagem, a antiga ou a nova, é sempre inferior à realidade (humana, é claro). Praça Mauá. Cais do Porto. Aqui cheguei quando tinha sete anos, aqui começou minha vida de imigrante. Daqui saí aos trinta e quatro em uma cabine de terceira, com alguns portugueses, rumo a Lisboa. Durante alguns dias consegui a intimidade: eram marceneiros, mecânicos, desiludidos com a América.

Depois caí na asneira de retomar minhas leituras, entre porres. Criou-se uma barreira, eu era um homem que lia. Isso me fez perder a sucessão de casos engraçados que a convivência proporcionava. Eu também ia desiludido, mas não com a América, desiludido comigo mesmo. Ruminando uma existência dos sete aos trinta e quatro anos. No fundo, bem no fundo de meu desespero, tinha meus sonhos. Imigrante pobre do subúrbio, aprendi a amar a cidade no seu jeito mais simples, e senti bem o fato quando conhecido em um bar noturno de Israel era recebido pelo pianista com o início do *tristeza não tem fim, felicidade sim.* O resto era um turbilhão. Entre trepadas, porres e leituras, escrevia. E nunca compreendi bem o que era a literatura para mim. Inseguro, incerto de minha existência, e não tenho a mínima idéia do que ia produzindo, bombardeava meus amigos Fausto e Renard com cartas. Renard me goza hoje, dizendo que às vezes recebia duas no mesmo dia, de manhã e à tarde. Que já não agüentava mais. Sacanas. Que amigos!

E a mala de livros que larguei num subúrbio de Paris em casa de Dimanche? Puta merda, que saco de bosta, um livrinho me faz falta. Agora que acertei com a gráfica a edição de meu livrinho sobre homossexualismo, gostaria de reler o daquele inglês, médico, deve ser bom, que no fim dizia que sobre o assunto nada se sabia ainda. Como é diferente o tom. E quanta besta por aí, alemã ou búlgara, a encher calhamaços e paciências com *ciência.* Pobre ciência! Lamento não saber latim, senão eu faria uma frase daquelas sobre as besteiras ditas em nome dela. Não sabendo latim resta-me o magnífico vernáculo: foda-se! Mas isso exige realmente uma consciência organizada, uma responsabilidade de

ENSAIOS INÉDITOS

um corpo no mundo que se equilibra incerto e inseguro, e subitamente percebe que o que o ameaça, além da morte, que é a anulação do corpo no mundo, o que o ameaça é a própria consciência, a encontrar em cada fração de segundo uma idéia completa e acabada de sua instantaneidade, de sua abertura. Vejo nos jornais que um monge do Ceilão, de túnica amarela, passeia em Santa Teresa, e ao jornalista que o procurou afirma que o homem deve se amar primeiro para que depois possa amar o próximo. Como soa isto nos ouvidos de um representante da chamada cultura ocidental, judaico-greco-cristã? Amar seu próprio corpo, amar sua presença no mundo como corpo sexuado dotado de idéias? Creio que a cultura judaico-greco-cristã para a imensa maioria não é cultura, nem judaico, nem greco, e muito menos cristã. Uma frase repetida pode ser sinal de erudição, nunca de aprendizado. A humildade é a coisa mais recomendada pelos que a desconhecem e desprezam; a autêntica humildade é feita de um orgulho imenso, o orgulho consciente do que sabe que humildade é sacrifício, que diante da avidez da consciência ser humilde significa renunciar a certas tentações e escolher um quadro de valores. Que pode não ser o melhor, nem o mais tranqüilo, mas que é o mais importante para a própria condição. E isto sem ler os existencialistas. Isto como exigência, talvez, da própria natureza sob a forma chamada humana, da natureza sob duas modalidades que alguns filósofos autênticos, foram poucos, caracterizaram como *natura naturans* e *natura naturata*. É como natureza ainda que esse sublime e imponderável espírito se apresenta, natureza criadora em seu aspecto mais sutil e mais vasto, e que exige um trabalho constante e nunca terminado: amar. Mas nunca abstrações alienantes. Amar o próprio corpo no mundo para poder amar um outro corpo no mundo, estranho à consciência de quem ama, e completamente fechado para o primeiro. Poucos, realmente poucos, conseguem verbalizar a consciência do fato. E a verbalização é uma parcela mínima do fenômeno chamado consciência, mínima, ínfima, mas um pouco maior do que esta outra em nome da qual se cometem as piores atrocidades: a razão. O homem aprende a julgar o outro segundo leis semelhantes à da queda dos corpos ou algum princípio da termodinâmica, leis científicas para fenômenos primários, sempre idênticos.

Aprendiz da ironia, olha a sisudez. Você está mesmo levando a sério o que você escreveu acima? Que banca de caga-regras, que petulância de pregador e palmatória do mundo. Toma tenência, diziam no meu subúrbio, afina a viola e acerta os ponteiros com o cotidiano. Quero ver isso funcionando dia a dia entre humildes orgulhosos, modestos vaidosos, e frescos legisladores de insignificâncias. Não absolutiza nada disso. Lembra-te, ou lembre-se da ambigüidade do humor que tanto te apaixona. Lembra-te ou lembre-se. Apesar dos imperativos do imperativo e da hesitação entre segunda e terceira pessoa. Isto é bem carioca. Fulano, você sabe muito bem que eu te amo. É gostoso. Nova mesa. Novo trabalho. Mudo de seção. Sempre mudo, exterior e interiormente. Quanto tempo para perceber o *evidente*. É o mais difícil, o mais complexo. O *evidente*. Dizem que a evidência é o melhor critério para um conhecimento imediato, intuitivo, pessoal. Como se chega à evidência? Às vezes ou quase sempre, o caminho é fogo. De costas para a rua, uma porta aberta, um pedaço de quadro-negro. Como é bom um quadro-negro fora da escola. Sempre pensei em ter um em casa. Nunca cheguei a isso. E é simples. A imensa dificuldade das coisas simples. Só consigo ver no quadro, a giz, um desenho, talvez infantil, talvez esquemático, um rosto redondo de criança, embaixo a palavra *antes*; ao lado um rosto oval com uma vertical no cocuruto, um pescoço longo, duas tíbias cruzadas. A palavra embaixo: *depois*. Há um coração irregular, e a divisão 9.898 por 75. Consciência da morte, amor, matemática. Ontologia, ética, ciência. O caminho do homem. Nessa área o problema central e terrível da imaginação criadora a delirante. No medo da morte, no amor, ou no ódio, na sondagem do mundo. Se eu não fosse tão porra-louca, e tão ignorante, poderia fazer um trabalho sobre a gênese do pensamento criador, e compreender tantos descaminhos, meus descaminhos. A ignorância não importa muito quando se tem a coragem de segui-la e adotá-la como hábito de consciência. A porra-louquice é nefasta. É a introdução da desordem humana, antinatural, na harmonia da natureza, que não é bem aquela placidez de música de esferas, mas dinâmica permanente do que é simplesmente. Do que é, como devir, sempre como devir para a consciência, sempre humana, nunca consciência de um poste, ou de alguma entidade

ENSAIOS INÉDITOS

abstrata localizada num *lá* que é pura fantasia infantil. Consciência que é sempre um *presente*, mesmo quando utiliza reminiscências de *passado* e *futuro*. Consciência de *presentes sucessivos*. Minha idéia do passado ou do futuro é a minha idéia do presente do passado ou do futuro. Quase que eu escrevo *du futuro*. O que é uma prova de analfabetismo total, ou prova de que os homens que começaram a fuçar a tal da lingüística estrutural estão certos e a porra da gramática antiga, mais fonética e suas implicações, é uma grossa merda.

Mas voltemos às convenções. Fica o *do futuro*. Um problema para os estilistas. A educação da linguagem, a educação da sensibilidade. Foi nas ruas, entre Ramos e Olaria, nos subúrbios da Leopoldina, que iniciei meu aprendizado da primeira, gringuinho, gringuinho de gente que vendia à prestação. Foi nas ruas desta cidade puta, em meio à experiência da loucura, que afinei a segunda. Copacabana, Botafogo, Lapa, Cinelândia, Largo do Machado, Praça Tiradentes, Praça Mauá. Entre punhetas, delírios e leituras de Kirkegaard e Heidegger, em tradução, na Biblioteca Nacional. Foi nas minhas andanças que reformulei todas as questões, refiz todas as perguntas, sonhei todos os sonhos, para chegar arrogante e orgulhosamente à minha única certeza, humilde certeza: a minha existência como relação consciência-mundo, finita, limitada, reduzida, mínima, relação que se extingue um dia. Com a morte. Será necessário um esforço tão grande para quebrar a casca do ovo? Como forma de equilíbrio de tensões, forma admirável, há uma posição em que é praticamente impossível fazê-lo. É bem conhecida. Enlacem os dedos, ponham o ovo na palma de uma das mãos e apertem. E há outra, facílima. Quando a vida se impõe, e um agitar de cabeça e asas é suficiente para estilhaçá-la. Nasce um homem, assim, estilhaçando formas que em determinada posição são membranas indeformáveis. Com um gesto simples de imobilidade. Um agitar da consciência. Quanta luta até então. Quanto lugar-comum que se resume em desordem, lágrima, medo, náusea, terror, angústia. Até que surge uma noção de esperança sem frescuras, de transcendência que é um *ir além de* idéias.

Teoria do conhecimento. Como doutrinar? Como falar em inconscientes se o mínimo, que é a consciência, é inteiramente desconhecido?

À puta que os pariu com os viados da psicologia, à merda com os viados mentais, porque os outros (a convenção da divisão silábica) são homens, dão a bunda simplesmente. E em determinadas circunstâncias para ser homem é preciso dar a bunda. Eu dei. Espero o resultado. Mas amei também, amei muito, muita gente, um marinheiro inglês, um comandante israelense, um contador romeno, um louro parisiense desconhecido, um engenheiro lisboeta, um costureiro espanhol, um bailarino brasileiro, um diplomata mexicano, um cozinheiro russo, um médico italiano, um industrial alemão. Em Madri tentei enrabar um policial que acabou fazendo chantagem comigo. Conheci a experiência da chantagem. E acabei verificando que realmente as origens do homossexualismo são muito profundas, bem profundas, não chegam a dois dedos de água num copo. Mas dá pra mexer com muita coisa. Psicologia. Moral. Família. Educação. Merda grossa. Apenas cada um faz de sua sexualidade o que bem entende. Idiotice, inclusive. Agora me deu vontade de começar a tal teoria da consciência unificada. Começar, só. Passei a tarde pensando adiá-la um pouco. A caminho do trabalho revi o belo Aterro do Flamengo, os morros de Niterói, me lembrei de que há pouco tempo *vi* realmente o Pão de Açúcar. A forma desenhada num fundo de verão. E no entanto já publiquei numa revista de arquitetura uma sugestão para a ponte Rio—Niterói. Um sonho, uma fantasia, numa época de euforias e terrores, em que iniciei, realmente, o meu aprendizado de vagabundagem pela cidade. Noites esplêndidas. Dias terríveis. Exaltação e inferno. Eu não precisava de drogas para delirar. Eu delirava. Fiz poemas para um velho poeta de Alexandria, estudei um edifício de quatro residências engastadas numa torre em helicoidal quadrada, se me permitem a forma, atravessei a baía várias vezes, e *via* na entrada da barra um tubo vazado, túnel aéreo, ligando a Fortaleza de Santa Cruz à de São João. Um apoio apenas no meio: a Fortaleza de Lajes. Tudo isso passou, o principal, porém, ficou: a idéia lançada. Foram ensaios de ímpeto criador. E foram belos os dias em que passeava pela Praia do Flamengo à espera da coragem, em que visitava pátios medievais da fortaleza no outro lado, com a irregularidade da pedra natural, as celas em que um homem nem sempre podia ficar em pé, as seteiras de velhos canhões sobre um paredão a pique, o

ENSAIOS INÉDITOS

mar embaixo, o mar, o vasto mar. Clima de mosteiro e história de piratas. Senti isso há poucos dias, numa manhã de sábado. Acordei cedo para copiar em xerox alguns contos para um concurso. Sol. Cor. As lojas fechadas. Ando pelo Castelo. Atravesso as ruelas da Quitanda, Ouvidor e arredores. Que terror, além do terror da morte, pode impedir um homem de fruir a pureza da simples condição de existir enquanto existe? Ando cheio de muita coisa, começo a me interessar pela filosofia e não agüento mais os frescos acadêmicos de uma cultura ainda escolástica. *Os gregos,* ah!... os gregos!... A perfeição, a harmonia, a paz, a ordem. Frescos. Viados. Filhos-da-puta. O divino Platão assim se referiu ao perfeito Aristóteles:

Aristóteles me deu um coice, como fazem os bebês com suas mães.

Depois disso, pensando nos pré-socráticos, e mandando no duro à merda os eruditos em sânscrito, búlgaro, alemão e chinês, pensando na crioula sambista que esnobou a grã-finagem no dia em que inaugurou a casa e descreveu na mais saborosa página de nossas letras uma descida de escadaria que é um modelo de humor e ambigüidade, depois disso boto minha banca de pensador nhêengatú, e nhêengatú significa língua de gente, boto minha banca mandando a seguinte brasa: copio de trabalhos anteriores a seqüência de noções necessárias para definir a consciência unificada, não sem perguntar antes se a idéia do caminho não será o caminho da idéia.

consciência-corpo, no homem, a massa encefálica, contida na caixa craniana, isto é, capaz de operar, virtualmente, com uma característica; *avidez.*

consciência-campo, no homem, o campo produzido pela massa encefálica contida na caixa craniana, *campo* como campo eletromagnético ou gravitacional.

razão, é um modo de ser de parcela da consciência capaz de perceber *regularidades.*

consciência, capacidade vazia, criada pelo corpo, e que lhe permite o conhecimento da relação do corpo com o mundo. Do corpo integrado no mundo. Localizada na caixa craniana, é um vazio, como o de um campo magnético, ou elétrico, ou gravitacional, aberto e finito, limitado e em expansão, com *suporte* material extremo nos dois hemisférios. Quando a consciência *atua, atua* como corpo, isto é, como espaço e tempo *organizados*.

Idéia, configuração complexa, vazia, resultante de um estado de equilíbrio entre *corpo e mundo*, dependente fundamentalmente, para o ocidental, de um aprendizado verbal. O espaço-tempo de uma idéia é o da *probabilidade*.

Depois dessa sucessão digna de um caga-regras, lembrando que pensar e ser são a mesma coisa, como disse um grego, e um alemão passou a vida inteira a repetir, depois de relembrar que outro alemão recomendou aos estudiosos pensarem psicopatologicamente, chego ao óbvio, descubro a pólvora: qualquer espécie de perturbação mental como deficiência do *pensar*. Entra neurose, psicose, epilepsia, o diabo. Para afirmar *alguma coisa* sobre a consciência unificada é preciso primeiro conhecer a desunificada. Eu conheci. Bola pra frente! O que ocorre com o pensamento de um neurótico, de um psicótico? Há *transcendência, ir além de* idéias? Não. Em grau maior ou menor, creio, o que ocorre é o mesmo fenômeno: não há equilíbrio de tensões na consciência unificada, pura e simplesmente.

Como o homem é o criador de sua própria consciência, numa interação consciência-mundo, deficiências dessa criação se acentuam segundo as circunstâncias, segundo moira, o destino singular. E aí vem de novo a pergunta: a idéia do *caminho* é o caminho da idéia? Ao combinar *regularidades* a franja além da razão age como consciência unificada. Em caso de perturbação a franja em médio continua agindo desequilibrada, e a *razão* se manifesta como desequilíbrio do corpo no mundo. Copio, também de outro trabalho, uma noção importante, e que não me agrada:

Eu, posição de equilíbrio instantâneo, sucessivo, descontínuo, do espaço-tempo aleatório, interior, criado nos dois hemisférios cerebrais pelas tensões oriundas das *idéias*; equilíbrio determinado na hipófise; equilíbrio que é criação permanente de realidade.

Neste momento a torrente de idéias me perturba, e me perturba mais a idéia de *perturbação*. Tenho uma série de esquemas sobre *perturbação* que me foram fornecidos ao longo dos anos. Em que medida a consciência acumulada desses esquemas perturba realmente a consciência? Escrevo após excitação sexual na rua. O que é a sexualidade, de fato, no conjunto? Quem sou eu? Um corpo, evidentemente. Que idéias tenho a respeito deste corpo? De um corpo que nunca é idêntico a si mesmo? Escrevi em outro lugar: perder suas raízes é perder a noção de sua condição de *homem*, estrutura aberta, criador de valores. Ir à gênese de um pensamento e de uma ética é se definir como indefinível, é conquistar o que já foi conquistado, e é transmitido de um modo esclerosado e imposto. Talvez se devesse ensinar que tudo isso foi conquistado, e deve ser permanentemente conquistado, e perdido. Amanheceu há pouco no meu quarto e em minha mitologia. Um tênue azul substituiu cinza e rosa de nuvens crepusculares. Zacarias, Nehemias Goldenberg, o vagabundo, Schlimazel Mensch, Pedro, Paulo, Pedro Paulo, Narciso, Goldmundo, José e os irmãos de José, Aschenbach, Guerassim, Moisés no Egito e as cebolas do Egito, Gabirol, Gregório Samsa, Elias o profeta, Jeremias, Simone Weil, Baal Shem Tob, Policarpo Quaresma, João Ternura, um sargento de milícias, Johanes de Silentio, Kerkhoven, Lolô, Yehuda Biterman. Em manhã idêntica, deixando o hotel de Tel-Aviv, desatei num choro a caminho de Jaffa. Ia a pé, passava por ruas esburacadas e casas velhas, bem semelhantes às das ruas Juvenal Galeno, Lígia, Andorinhas, Leonídia. Uma cantilena de sinagoga saía de uma delas. Era a prece matinal. O choro nada tem a ver com religião. Era a infância de merda que teimava em não querer desabar. Era uma configuração parcialmente global que me tolhia a espontaneidade. Minha meta era Jaffa, o mar de Jaffa, os barcos, as ruas, e a lembrança de uma pintora que nunca existiu e que preferia Jaffa a Tel-Aviv. Essa mulher teria pintado o Mar Morto.

Era judia, conheceu a guerra, e vivia em uma casa de cômodos nos arredores da capital. Essa mulher me faz pensar agora em *exigência ética*. Velho Baruch, filho-da-puta, compreendi hoje porque você esmerou tanto na tal de *more geometrico*. Filho-da-puta. Se são homens que pensam, estudam, especulam, então, de fato, é impossível estudar geometria analítica ou termodinâmica sem primeiro definir de modo informe pelo menos uma escala de valores morais. E escala vai de menos infinito a mais infinito. Falaremos de assíntotas. E da imbecilidade dos *sistemas*, além daqueles que se formam ao longo de uma existência. Olho para uma árvore, qualquer, e me reconheço como natureza, sob forma humana. Percebo a idiotice acumulada durante séculos, a balela da oposição entre natureza e espírito. Não há oposição, nem mesmo distinção. Vejo espírito como natureza em sua forma mais sutil, organização complexa, vazia, aberta, natureza criadora, capaz de se identificar como natureza. Nenhuma abstração, nenhuma *entidade*. Nunca desligado do homem concreto. Olho a onda. Quanta idiotice em nome da natureza. *Contra natura*, realmente, é a idiotice em suas manifestações de alienação, burrice, tolice e outras gradações. Repenso com rapidez meus últimos anos, e concluo que me nutri do melhor alimento que um homem pode ingerir: a dúvida, a negação, a perda; com esse alimento olho ainda para uma árvore qualquer. E vejo que, apoiado numa sexualidade espontânea, procuro cumprir minha presença *aqui*, do mesmo modo que a copa sobre o tronco. As raízes não se envergonham de mergulhar na terra o mais fundo possível, e a seleção de alimentos não é feita por dietas arbitradas por algum *espírito* brincalhão que os idiotas levam a sério. Sou eterno imigrante; parto de mim para mim mesmo, de meu corpo para meu corpo, mutável. Os grandes erros? Até certa época muita gente boa pensou que a terra era chata, e muito filho-da-puta sabe, hoje, que ela é redonda. E daí?

Irmãos da Noite do irmão da noite Renard Perez
[1979]

No seio dessa noite de turfa e de antracito
O fogo sempre a abrir em súbitas corolas
Das luzes minerais as dálias amarelas;
As dálias dos jardins de adormecidas anilinas

(Joaquim Cardozo)

Aperta mais, noite de peito nu! Aperta mais,
    noite nutriz magnética!
Noite dos ventos do sul — noite das poucas
    estrelas grandes!
Noite ainda a se curvar — alucinada noite
    de verão

(Walt Whitman)

De repente eu percebi que já fui homem da noite. De várias noites. De vários tipos de noites. Solitário, agora, descubro também que a noite é cada vez mais importante, e que o nascimento da noite é importantíssimo. É como se o verdadeiro sol nascesse à noite, em negrume, como se a criança só pudesse surgir no homem envelhecido, a *criança autêntica*, a que, mergulhada na dor e nos pensamentos da morte, descobre uma lua imensa, avermelhada, quase artificial, quase lua de filme de Kurosawa *Os caminhos da vida* (Dodeskaden), lua de papel pintado vista por um menino louco num delírio de dor. Solitário bebo agora, e gosto de beber em solidão, solitário caminho à noite, agora, solitário viajo à noite. Terror. Náusea. Dor. E percebo que eu consegui chegar ao máximo de burrice pessoal: ser puritano, depois de crescer em ambiente completamente amoral e desequilibrado, em todos os graus de convivência. E vejo hoje que foi importante para mim conhecer a noite e seus delírios. E a noite me deixou lembranças fantásticas do que de mais humano pode haver no humano, da sordidez à fruição estética quase pura.

Noite de caminhadas pelas ruas de São Paulo e do Rio, em busca de um instante de afeto, pouco importa se equívoco; noite de caminhadas à margem do Mar Morto, enquanto lia o ensaio de Gide sobre Dostoievski; noite de caminhada por uma Place Pigalle deserta num clima de província e austeridade; noite do show do *Moulin Rouge,* na área mais densa do Recife, em que um travesti imitava Carmen Miranda, travesti que podia bem ser a personagem da obra-prima de Aguinaldo Silva, *Cristo Xantopoulos,* conto de amor na zona do Recife, após a chegada de um cargueiro grego; noite de uma peixada com muito vinho num restaurante grego entre Tel-Aviv e Jaffa, em que vi, de fato, aquela história do grego do filme de Dassin e Melina Mercouri: o grego que deu uma bolacha no turista porque aplaudiu sua dança, *grego quando dança é porque está alegre, não é para turista aplaudir*; noite terrível na madrugada de Roma junto à *Fontana de Trevi*; noite antológica na madrugada de Lisboa, ainda e como sempre mergulhado em dor, náusea, desespero, vejo no Estoril um foco de luz se dirigir para o alto de uma escadaria de um cenário em penumbra, e a figura de Elizete Cardoso surge e começa a descer os degraus enquanto canta o *Momentos são*; noite adormecido em um ônibus na estrada Belém—Brasília, há muito tempo, uma estrada sem asfalto, e a chuva transformara em lodaçal a terra compactada; noite amassada em um ônibus entre Santa Cruz de La Sierra e Cochabamba, forçando a vista para ver um céu estrelado de princípio dos Andes, um céu de inverno. E meus *irmãos da noite*, meus mestres *no aprendizado da noite* surgem agora em minha solidão: Fausto Cunha, Renard Perez, Saldanha Coelho, Sérgio de Camargo, Mauritônio Meira, Eneida. Em casa de Eneida às dez da noite ainda se comia um feijão-tropeiro prepa-

ENSAIOS INÉDITOS

rado ao meio-dia, e se bebia a batida de limão que enchia sempre uma enorme bacia de barro, enquanto um disco repetia alguma música de Araci, Marlene ou Carmem Costa (*Yayá, cadê o jarro, o jarro em que eu plantei a flor, eu vou lhe contar o caso, eu quebrei o vaso, e matei a flor*), e Flávio de Aquino, sentado no tapete, tocava flauta sem flauta; Sérgio de Camargo, que me ensinou a gostar de um bom conhaque. Quando, depois de uma chuvarada, tínhamos saído da *Revista Branca* foi me deixar em casa. Eu morava em um quarto numa pensão do Catete, e ao pedir bebida, eu só tinha *conhaque de alcatrão*. Sérgio abriu a janela, atirou a garrafa na rua e me arrastou para o carro de novo. Em sua casa, servido por Marie-Louise, primeira mulher de Sérgio, conheci o *Courvoisier*. Um caso fantástico de covardia e corrupção. Eu ainda estava no chope, na batida de limão e de coco, e lá, de raro em raro, quando a aventura literária me arrastava para a casa de alguém montado no tutu, a iniciação no escocês; as noites de sábado num bar da Senador Dantas, junto ao Teatro Serrador, e a esticada até o Capela, na Lapa, para um frango de madrugada; as noites no dancing Avenida, tomando cerveja, ouvindo a orquestra e os cantores, enquanto discutíamos algum próximo número da *Revista Branca*; o Alaska, perto da República do Peru, na N. S. de Copacabana, o Bonfim, quando o Alaska fechava; o Beco das Garrafas, na época em que as músicas de Dolores Duran e Antônio Maria dominavam, Vinicius só era conhecido por mim, como compositor popular, pelo *Ó minha amada, que olhos os teus*, na voz de Silvio Caldas, e Elizete Cardoso já dava sinais de sua garra no Clube 36, afastando o microfone e cantando no peito e na raça, noites já solitárias num Carnaval do Rio, entrando no Bafo da Onça, aí na altura da Rua do Ouvidor, e saindo na volta da Cinelândia.

Noite do Leblon, lembrança inesquecível de um desprezo que ficou gravado até hoje, e que se transformou numa das frases mais gostosas que conheço. Confesso, já fui meio chegado ao crioléu. Crioula que o Sargentelli descobriu depois, e que muito antes de mim, muito mesmo, o bom português também descobriu. Mais de meia-noite. Uma negra de mais de dois metros de altura faz o seu *trottoir* pelo calçadão. Eu me aproximo, puxo conversa. Nada! Tento diálogo! Nada! Insisto! Nada! A negra já me olha meio irritada. Suplico! Nada! Até que sai aquela pergunta, em quase choro: por quê? A crioula me lança lá de cima, ela com mais de dois metros, eu com um metro e sessenta, e lá de cima era bem lá de cima, me lança um olhar de afastar descendente de Habsburgo, e dá a resposta, com um sorriso de anúncio de sabonete de estrelas:

— CRASSE É CRASSE!

E se afastou com aquele rebolado todo, enquanto eu ruminava a frase saborosa num estado emocional de frustração e fruição de linguagem e gestos.

Irmãos da noite, de Renard Perez, me surpreendeu pela unidade, pelo nível mantido ao longo do livro, apesar da diversidade do tratamento dado aos contos, e coloca de novo Renard Perez na primeira linha de contistas brasileiros, como Murilo Rubião, Ricardo Ramos, Dalton Trevisan, contistas indiferentes às picaretagens ideológicas e formais, de vinculações a estranhas máfias que os projetem, e que vão silenciosamente mantendo sua fidelidade ao gênero que escolheram ou que sua vocação determinou.

Apesar da presença na vida literária de grandes críticos, há uma ausência de crítica literária na literatura atual. O mais jovem crítico, pela vibração, pelo entusiasmo, pela cultura e pela capacidade de aprender sinteticamente a essência do livro ainda é Tristão de Athaíde, com seus oitenta e tantos anos. A coisa mais impressionante na área que li nos últimos tempos foi *Retorno ao Reino de Rimbaud*, prefácio para a tradução brasileira de *Une Saison en Enfer*, de Ivo Barroso. Com a redução da crítica a resenhas mínimas, vinte ou trinta linhas, o critério adotado de não resenhar um livro mais de uma vez, e a regimentação de resenhadores nos estoques mais debilóides de escrevinhadores — até a vigarice de fornecer uma imagem contrária do livro eu já encontrei em um dos grandes jornais do país —, livros como o de Renard Perez perdem aquela publicidade natural, e que nem sempre se reflete na contabilidade das editoras, mas que serve de informação simples para aquele único leitor, o leitor que lê, que compra o livro que lhe desperta o interesse, que satisfaz a uma necessidade como outra qualquer, *a necessidade de ler*, e que conserva por muito tempo os ecos do que foi lido. É uma pena! E ainda mais na área do conto, em que uma inflação fantástica subverteu a frase galante de Mário de Andrade de que *conto é aquilo que a gente chama de conto*. A releitura no último número de *Ficção* de *Retorno à Babilônia*, de Scott Fitzgerald, me convenceu plenamente disso. (Ainda prefiro a tradução, talvez não tão correta, de *Babilônia revisitada*.)

> No se define en arte, sino en matemática —
> allí donde lo definido y la definición son
> una misma cosa —. Ante la crítica dogmática
> y doctrinera, aun la propia inepcia puede
> sonreír desdeñosa.

(Antonio Machado, *Poesias*, prólogos, p. 8 Losada.)

Com o chamado *conto moderno*, como com toda a *arte moderna*, o campo ficou um pouco mais aberto à embromação e à vigarice. Nem sempre as paródias grosseiras e as mistificações são facilmente identificáveis, ou nem sempre há interesse em identificar. Creio que há muita coisa a estudar ainda em um conto de Mansfield, Hemingway, Cortázar, Borges, para distingui-los realmente de um de Maupassant, e para repelir muita frescura verborréica. Os Carlos Drummond de Andrade, Cecília Meireles são raros, realmente raros. Nas artes plásticas, me parece a mesma coisa. Os Milton Dacosta, Maria Leontina são raros. E no entanto, que legião enche o saco com quadradinhos, risquinhos, manchinhas! Nada mais íntimo do que o ato de criação, nada mais íntimo do que o ato de fruição do que resultou do ato de criação. Não, não se pode distinguir à primeira vista um quadro de Kandinski de um pintado por um burro com um pincel amarrado no rabo. Mas, mesmo sem se preocupar com *obras completas*, o interessado procura conhecer outras coisas do artista, depoimentos pessoais, atitudes em relação às coisas, fragmentos que completam uma certa imagem que se tem dele. No fim de algum tempo não é muito difícil perceber onde está o artista, e onde o coice do burro.

Enquanto escrevo lentamente o artigo sobre o livro de Renard Perez, leio, alternadamente, dois romancistas italianos que sempre me fascinaram. Do livro de Vasco Pratolini, *Com amor e raiva*, transcrevo:

> É raro que a gente fale dos nossos pais; apesar de nos perseguirem com a sua estupidez, as suas angústias, e a sua experiência manchada de inúmeros pontos negros, estão ausentes dos nossos interesses; a vida que nós começamos a viver e que eles já consumiram em compromissos e contradições, relega-os dentro das quatro paredes da casa. São prisioneiros que todos os dias somos obrigados a visitar, de quem escutamos os desabafos, suportamos as arrogâncias e os medos com os quais pretendem modelar-nos o caráter.

(Trad. Saudade Cortesão Mendes, Lisboa, edição *Livros do Brasil*, p. 117)

Eu não sei italiano, não vou discutir a tradução, acho o título em português bom, muito bom, mas ofereço aos poucos admiradores de Pratolini que ainda não tomaram conhecimento deste livro o título em italiano: *La Costanza della Ragione*.

Do livro de Elsa Morante, *A história*, transcrevo:

> Mas, na realidade, quero crer que sonhava. Contudo, as peripécias sonhadas deslizavam num fundo falso da imaginação, inacessível à consciência. E esta espécie de desdobramento continuava depois que acordava, naquele seu estado de torpor, que arrastava consigo, mesmo durante o dia. Havia uma Iduzza ausente, estonteada, quase estática, que assistia às luzes da outra Iduzza, a qual cambaleava ao som do despertador, ia e vinha das aulas, recuperações, filas nas lojas, bondes e bairros, seguindo uma norma preestabelecida... Porém esta outra Iduzza, embora fosse a que agia, era estranhamente, entre as duas, a mais aterradora; como se ela, muito mais do que a outra, pertencesse à natureza inconsciente daqueles sonhos noturnos que lhe escapavam, mas que talvez não deixassem de atingi-la.

(trad. de Wilma Freitas Ronald de Carvalho, Record, p. 122)

ENSAIOS INÉDITOS

O escritor, ao organizar palavras numa certa seqüência, comunica algo mais que uma verborréia, comunica, reelaboradas e sintetizadas as experiências mais duras, mais fundas, mais pessoais, e comunica de maneira simples, dando da real complexidade humana uma idéia complexa com aquela simplicidade que só é possível em alto nível estético. O resto são manchinhas, risquinhos, gritinhos.

Irmãos da noite alinhava ao longo das unidades que constituem os contos uma unidade maior: a noite, em seu sentido pleno, em que o indivíduo deixa de ser um autômato devorado por qualquer engrenagem, e se encontra com sua solidão e os seus apetites, solidão e apetites em plena Copacabana. Solidão e apetites que num embrutecimento fantástico da dimensão humana acabaram se transformando numa algaravia oceânica de todas as psiquiatrias. O *flagrante*, o *instantâneo*, não são simples devaneios ou divagações decorativas, contêm um acúmulo de experiências e observações, uma condensação de atitudes, uma cristalização sintética de conflitos.

Exilados
— o teatro de James Joyce: um espanto
[1982]

Alguém chamou o teatro francês de fins do século XIX "O templo da rotina". Para ficar mais perto da verdade, devemos ampliar esta qualificação. Na realidade, não foi apenas o templo da rotina, mas também da vulgaridade e do marasmo. (...) Comédias açucaradas e dramalhões tremendos à base de adultérios haviam inundado a cena, aparentemente com plena satisfação do público e dos empresários teatrais.

> (Galina Tolmacheva, *Creadores del teatro moderno*,
> Ediciones Centurión, p. 45, 46)

ROBERT:　Você fez dela o que é. Uma estranha e maravilhosa personalidade.
RICHARD:　(*Sombrio*) Ou a assassinei.
ROBERT:　Assassinou?
RICHARD:　A virgindade de sua alma.

> (*Notas*, James Joyce
> *Exilados*, Ed. Club Bruguera, p. 179)

Não sei se foi no teatro de revista, ou num filme brasileiro, despretensioso, feito com atores de revista, dentro do mesmo espírito, que vi uma das paródias mais importantes, exemplar mesmo, no verdadeiro significado de *exemplar* e *paródia*. Grande Otelo e Oscarito apresentaram uma paródia da cena do balcão de *Romeu e Julieta*. Oscarito era o Romeu, com um chapéu de tirolês e uma capa de espadachim de Alexandre Dumas, e Grande Otelo era Julieta, com uma peruca louro-palha e grandes tranças. Convém lembrar, ainda desnecessariamente, que Grande Otelo é um ator negro. Naturalmente, a paródia visa ao efeito cômico. O que ocorreria quando alguém pretendesse com a paródia o efeito *dramático* ou *trágico* ou *sério*, como se diz habitualmente. No entanto, estou convencido, por experiência própria, da existência de um grupo, pseudocultural, há muito tempo, que emprega a paródia no sentido sério e vê no drama e na tragédia efeitos cômicos, não como alargamento de visão, mas como estreitamento, numa estranha inversão. Dou como exemplos de inversão desse tipo Samuel Becket e Ionesco. Vulgares parodiadores, sem a simplicidade do autor de comédias banais, se levando a sério, e sendo projetados por uma estrondosa máquina publicitária, apoiada em *ballets de ratos*. Não pretendo explicar este fenômeno neste artigo. Não sei até que ponto autores como Orwell foram vítimas de *ballet de ratos*, ou organizadores. Estou confuso na matéria. *Animal Farm* (em português *Revolução dos animais*) não me parece bem crítica ao que pretende o autor dos prefácios das traduções. E *1984* é uma expressão de deboche, ou o resultado de uma experiência própria, transformada em ficção. Volto ao *Romeu e Julieta* de Oscarito e Grande Otelo. Há muito tempo já me ocorreu a idéia de um *Hamlet* interpretado por atores negros de *black-tie*, com cenários de Calder. Mas a sério. Teatro é convenção, é representação. Sempre foi. A hipertrofia da banalidade e do lugar-comum podem ser equívocos como as teorias de Brecht ou Grotowsky. (Isso em nada afeta o autor Bertold Brecht.)

> Se, ao transpor para o teatro certas pessoas que vi e conheci, certos fatos, de que fui testemunha, ou que me foram narrados, e envolvendo tudo com alguma poesia, eu consigo despertar os espíritos, idéias diferentes surgirão em cabeças diferentes, e tudo isto terá minha peça como ponto de partida.
>
> (Ibsen, prefácio do conde Prozor à tradução francesa de *Jean Gabriel Barkman*.)

E não impede que travestis representem *As criadas*, de Genet, como já vi no Rio, com, se não me engano, Labanca no papel de Madame. E Labanca, péssimo ator, no travesti se realizou melhor. Autores como Sartre conseguem transformar uma tradução de Eurípedes em paródia. E levam a sério a paródia. Ver *As troianas*. Quando Sartre tentou recriar o mito de Electra conseguiu a nojeira teatral de *As moscas*. Às voltas com um embrião de peça, sem saber exatamente como desenvolver a história, que técnica adotar, continuo meu aprendizado de autor de teatro, lendo os autores que me provocam algum interesse. O término da única peça de Joyce, *Exilados*, me permitiu todas as divagações necessárias.

Em meu autodidatismo literário tenho uma vaga lembrança de ter visto uma tradução francesa há muitos anos, bem antes da leitura do *Ulysses* na tradução brasileira. E a leitura do *Ulysses* completou a imagem que eu tinha do autor, em seu caminho, desde *Retrato do artista quando jovem, Dublinenses*, aos fragmentos de obras posteriores ao *Ulysses*, lidos num ensaio de Harry Levin sobre o autor (Breviários do *Fondo de Cultura Económica*). Nunca pretendi aprender o inglês para ler Joyce no original. Desde o meu início de aprendizado autodidata, as traduções, mesmo péssimas, sempre conseguiram me transmitir o pulso do autor. (Foi nas excelentes traduções portuguesas que tomei conhecimento com *O homem e o rio* e *Palmeiras bravias*, de Faulkner.) A fruição completa, no nível da linguagem, de autores como Joyce ou Faulkner, só pode ser obtida, creio, por alguém que aprendeu e cresceu falando a mesma língua enquanto língua do cotidiano. O resto é uma paródia de suburbano metido a besta, botando banca de erudito de Oxford. (Às favas.) Qualquer paródia da obra máxima do irlandês é simples e ridícula tolice. E ao terminar a leitura de *Exilados*, em tradução espanhola, a atitude íntima em relação ao autor foi confirmada. Em função de um planejamento global da obra, Joyce como escritor autêntico, sem outras imposições que o de sua vocação, adotava a técnica, os recursos técnicos. *Exilados* é uma peça de altíssimo nível, a meio caminho entre Ibsen e Tchékov, mas digna de qualquer um dos dois. Confesso que

ENSAIOS INÉDITOS

lia com medo de me decepcionar, porque o fato de Joyce ser Joyce não significava que a peça tivesse as mesmas qualidades de suas outras obras. Muitos poetas e ficcionistas de primeira fracassaram em seus experimentos dramáticos. Creio que se há um gênero que exige persistência e aprendizado é o teatro. E antes que o resultado do trabalho apresente qualidades cênicas, muita coisa tem que ser rasgada.

> RICHARD: (...) Não, você não pode se entregar completa e livremente.
> BEATRIZ: (*Junta as mãos, suavemente*) Isso é muito difícil, Sr. Rowan: entregar-se alguém completa e livremente e ser feliz.
> RICHARD: Mas você intui que a felicidade é o melhor e o mais elevado que podemos conhecer.
> BEATRIZ: (*Com fervor*) Gostaria de acreditar nisto.
>
> (*Exilados*, p. 24)

Joyce me lembra Lisboa. Uma licença sem vencimentos, alguns trocados no bolso, uma pensão baratíssima, Pensão Lafonense, Rua das Portas de Santo Antão, junto ao Rossio, e Lisboa de minhas andanças e meus hábitos solitários. Todos os dias, entre dez, onze horas da manhã, às duas ou três da tarde, eu ficava no Parque Eduardo VII devorando o livro de Levin e tomando conhecimento, em tradução espanhola, de fragmentos de seus últimos livros. Não pretendo lê-los. O meu inglês nunca passou do cais do porto: *tanquiú, verigud, dólar, cigarete*, e vai por aí. Eu sempre me apoiei em traduções. Agora mesmo me delicio com o Dostoievski de *Noites brancas*, o Jack London de *O apelo da selva*, o Mauriac de *Genitrix*. Todos em traduções portuguesas.

O que impediu Joyce de adotar uma técnica semelhante à de Nelson Rodrigues em *Vestido de noiva*, Rafael Alberti em *Noite de guerra no Museu do Prado*, Strindberg em *O sonho*? (Técnica no sentido de estrutura cênica.) Ou simplesmente, como escritor verdadeiro, e não simples parodiador, Joyce sabia que jogava com um gênero diferente, e o relato apresentado só tinha sentido na sucessão de diálogos e cenários da peça *como está*. Há uma pequena diferença de qualidade entre autores como Wilde e Ibsen e a enxurrada de submediocridades que entopem, sempre entupiram, e, se não me engano, sempre entupirão os teatros de toda parte. Essa pequena diferença que se afirma numa concisão de construção, num equilíbrio de flutuações dramáticas e numa qualidade de diálogo infelizmente não pode ser verificada cientificamente. (Já se fez até crítica estatística com todos os cálculos necessários, e o resultado foi nulo.) O critério é subjetivo, pessoal, fruto de posições pessoais, de hábitos pessoais, de leituras, de assimilação de espetáculos vistos, e... de imponderáveis. Em sua língua, dentro de sua tradição literária, Joyce tinha Shakespeare, Marlowe, Wilde. A paixão de Joyce pelo teatro vinha de longe. Em 1900 escreveu (e rasgou em 1902) *Uma carreira brilhante*, nos melhores moldes ibsenianos. Ibsen era seu ídolo. Em 1900 Joyce publica um artigo, "Novo drama de Ibsen", e recebe uma carta de agradecimentos do norueguês. A nova peça era *Quando despertamos de entre os mortos*. Em sua estréia em Paris, Ibsen foi um fracasso completo. (*Espectros* no Teatro Livre de Antoine.) Firmou-se com *O pato selvagem*.

Continuo a divagação e releio algumas peças, e outras pela primeira vez. Releio *Solness, o construtor*, de Ibsen, e leio *O selvagem* de Tchékov. Leio *As criadas* de Genet, *As troianas* de Eurípedes, em tradução de Sartre (leio a tradução da tradução de Helena Cidade Moura). Joyce escreveu sua peça numa época em que Antoine, Paul Fort, Lugné-Poe, na França, e Gordon Craig, na Inglaterra, revolucionavam os espetáculos, à procura de alguma coisa. Joyce adotou dois cenários detalhadamente descritos e construiu sua história à feição de música de câmara. Como as figuras do núcleo são quatro, diria que trabalhou em todos os níveis sobre um Quarteto de Beethoven. *Exilados* ficou pronta em 1918. Não se sente, nem há notícias, de que tenha sido escrita *à maneira de...* Senti, ao terminar a leitura, um cheiro de Ibsen e Tchékov. E na releitura constatei que está à altura de qualquer dos dois. A indicação do cenário é precisa, e vai a minúcias realistas de detalhes, que se perdem no espaço do palco. As figuras surgem em sua cópia fiel de um cotidiano adequado ao cenário adequado. Apenas... o conflito é de uma quase irrealidade.

ENSAIOS INÉDITOS

A posse corporal de Bertha por Robert, repetida com freqüência, poderia, certamente, trazer um contato quase carnal entre os homens. Eles o desejam? Unir-se carnalmente, quer dizer, através da pessoa e do corpo de Bertha como eles não podem, sem desgosto e degradação, estar unidos carnalmente homem com homem como homem com mulher.

(*Exilados*, p. 184)

Richard, que não está preparado para as relações adúlteras com as esposas de seus amigos, porque isto suporia uma grande pretensão de sua parte, mais que por sua convicção da parte desonrosa que há nisso, quer, ao que parece, preencher a emoção do adultério, substitutivamente, e possuir uma mulher ferida, Bertha, através do órgão de seu amigo.

(*Exilados*, p. 186)

Não creio que se possa identificar o *universo* com o *conhecimento do universo*. E isso é o que, subitamente, quer impingir toda essa torrente de pseudoteoria literária, pseudocrítica literária, que vem dominando a área, um fenômeno raro na história literária. Pierre-Aimé Touchard, em seu excelente livro O *teatro e a angústia dos homens*, ao estudar a angústia moderna, dá notícia de uma classificação de Emmanuel Mounier que eu desconhecia: *a desordem estabelecida*. Não é à toa que as palavras *código, decodificação* aparecem tanto nos ensaios. Creio que já é tempo de desmantelar essa vigarice armada por uma quadrilha internacional, e que domina em todas as esferas culturais: teoria política, teoria econômica, teatro, cinema, artes plásticas e literatura propriamente dita. Creio, hoje, que foi Marx o primeiro nome projetado pela quadrilha internacional, e através de intérpretes desajeitados nos esquemas rígidos invadiu o campo estético. Freud vem depois. Fantástica propaganda em torno de dois pólos necessários às atividades de uma minoria de marginais. Superespecializados em chantagem. Marx e Freud se prestam bem a isso.

Dioniso é o problema das *Bacantes*, porque as *Bacantes* o representam como um *deus*, e um deus, para nós, há muito que se vem tornando no mais problemático dos problemas. Com efeito, para que a razão se demita e se recuse a dar um passo, basta que nos assalte a tão leve suspeita de que os deuses da Grécia possam ter sido mais do que nomes poeticamente significativos das mesmas realidades que designamos em prosa chã, ao falarmos, por cansado exemplo, de "faculdades da alma" ou de forças da natureza.

(Eudoro de Sousa, prefácio da tradução de *As bacantes*, de Eurípedes.)

Uma experiência pessoal bem vivida me leva a dar importância especial a uma pequena cena da peça de Joyce:

Robert vai até Richard e permanece perto dele, olhando-o, com as mãos sobre o espaldar de uma cadeira. Longo silêncio. Ouve-se o grito de uma vendedora de peixes que

VENDEDORA	
DE PEIXES:	Arenque fresco de Dublin! Arenque fresco da baía! Arenque!
ROBERT:	(*Calmo*) Vou lhe dizer a verdade, Richard Você está me ouvindo?
RICHARD:	(*Levanta o rosto e se recosta para ouvir.*) Sim. *Robert se senta em uma cadeira a seu lado: Ouve-se a vendedora de peixe mais longe.*
VENDEDORA	
DE PEIXE:	Arenque fresco! Arenque de Dublin!

Espero que algum dia, alguma Interpol venha explicar essa pequena ocorrência cênica.

Filosofia: nem só de cão vive um lobo
[1984]

Evaldo Gouveia e Jair Amorim me dão a segunda aula real de filosofia, na Voz Negra do Brasil, Jair Rodrigues, discípulo de mestre Jamelão: Perdão Portela! Juan Carlos Hurtado, adolescente gideano do Hotel Flórida de Santa Cruz de La Sierra me cria um problema lógico. Problema lógico enriquecido com a lembrança de um conto de outro Juan, Rulfo, "Macário", de *Llano en llamas*. Problema lógico ampliado agora com as declarações do Ministro Velloso sobre dívida externa. Problema lógico densificado com as ruminações do livrinho esplêndido de Augusto Salazar Bondy,¿ *Existe una filosofia de nuestra America?* Tenho uma velha paixão pelos idiotas, até mesmo admiração. Macário, idiotizado desde o nascimento, levando a sério os idiotizadores. Ao pagar as diárias do Hotel Flórida, Juan Carlos me dá o recibo. Señor Samoel Urys R. (pieza 10), Al Gran Hotel Florida, por lo siguiente... DEBE 2 dias de alojamiento... Acho perfeitamente lógico, claro. Não há nenhum impedimento lógico na questão, tudo perfeitamente claro no universo imbecilizado dos Husserls, em que se toma *filosofia como ciência do rigor*. Bancário. Não foi à toa que Edith Stein se transformou em carmelita e percorreu a Europa a pé. Em frente ao Restaurante Belgrado um índio velho e cego sentado e de mão firme estendida permanece indiferente aos que deixam ou não a moeda em sua mão. A imagem do índio cego enquanto o trem se desloca serra abaixo em direção a Corumbá, e as gigantescas rochas fraturadas lembram deuses incas. A imagem do índio cego e uma biografia de Olga de Alaketo, enquanto rascunho O RISO DO RATO, conto com ação na Praça Onze do Rio e suas adjacências aí por volta de 1945. A imagem do índio cego, a biografia de Olga de Alaketo, o tema da busca admiravelmente recriado pelo latino-americano Adonias Filho, em AS VELHAS, obra-prima sem picaretagem ideológica nem contrabando sociológico ou de outra espécie. Filosofia americana. HAY? NO HAY? DEBE HABER?

No terraço do hotel, as montanhas de Cochabamba, o sol, o céu, a prosa vibrante de Antonio Carlos Villaça, irmão de Picasso nos desenhos de Rilke, Maritain, Mounier. Em *Místicos, poetas e filósofos* encontro:

Todos os deus estavam mortos e o homem começava.

(Roger Garraudy sobre Cristo, p. 102)

Um bom começo seria o abandono de um monoteísmo de indigentes mentais e uma reavaliação do politeísmo afro-indígena.

Hay que intentar hacer pura y simplesmente filosofia, que lo americano se dará por añadidura.

(A. S. Bondy, p. 92)

Horizonte e complementaridade, de Eudoro de Sousa, me acompanhou nessas duas viagens, a interior e a exterior, e me fez permanecer de pé no avião, grudado à janela, enquanto me embebia no pantanal matogrossense, sem saber o que era água, terra, céu, nuvem. Sem ter vomitado ainda a embromação existencialista que inunda o mercado de todas as áreas, cobrindo de entulho os poucos nomes que apenas fizeram meditação pessoal, sem preocupações de escola, a leitura me atordoa. Pela dificuldade, pela simplicidade, pela importância do tema, pela raridade da autêntica meditação. O que eu encontro de novo é a riqueza da mitologia grega repensada por um homem que se move entre fragmentos de tradução duvidosa e ambígua, que repensa pensamentos pensados por homens que realmente pensavam e articulavam o que mal se pode articular na forma precisa e vaga do poema, de homens que falam de ar, de terra, de fogo, de água. Talvez o ar não seja *ar*. Talvez a terra não seja *terra*. Tudo longe dessa mistificação que permite concluir: na medida em

ENSAIOS INÉDITOS

que se encara o pensamento como *objetivável* e algum sujeito objetivando o *pensamento*, as maiores idiotices assumem feição lógica impecável. Henry Miller levou vinte e cinco anos para compreender a significação de uma frase de Maeterlinck. Por que não esperar cinqüenta para compreender que muita compreensão é, às vezes, inútil. O problema do *horizonte* e da *complementaridade* visto por Eudoro de Sousa permite ampliações profundas em todos os setores, inclusive o médico, devolvendo à clínica geral sua importância, e acabando com essa vasta embromação psicológica, campo fértil de tudo que é chantagem. Há conflitos psicopatológicos frutos de equívoco no *significado* de palavras, e até que ponto *significante* e *significado* são encarados nessa perspectiva filosófica. Cito como exemplo a personagem do filme de Sidney Lumet, *Um dia de cão*. A personagem é verdadeira: Sonny. No filme fala-se na *família* de Sonny. Sidney Lumet mostra a piada. Inclusive a problemática sexual vigorosamente abordada pelo diretor. O comportamento homossexual ou a paródia do comportamento homossexual, e no caso tudo é paródia, farsa, vista numa perspectiva de autêntica meditação filosófica, acabaria com essa vigarice freudiana que anda por aí em matéria de sexualidade. Não sei se a filosofia resolve alguma coisa, ou se tem a obrigação de resolver, mas um mínimo se exige de quem está na área, *abertura* em relação ao próprio ato de meditar. O filósofo às vezes é um homem distraído. Às vezes, dependendo dos tipos que o cercam, sai com uma mão (assim mesmo, *cacófaton*) na frente e outra atrás e a terceira segurando o queixo. Se for filósofo mesmo, meditará sobre o exótico folclore europeu, tão bem compreendido pelas Escolas de Samba. Creio hoje que quando é absolutamente impossível ser macaco o homem nasce. Nem mesmo todas as mitologias constituem um sistema fechado. Uma sugestão: o estudo do nascimento da NOITE (mitologia amazônica) como gnoseologia. À bênção, Olga de Alaketo.

A religião do poema "físico" (Empédocles) está presente até pela palavra que, em grego, mais legitimamente a significa: *Eusebéie* ("Piedade").

(Horiz. e complem., p. 94)

Ouro do Reno ou Novalis: Hinos à noite
[s/d]

> Noite amarga / Sem estrela
> Sem estrela / mas com lágrimas
>
> (Henriqueta Lisboa, *Poemas*, p. 104)

Não me lembro quando, nem onde, li um artigo que me atraiu a simpatia para Paul Léautaud. Solitário, celibatário, residindo numa casa dos subúrbios de Paris, Léautaud tinha quase vinte gatos em casa. Um dia arranjou uma companheira. A mulher, não demorou muito, deu-lhe o *ultimatum*:

— Ou os gatos, ou eu!

Léautaud não hesitou!

Preferiu os gatos!

A simpatia por Léautaud aumentou ainda mais, como tipo, depois das páginas "O diário de um rabugento", de Eduardo Frieiro (*Encontro com escritores*, Itatiaia/I.N.L., p. 59). Nunca vi, em edições brasileiras ou portuguesas, um livro do escritor. Nem me ocorreu encomendar algum, não sei por quê. Todas as referências ao autor giram em torno dos *Diários*. Em minhas leituras desordenadas e desorganizadas os *Diários* nunca constituíram interesse maior.

Não tinha escrúpulo em referir as suas histórias pessoais, ou de intimidade de sua família nada exemplar, histórias escabrosas e escandalizantes, como há tantas, mas que o decoro manda calar.

ENSAIOS INÉDITOS

Na revista em que trabalhava publicou um irreverente *In memoriam*, posteriormente aparecido em livro, surpreendente necrologia de seu pai, com a qual provocou estardalhaço e indignação.

E descubro, agora, com um espanto enorme, que fui um verdadeiro adolescente, ingênuo, bobo, inocente, e como, em relação a muita coisa que me cercava, e bem de perto; e como verdadeiro adolescente... leitor voraz da *Coleção Terramarear* e da *Coleção Sip*. (A Sip era uma edição de bolso, que custava dois cruzeiros, e se comprava nos sebos por cinqüenta centavos, e tinha como logotipo dois dedos em V, como aquele V da Vitória que foi tão popular durante a Segunda Guerra Mundial. Emilio Salgari, Mayne Reid (?), Edgar Rice Burroughs (Terramarear), Vitor Hugo, *Os trabalhadores do mar*, *O noventa e três* (Sip). Zola já era leitura picante, a parte perturbadora e confusa de qualquer adolescência, *Naná* (Sip). Em minha ingenuidade, eu havia esquecido completamente que no grupo de conhecidos que me cercava, alguns muito religiosos, de ambos os sexos, a leitura predileta era Pitigrilli, *Mamíferos de luxo*, *A loura dolicocéfala* etc. Bloqueio, como diria Freud? Outra coisa, também, que eu descubro agora. Adolescente, ainda, fiz concurso para o *Rádio Teatro da Mocidade* da Rádio do MEC. Pouco depois, adaptei para o rádio o poema "O corvo", de Poe. A adaptação foi repetida, e a Rádio pagava cento e cinqüenta cruzeiros por meia hora de radiopeça. Com trezentas pratas no bolso, eu fazia farras nos sebos. O bonde custava quarenta centavos, o ônibus, um cruzeiro e vinte, e o maço de Continental, meu cigarro, um cruzeiro.

> *Or la conscience n'est pas seulement*
> *pensée: elle est essentiellement*
> *liberté.*
>
> (Marcel Camus, Introduction, tradução
> Novalis: *Henri d'Ofterdingen*.)

Bem mais tarde, depois dos trinta anos, já adulto, descobri um livro de aventuras fascinante, e descobri que *livro de aventura* pode ter outro nível. *Henri d'Ofterdingen*, inacabado, em tradução, numa edição que tem um estudo magnífico sobre o autor, e cheio de notas reveladoras de alguns outros aspectos muito importantes. Não vi, até hoje, nenhuma tradução portuguesa do livro. No período de maior empolgação pela trinca Mann, Hesse, Wasserman, comecei a estudar alemão. (Onde é que anda Rudolph Bölting?) E quando já me dava ao luxo de, como exercício de aula, escrever cartas para uma namorada fictícia (Katya), escrever em alemão, bumba! Eu comecei a adoecer. O interesse renovado pelo autor do *Ofterdingen* me leva a procurar material, e ao encontrar um com um título que faz qualquer carioca olhar meio de banda para o cara que cita, eu penso nas uvas verdes e na raposa e fico mesmo no... é!

*Der magische Idealismus als dichterisches
Formproblemen in den Werken Fr. von Hardenbergs.*

É fogo, ei, irmão? Novalis morreu moço, muito moço, depois de uma cura em que entrou muito ópio, muito BMW (Bitter Mandel Wasser), óleo de amêndoas amargas, que trocado em miúdos é qualquer coisa chegada a ácido cianídrico. Como uma das figuras mais importantes do *Ofterdingen* é um mineiro (minas de ouro), eu inventei logo uma história que é meio fantástica, mas livro de aventura é livro de aventura; há duzentos anos, ou mais, uma quadrilha de assaltantes resolveu dar um golpe. O *golpe de ouro do Reno*. Nessa aventura, a história do golpe ainda não acabou. Ainda hoje continua sendo planejado.

Algum problema com a história? *Realismo mágico. Ouro do Reno* é aquela história que tem Walkyrias, Siegfrid, dragão Fafner, ópera de Wagner, Ludwig II da Baviera, tem *Crepúsculo dos deuses*, que até filme de Visconti virou, com a magnífica Ingrid Thulin e a esplêndida brasileira Florinda Bolkan.

ENSAIOS INÉDITOS

MEFISTÓFELES:

....

O palavrório é tudo. Com palavras
    se esgrime, contra ou pró, nas magnas teses.
    Com palavras arranja-se um sistema
    As palavras têm fé. De uma palavra
    não se cerceia um til.

        (Goethe, *Fausto*, tradução de Castilho.)

Não gosto do *Fausto* de Goethe. Prefiro o de Marlowe, em tudo. Falo
em termos de teatro, evidentemente. É mais simples, mais natural, mais
fluente, menos artificioso e mais equilibrado nessa organização de estados emocionais em que se resume o texto encenado, com todos os elementos que um diretor possa, ou queira, utilizar: música, cores, luzes,
arquitetura cênica, atores com determinadas qualidades vocais, e não
apenas fisionômicas. Penso nisso ao tomar conhecimento da mudança
ocorrida com Novalis quando começou a examinar melhor o *Wilhelm
Meister*. Da admiração incondicional à quase recusa indignada, resumida
em um texto que não sei se chegou a publicar: contra *Wilhelm Meister*.
Novalis começou a escrever o *Ofterdingen*, inacabado.

Por outro lado, e em oposição a seu amigo (Novalis), Friedrich
Schlegel descobria em Fichte uma teoria genial da Ironia filosófica. (...)
    A filosofia, mistério esotérico reservado a alguns iniciados,
toma assim, em face dos profanos, a aparência duma mistificação
perfeitamente organizada.

        (J. E. Spenlé, *O pensamento alemão*, p. 69, Coimbra,
    Arménio Amado Editor, tradução de Mário Ramos, 1973.)

Foi esse aspecto, não a aparência, mas o resultado de um longo trabalho
(dois séculos, três, mais?) duma *mistificação perfeitamente organizada*
que me levou há pouco tempo a cunhar de *ficção antropológica* o que

constitui o chamado estofo cultural de nosso século, e que nos últimos anos atingiu, creio, sua plenitude, com as últimas teorias disseminadas e escolarizadas em nível de superespecialização universitária. Fica de fora, apenas, tudo que diz respeito ao estudo particular de cada ramo, estudo cada vez mais esmiuçado, e que requer aprendizado real. Os aviões voam, as geladeiras gelam e as televisões televisionam. Até o ponto em que meus interesses pessoais me levaram, Novalis e Hölderlin foram as duas primeiras vítimas dessa mistificação perfeitamente organizada. Não sei alemão, já disse. As traduções e os dicionários me servem de intermediários.

Les dieux s'évanouirent, et leur cortège
avec eux — la nature demeura esseulée et
sans vie — liée d'une chaine de fer par
le Nombre aride et la stricte Mesure.

(Hino V, p. 101)

La floraison luxuriante de la vie se
réduisit em mots obscurs, faits de poussière
et du vent.

De repente, do mesmo modo como em Hölderlin, os deuses surgem, não como recursos retóricos de idílios pastoris renascentistas ou de reserva vocabular dos árcades, mas como expressão simples de estado anímico. Sobre as características psicopatológicas do poeta de *O pão e o vinho* muita coisa foi escrita. Sobre a doença de Novalis, quase nada. A medicina da época usava o BMW (Bitter Mandel Wasser — óleo de amêndoas amargas) em doses fracas para calmantes. BMW, trocado em miúdos, significa ácido cianídrico. O ouro do Reno talvez tenha se transformado em outra coisa, no Reno simplesmente, e os misteriosos Nibelungen se metamorfosearam. E a procura, me parece, se deu na forma definida por Schlegel. (Ainda no campo da ficção antropológica.) Se Hölderlin e Novalis surgem como as primeiras vítimas dessa procura, entre as últimas ficariam Kafka, Simone Weil, Edith Stein.

ENSAIOS INÉDITOS

Il faut rentrer dans la patrie
Pour te revoir, Passé sacré!

(Hino VI, p. 115)

A técnica utilizada me parece que pode muito bem ser aprendida em uma obra dramática rara de um período estéril. Li a tradução espanhola: *La escuela del escandalo* (*School for Scandal*) — R. B. Sheridan. E recentemente, um desses ensaístas que não se sabe bem sobre o que escrevem, nem em que assunto transitam, faz sutis divagações sobre a *impossibilidade do poema* como *expressão poética*.

Ainda um pequeno detalhe, encontrado na introdução à tradução de Novalis. J. Brown, médico inglês, preconizava o uso do ópio e de estupefacientes como tônicos do sistema nervoso. E Geneviève Binnquis, tradutora, constata a falta total do sentimento de pecado nos cânticos do poeta. Quando se elabora um texto de ficção, há diferenças acentuadas entre o tom do *drama*, do *cômico* e do *drama-cômico*. Nessa ficção antropológica acho meio difícil encontrar o tom em que o *deboche* surge como *categoria* implantada por cretinos cretinizantes, e que atribuem *à categoria* grande valor cultural, e a si mesmos, porque o assunto. Bem...

Une durée limitée est dévolue à la
Lumière, mais le règne de la Nuit
échappe au temps et à l'espace.

(Hino II, p. 83)

...qu'au seuil des plus vieilles histoires
tu apparais pour nous ouvrir le ciel,
porteur de la clef qui donne accès aux
demeures des bienheureux, messager muet
de mystères sans fin.

(Hino II, p. 83)

Há quinze anos publiquei alguns ensaios, vagamente relacionados com assuntos psicopatológicos. Em um deles, não me lembro qual, achava importante a retomada dos trabalhos de Charcot na Salpetrière.

A histeria e a paranóia continuam assunto virgem. Há muitos anos, mais de vinte, fiz uma leitura lenta da História da Inquisição, de Herculano, copiei os trechos que me seriam úteis na elaboração de uma novela. Nunca escrevi a novela. Escrevi um conto, "Ainda uma vez morto", utilizando material colhido em uma biblioteca de Belém, em minha primeira viagem ao Norte, antes de subir o Amazonas até Manaus.

> D. João III havia já alcançado a bula de 23 de maio de 1536, que instituía a Inquisição, depois de repetidas e urgentíssimas instâncias; em 1539 era o infante D. Henrique nomeado Inquisidor-adjunto; e logo no ano seguinte (20 de setembro) assistia o povo, aterrado, ao primeiro auto-da-fé, poucos meses depois da entrada dos Jesuítas.
>
> (Carolina Michaëlis no Prefácio de Rodrigues Lapa à edição Sá da Costa de Sá de Miranda.)

PRAESES

....

Jeanne, reconnais-tu que c'est par l'aide du
Diable que tu as tout fait?

JEANNE

Je dis non!

PRAESES

Qu'est-ce qu'elle dit?

L'ANE

Elle dit qu'elle dit oui.

PRAESES

Ecrivez qu'elle a dit oui!...

> (Claudel, *Jeanne D'Arc au Bucher*, p. 33/34,
> nrf, Gallimard.)

ENSAIOS INÉDITOS

Enquanto constato um fenômeno que nunca tinha me chamado a atenção, o emprego, ou o uso, da palavra em uma função inteiramente desligada, ou afastada, de sua função habitual, que nada tem de convenção, a palavra falada, sonora, numa espécie de encadeamento que me parece um esforço enorme de substituição de *significado* por *onomatopéia*, e a onomatopéia com um estado fisiológico também não-habitual, enquanto procuro localizar na memória o livro em que eu li, pela primeira vez, *a lenda da noite* dos índios brasileiros, e procuro distinguir várias *noites*, eu me formulo uma pergunta que qualquer criança poderia formular, em qualquer lugar. Por que os relógios não indicam as horas de 1 a 24, e sim de 1 a 12.

Encontro no livro de H. S. Chamberlain, traduzido para o espanhol, um trecho interessante sobre a mitologia alemã:

> *Nada sucede en el drama (La Walkiria) que no provenga de Wotan y no vuelva a él. Y la verdadera acción no es otra cosa que el conflicto trágico que lacera su alma y que lo conduce ya a su primer renunciamiento cuando bendice al hijo de Nibelungo:*
>
> > *"Te lego en herencia*
> > *lo que más desprecio:*
> > *el inutil esplendor de la divindad."*
>
> *Pero Brunhilda entra en la acción siendo la encarnación, llena de vida y juventud, de la voluntad de su padre. Esta aspiración de Wotan de dominar el mundo y vencer a las potencias tenebrosas por la fuerza de las armas, encuentra su expresión viviente en las Walkirias, y de entre ellas Brunhilda es, por excelencia, su confidente, la amada de su corazón. Ella es el mismo Wotan en forma femenina, y obra como éste quisiera obrar, pero con toda espontaneidad de la mujer que se deja llevar por el sentimiento y no por la reflexión.*
>
> (*El Drama Wagneriano*, "El anillo de Nibelungo", p. 134)

SAMUEL RAWET – ENSAIOS REUNIDOS

O que Novalis, na linguagem coerente dos Hinos, deixa entrever com o que ele chama *o reino da Noite*, Chamberlain, ao analisar o drama wagneriano, inspirado nas mitologias não ortodoxas, por motivos óbvios, chama a atenção para o aspecto Wotan-Brunhilda (lembra um pouco, vagamente, Zeus-Atena, Zeus-Minerva, e as próprias metamorfoses de Zeus), mas há na mitologia wagneriana, ou reelaborada por ele, um elemento de desencanto incoerente na área, a não ser que nos encontremos, de maneira sutil, mas muito sutil, sem perceber, no plano da *paródia*. Há em tudo isto um contraste com uma certa fixidez em torno de algumas imagens e palavras *imutáveis*. E aí vale a pena repetir o Hino VI:

> *Il faut rentrer dans la patrie*
> *Pour te revoir, Passé sacrée!*

É bom olhar o mapa da região do Reno, da Westphalia (com indicações de recursos e equipamentos), é bom ler as notas de Annete v. Droste-Hilshoff sobre a região e seus hábitos, e depois... voltar à *ficção antropológica: o golpe do ouro do Reno*. Examinar o aparato cultural elaborado para a execução, a partir de Fichte, e sua desmistificação, Marx, Freud, a Escola de Frankfurt, é coisa meio longa. Fico na sugestão a Mário Quintana: traduzir o *Ofterdingen* do francês, com o estudo e as notas de Marcel Camus. Quanto aos desenvolvimentos técnicos ocorridos na época, seria interessante examinar os prolongamentos das habilidades e dos recursos mentais que os celtas dispunham em seu tempo e suas disposições para o desenvolvimento mais detalhado de ramos particularizados do conhecimento. Acho interessante examinar tudo isso enquanto não recebemos a visita de um Segundo Santo Ofício com sua *coprofilia obscena*, e sua paródia de uma sublimidade beata.

A estética da traição: patrulhas zoológicas ou lixo cultural
[s/d]

Analfabeto, e ignorante, em muita coisa, não sei se já foi feito um estudo etnológico e sociológico sobre os grupos que nos últimos anos (cinqüenta, cem, sei lá) estudam etnologia e sociologia. E não sei, também, se já foi elaborado em algum lugar algum estudo sobre a *estética da traição*. Sim. Me parece que a traição merece um estudo estético. E não psicológico. O traidor é uma espécie de ator, sem palco, no dia-a-dia, e a própria atividade se desenvolve dentro de um texto ou roteiro escrito, completo. Tenho a impressão de que o traidor, que nunca é isolado, sempre ligado a um grupo, representa o seu papel à maneira dos espetáculos da *Commedia dell'Arte*, Ele se arma de uma série de... *cannovacci*, era o nome que os italianos davam aos padrões dos personagens? Parece que os franceses traduziram a palavra para *canevas*.

As traições individuais, banais, permanecem no esquema corriqueiro dos episódios de um cotidiano comum, ou das chamadas ocorrências policiais sem maior importância. Noticiário das páginas especializadas, ou da primeira página de jornais como *O Dia*. A coisa muda um pouco de aspecto quando ocorre um episódio como o apresentado em *Le malentendu*, de Camus. Um homem se hospeda em um hotel, e durante a madrugada é vítima de latrocínio. Os autores: mãe e filha, proprietárias do hotel. Apenas... O hóspede era filho e irmão das proprietárias. Nem a vítima conhecia as duas, nem as duas suspeitavam da condição do hóspede. À traição simples do assaltante se juntou o tempero de uma coincidência natural, não fabricada, armada pelo... destino? Muda um pouco mais quando se trata de um tema como o de Mozart e Salieri, drama de Pushkin, de uma simplicidade espantosa no autor de Boris Godunov. Mozart envenenado por Salieri. E muda ainda mais de aspecto, assumindo feição de *situação dramática* um pouco mais substancial que a de Camus, ou de Pushkin, no episódio narrado por Borges em *Antiguas literaturas germânicas*. Borges conta o episódio de Gunnar de Hlitharend da *Saga de Njal*. Vale a pena resumi-lo: Gunnar, considerado *valente* e *pacífico*, se viu um dia cercado pelos inimigos, em sua casa. Estava em companhia da mulher, Hallgerd la Hermosa, segundo Borges. Agora, acho melhor transcrever:

> *Gunar los tiene a raya com sus flechas, pero al fin le cortan la cuerda del arco.*
> *— Téjema una cuerda con tu pelo — le dice a Hallgerd.*
> *— Es cuestión de vida o muerte? — pregunta ella.*
> *— Sí — responde Gunar.*
> *— Entonces recuerdo esa bofetada que me diste una vez y te veré morir — dice Hallgerd.*
> *Así Gunar murió, vencido por muchos...*

Apenas como exercício de imaginação, para uma eventual obra de ficção, novela, conto, teatro, levanto a seguinte hipótese: Gunar de Hlitharend realmente esbofeteou Hallgerd la Hermosa, e foi vítima de uma espécie de vingança tétrica; e se nunca tivesse esbofeteado Hallgerd, e na situação-limite ouvisse a mesma resposta? Creio que como situação dramática estaríamos entre climas intermediários, à maneira de Sartre, Beckett, Ionesco. Um pouco mais de imaginação, agora, sobre o argumento da peça de Camus. Imaginemos que uma família resolva utilizar um filho para determinados fins lucrativos, sem a vulgaridade da ocorrência banal. Mãe, pai, irmãos, irmãs, com orientação de médicos especializados, oferecem o filho fortemente adormecido, sem possibilidade de acordar sob o efeito das dores, a uma clientela de sádicos, que paga muito bem pelos serviços. Afinal é preciso viver, e ganhar dinheiro nem sempre é fácil. Após alguns anos de faturamento desse

ENSAIOS INÉDITOS

tipo, o filho passa a circular no ambiente familiar como um tipo doentio: sente dores, tonteiras etc. Como não há, ou ninguém tenta, nenhuma indicação clínica de doença, caracteriza-se um estado muito em moda atualmente: o estado psiquiátrico. Ainda Sartre, Beckett, Ionesco. Um pouco mais de imaginação: grupos organizados, em grande número, constituído uma espécie de Sindicato Internacional, em que cada membro do grupo recebe um treinamento especial, desde criança, em tudo que é tipo de traição. Agora já temos Sartre, Beckett, Ionesco e... James Bond.

Do meu período de residência no Hotel Paissandu, do Rio, de fins de 1969 a princípios de 1974, o único que me levou a assistir a filmes de TV, e a me viciar (perdi esse hábito), guardo lembranças do primeiro e do último. Em meio ao lixo, fica um filme de Lubitsch, com Marlene Dietrich e Gary Cooper (1939, 1940), e Houston (adaptação de história de Carson McCullers), *Reflexos num olho dourado*, um caso de ambigüidade sexual tratado pelo diretor com a maestria habitual que põe nas produções não muito comerciais. Sem procurar explicações, constato que as produções radiofônicas, antes da TV, eram superiores em tudo. Tanto as novelas, como os humoristas. Amaral Gurgel e Max Nunes não encontraram equivalentes na era do visual. E Chico Anísio é uma prova disso. A técnica de seus programas de humor é *radiofônica*. Mas tudo isso a propósito de vigarice. E o filme de Lubitsch é uma deliciosa história sobre um golpe executado por uma vigarista da mais alta classe que se possa imaginar. O papel é interpretado por Marlene Dietrich. Conto do vigário sem classe é meio parecido com aquela história do português no programa de auditório. 1940-1950. (Que saudades de Toña, La Negra, com seu *Babalú*.) Num programa de auditório, uma cantora de boleros é delirantemente aplaudida pelas *macacas*, e gritos histéricos ecoam pela sala:

— HIPÓCRITA!

— PERDIDA!

— DESGRAÇADA!

O português que estava ali de passagem, num grupo de carregadores, com uma encomenda qualquer, não hesita e entra no coro:

— FILHO-DA...

(Espero que a Embaixada de Portugal não se sinta ofendida, proteste junto ao Itamarati, e me crie problemas jurídico-filosófico-humorísticos.)

Li, há muitos anos, o estudo de Jaspers sobre as doenças de Hölderlin, Strindberg, Van Gogh e Swedenborg. E hoje me espanta essa espécie de *hidrofobia cultural* que sinto no trabalho de Adorno (*Parataxe*) sobre o poeta de O *pão e o vinho*. Outros doentes vão surgindo na lembrança e teorias sobre doenças. E alguns aspectos do que se convencionou chamar de *modernidade estética* vão assumindo características diferentes. A *intencionalidade* me parece velada por uma sistemática em todos os *fronts*.

Em relação a muita coisa eu estou meio parecido com aquele comentário da bicha da piada do assalto ao trem. Eu também não entendo de assaltos.

Quando a traição deixa de ser uma atitude pessoal e passa a ser um comportamento sistemático de um grupo, e um grupo às vezes grande, e utiliza os elementos culturais existentes como instrumento de trabalho, o estético assume feição particular em função de *códigos* não divulgados, e passa a anular a própria natureza específica do fenômeno criador, gerando uma atrofia, nem sempre velada por uma pseudocomplexidade e por uma hipertrofia de sutilezas. E nesse clima é muito fácil confundir *mitologia* com *história da mitologia* e mitificar e mistificar a *história* com equivalência pseudoverbal.

Há muitos anos, mais de trinta, andei fazendo crítica teatral. E algumas figuras consideradas ou expoentes de vanguarda, ou então superelite aristocrática, não me provocaram nenhum entusiasmo, ao contrário, irritação e repulsa. *Esperando Godot*, de Beckett, *Morte na catedral*, de Elliot, *Mortos sem sepultura*, de Sartre, e *A lição* (se não me engano), de Ionesco. Nos últimos anos grupos organizados em *Patrulhas Culturais* vêm atuando num incessante trabalho inquisitorial de preservação de não sei o quê. Até *ideólogos* esses *patrulheiros* encontraram. E sutilíssimas análises lingüísticas passaram a constituir uma análise científica de textos. Um exemplo me ocorre agora, como sugestão. A comparação da palavra cabalística, em língua oriental, que significa *morte* e as palavras

ENSAIOS INÉDITOS

móveis (português), *mouvance* (francês) e *movies* (inglês). Onetti, na edição de bolso (Bruguera, 1981) de *Los adioses*, acrescenta um mini-prefácio: *"Media vuelta"* de *Tuerca*. *Tuerca*, me diz meu dicionário su-perportátil (Mestre Jou): Sf — porca (de parafuso). O livro traz ainda um estudo escrito em português (Lisboa) e traduzido para o espanhol, por Wolfgang A. Lichting: *El lector como protagonista de la novela*.

Antes de pensar em uma teoria dos parafusos, uma observação: mó-veis, roupas, residências, estilo Luís XV, Luís XVI, napoleônico, imperial vienense, bauhaus, Pierre Cardin, não civilizam ninguém. Nem geladei-ra, televisão, luz elétrica, esgoto e água encanada.

Desconfio que há muito ostrogodo, e visigodo, circulando por aí em Mercedez-Benz. E não é difícil distinguir.

Exercício de ficção em forma de crônica: os bárbaros degenerados*
[s/d]

Farto de uma espécie de vigarice organizada na área cultural, principalmente literária, farto da boçalidade da esquerda em suas trapaças, e farto das trapaças de uma direita boçal, retomo minhas releituras, enquanto, em embrião ainda, me surge um tema para desenvolver: OS BÁRBAROS DEGENERADOS.

Desde meus tempos de escola ouço falar em bárbaros, e bárbaro não era nem índio nem selvagem da Oceania ou da América, bárbaro era um grupo que vivia pela Europa, às portas de Roma, e que apareceu até, se não me engano, como título de filme: *A invasão dos bárbaros*. Parece que os bárbaros realmente dominaram Roma. Mas o que a História não conta, *ainda*, é que os bárbaros *d-e-g-e-n-e-r-a-r-a-m*. Pois é! Entre as releituras, algumas surpresas bem agradáveis aliás, mais que agradáveis: reveladoras. *Menino de engenho*, de José Lins do Rego, *Beata Maria do Egito*, de Rachel de Queiroz, *Remate de males*, de Mário de Andrade, alguns contos de Ribeiro Couto e João Alphonsus, e não sei por que, embora com o gosto de uma primeira leitura, um clima de releitura; *Encontro com escritores*, de Eduardo Frieiro.

---

*Inacabado, o ensaio "Os bárbaros degenerados" foi recomposto pelos organizadores a partir do original datilografado e de trechos adicionais, que Rawet escreveu a mão em folhas avulsas. Optou-se aqui por utilizar diferentes fontes para assinalar o método de composição do enasio e os adendos ao manuscrito, inseridos mediante as indicações precisas do autor.

ENSAIOS INÉDITOS

A releitura provoca reações estranhas e levanta algumas questões no setor especificamente literário. Já li *Fogo morto*, de José Lins do Rego, mas considero sua melhor obra *Menino de engenho*, estréia. Como considero a melhor obra de Osman Lins *O visitante*, estréia. O escritor, às vezes, na obra de estréia, está na melhor posição para enfrentar o problema criador. Faz do verdadeiro adolescente aquela generosa ingenuidade na maneira de encarar o mundo, e, no caso, uma carga de leitura assimilada, que lhe permite tentar a sua aventura pessoal. Nem sempre a obra amadurecida, complexificada, atinge o nível inicial. Não sei se os artifícios, os compromissos ou uma certa obrigatoriedade interna o levam a perder a inocência criadora. A releitura da *Beata Maria do Egito*, de Rachel de Queiroz, em meio à leitura de peças de escritores não-dramaturgos, isto é, que não tinham ou não têm o teatro como preocupação principal. Li *Exilados*, de Joyce, li *Les Pas perdus*, de Pierre Gascar, e *Os exaltados*, de Musil. E uma surpresa; péssimo, como teatro, o drama de Musil deveria ser publicado pelo autor como *romance dialogado*, à maneira de *O drama de João Barois*, de Martin du Gard (quando o autor de Barois quis fazer teatro escreveu *O TACITURNO*), boa, apenas, meio arrastada, a peça de Gascar, e ótimas as de Joyce e Rachel. Quando da estréia da outra, eu me lembro que não gostei da primeira peça, *LAMPIÃO*. Faltava-lhe, se não me engano, unidade dramática. Anos depois (1958), li a *BEATA* publicada em livro. Gostei. Na releitura achei ótima. Se tivesse que escolher entre a de Joyce e a Rachel, escolheria a de Rachel.

Sobre os Bárbaros existe um belo poema de Cavafis, finalmente divulgado entre nós em tradução de José Paulo Paes. E bárbaro degenerado me sugere uma coisa que eu chamaria de *ficção antropológica*, necessária, porque a tal da *ficção* científica, com raras exceções, é um campo fértil para chatos subliteratos, ou pseudo-inovadores em matéria de criação literária. Como *ficção* dos bárbaros degenerados, eu incluiria ensaios sobre várias matérias, por exemplo, Marx, Freud, Husserl. Não me é possível falar dos *verdadeiros bárbaros* porque desconheço completamente seus hábitos, seus costumes, sua expressão cultural. Carpeaux me diz alguma coisa em sua *História da literatura ocidental*, vol. 1. Por exemplo, as suas linhas sobre um autor do século XI, Egil Skallagrimsson.

Viking violento, que esteve na Noruega e na Inglaterra, expulso e vitorioso, batido e indomável, cruel e nobre, avarento e infame, e um grande poeta. Escrevendo "lausar visur", poemas em louvor de reis e guerreiros, não hesitou em prostituir, por dinheiro, a sua poesia. Em outras canções exulta com as suas conquistas eróticas, que mais se assemelham a estupros, e as suas vitórias, que se parecem com assassínios. Mas era um amigo fiel e amava os seus, e quando lhe morreu o filho, escreveu a admirável canção fúnebre "Sanatorrek", furioso contra o injusto deus Odin e conformando-se com o destino, em resignação estóica. Nenhuma tradução para língua moderna é capaz de exprimir a força primitiva dos versos finais, em que o poeta, de espírito indomável, espera a própria morte e — até — a eternidade do Inferno:

> *Dog skal jèg glad*
> *Og uden sorg*
> *Med villigt sind*
> *Vente doeden*

Pois Egil é o menos "europeu" de todos os poetas da história literária européia: reflete, nos seus poemas, uma primitivíssima economia, quase de silvícolas, e ignora o cristianismo.

Dog skal... Oh! Língua desgraçada! Se o Carpeaux entendeu, não traduziu, e eu... bem...

Apenas a título de exercício de ficção, imagino um Egil no século XX, residindo em um edifício de apartamentos, tendo sua empresa em um edifício de escritórios, e andando de automóvel em suas viagens urbanas e de avião nas outras. As condições da época, que não opunham dificuldades às *particularidades* de seu caráter, não sei por que, não existem mais. Alguma coisa mudou exteriormente, e não condiz com a esportividade do viking. Aliás, generalizo um pouco: com o tempo e os cruzamentos sangüíneos nas regiões adjacentes, o Egil não é necessariamente descendente de *viking*. Pode ser um cruzamento adiantado de

SUEVO, ALANO, BURGÚNDIO, ALAMANO etc. Apesar da mudança, Egil conserva o talento, e em grau maior, uma verbosidade que às vezes pode parecer cintilante. Egil poeta escreve um poema:

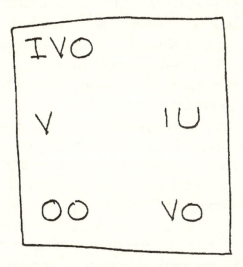

(Isto é brincadeira minha, com lembranças de um caderno de caligrafia do primário.) Mas a teoria que acompanha esse tipo de poesia: Mallarmé, Teoria da Percepção, Ideogramas, Lacan e Althusser com a *economia da produção* mental. É de lascar! Egil escreve um romance. Eis um trecho:

— Ele hipnotiza você?
— Não. Diz que precisa adormecer todas as coisas que bóiam na superfície da minha alma e deixá-las sem força. Só depois pode ter relações com a minha alma.
— E como é que tem relações com ela?
— Bem, essa experiência ele nunca conseguiu realizar. Fica sentado, e eu tenho de me deitar no chão, de modo que ele possa pôr os pés sobre o meu corpo. Fico sonolento e preguiçoso por causa daquele vidro. Então, de repente, ele me manda latir. Manda que eu faça isso baixinho, quase ganido, como um cachorro que late durante o sono.

(Isto é cópia de Musil, *O jovem Törless.*) Apesar de estar ainda no princípio da leitura de *O homem sem qualidades* (complexo, sutil, rico estruturalmente como trama romanesca), ouso adiantar que acabaria, no fim, optando pelo livro de estréia. Um Musil sem compromissos voluntários, ou ainda não enredado pelos artifícios desagregadores dos não-compromissos. O Egin do século XI tinha, naturalmente, certos hábitos ligados aos cultos, nas florestas, nas cavernas, e certos costumes inerentes aos cultos esotéricos, que só os iniciados conheciam. Carpeaux não fala na revolta de Egin contra Odin? Nas doenças, contava apenas com os recursos da época, sobre as águas ia em rijas barcaças com proas armadas com uma espécie que hoje não se vê nas *carrancas do São Francisco*. Nas batalhas, embora de natureza diferente, seu comportamento deveria ser mais ou menos o descrito por Alexandre Herculano em *Lendas e narrativas*, no episódio intitulado "A morte do Lidador":

> Entre todos avultava em robustez e grandeza de membros o Lidador cujas barbas lhe ondeavam, como flocos de neve, sobre o peitoral da cota de armas e o terrível Lourenço Viegas, a quem, pelos espantosos golpes da sua espada, chamavam o Espadeiro. Eram formoso espetáculo o esvoaçar dos balsões e signas, fora de suas fundas, e soltos ao vento, o cintilar das cervilheiras, as cores variegadas das cotas, e as ondas de pó que se alevantavam debaixo dos ginetes, como se alevanta o bulcão de Deus, varrendo a face da campina ressequida em tarde ardente de verão.
>
> (A. Herculano, *Lendas* e *narrativas*, vol. II, Livro de bolso Europa-América.)

O Egin do século XX tem naturalmente certos hábitos ligados aos cultos, em confortáveis apartamentos ou em mansões suntuosas. Suas aventuras sexuais são facilmente conseguidas através de um telefonema e um talão de cheques, e os estados inerentes ao iniciado são tranqüilamente obtidos por doses bem pagas de uma substância qualquer. Nas doenças conta com toda uma aparelhagem moderna de atendimento imediato, ao menor

ENSAIOS INÉDITOS

espirro, nas batalhas (em tempos de paz, evidentemente), em vez de elmo com panacho e armadura com brasão, meia dúzia de advogados, e, talvez, plumas e paetês. O *mistério* que envolve o Egin do século XX é bem maior do que o que envolvia o do século XI, com uma agravante, o Egin do século XX é co-autor, de uma certa maneira, de uma legislação vigente, em que todas essas coisas assumem uma feição, digamos, inibitória. Pelo menos em palavras. Quanto às suas atividades lucrativas, bem dentro de sua estrutura de personalidade, Egin pode fazer parte de sua empresa como a apresentada no filme, se não me engano, de John Frankenheimer, *O segundo rosto*. A figura central abandona mulher e filhos, sai de circulação, faz operação plástica, recebe uma nova documentação e uma nova biografia e passa algum tempo em um escritório cheio de computadores e de arquivos. Para as férias ele tem uma residência luxuosa na praia de Malibu, e se entrega, no filme, a orgias báquicas, cercado de sátiros e ninfas. Ou eu muito me engano, e não sou médico, o psicossomático do Egin do século XX mudou muito. É ainda Musil quem me fornece elementos para a ficção do Egin do século XX. Eis um trecho de sua peça *Les Exaltés* (é o que eu li, em tradução de Philippe Jaccottet, e edição Seuil); a fala é do detetive Stader, contratado por uma das personagens, *de Stader, Newton and Co.*, sucessores de *Newton, Galilée and Stader* (pessoalmente tenho minhas dúvidas se *Galilée* se refere ao italiano que andou às voltas com a inquisição, ou a alguém da Galiléia, que não fica bem na Itália):

> STADER — *Ecoutez-moi: mon institut recourt aux méthodes scientifiques les plus modernes; graphologie, pathografie, hérédité, calcul des probabilités, statistique, psychanalyse, psychologie abyssale etc. Nous recherchons les éléments scientifiques des faits. Car tous les événements du monde obéissent à des lois, à des lois éternelles! (...) Il n'y a pas de hasard! Il n'y a pas de faits! Il n'y a que des rapports scientifiques!*

Entre o século XI e o século XX, um fenômeno coletivo, raro, ocorreu em alguns países: a Inquisição. Em Portugal, no século XVI. Não os processos em si, nem as execuções constituem o maior motivo de espanto. Mas o questionamento, as investigações e as conclusões que levaram a uma espécie de *teoria da prova* baseada em uma qualificação de fenômenos da *interioridade*. E D. Carolina Michaëlis, a eminente editora de suas poesias, tem sobre o caso uma impressiva página, que a seguir transcrevemos, e que nos dá idéia da súbita mudança que se operou na sociedade portuguesa sob o olhar vigilante e inquieto do escritor moralista:

> D. João III havia já alcançado a bula de 23 de maio de 1536 que instituía a Inquisição, depois de repetidas e urgentíssimas instâncias; em 1539, 22 de junho, era o Infante D. Henrique nomeado inquisidor-adjunto; e logo no ano seguinte (20 de setembro) assistia o povo, aterrado, ao primeiro auto-da-fé, pouco depois da entrada dos Jesuítas (...). Depois — as novas da Universidade! Sá de Miranda não as entendia. Os mestres ultimamente nomeados, que já tinham provado em tão pouco a sua rara capacidade para o ensino, começavam a inquietar-se, rumores vagos de suspeitas e denúncias por todos os lados! A ação de um poder oculto era manifesta.
>
> (Prefácio Rodrigues Lapa, *Sá de Miranda*,
> *Obras completas*, Sá da Costa Editora.)

No século XX, alguma coisa parecida ocorreu, e que, suponho, tem a mesma base da qualificação de *interioridade*. Um pouco mais degenerada. Egin hoje acha muito engraçado em sua própria interioridade um acontecimento sem grande valor: a linguagem. Eu estive em Sodoma. Há vinte anos, quase! [Fev. 1984].

Bibliografia

CONTOS E NOVELAS

Publicações em livro

Contos do imigrante. Rio de Janeiro: José Olympio, 1956 (2ª ed. Rio de Janeiro: José Olympio, 1972; 3ª ed. Rio de Janeiro: Ediouro/Technoprint [1990].)

Diálogo. Prefácio de Renard Perez. Rio de Janeiro: GRD [Gumercindo Rocha Dória], 1963 (2ª ed. São Paulo: Vertente Editora, 1976.)

Abama. Rio de Janeiro: GRD, 1964.

Os sete sonhos. Rio de Janeiro: Orfeu, 1967. ([Prêmio Guimarães Rosa no II Concurso de Contos da Fundepar, Curitiba, 1968]). (2ª ed. Rio de Janeiro: Arquivo Nacional/INL, 1971.)

O terreno de uma polegada quadrada. Rio de Janeiro: Orfeu, 1969.

Viagens de Ahasverus à terra alheia em busca de um passado que não existe porque é futuro e de um futuro que já passou porque é sonhado. Prefácio de Assis Brasil. Rio de Janeiro: Olivé Editor, 1970.

Que os mortos enterrem seus mortos. São Paulo: Vertente, 1981.

Publicação em jornais e revistas

"A prece". *Diário Carioca*, Rio de Janeiro, 3/5/1953.

"Conto de um amor suburbano". *Correio da Manhã*, Rio de Janeiro, 12/4/1953.

"Parábola do filho da fábula". *Shalom*, São Paulo, maio 1976.

"Fé de ofício". *Escrita*, nº 2, São Paulo, 1975.

"Kelevim". *Escrita*, nº 2, São Paulo, 1975.

"Nem mesmo um anjo é entrevistado no terror". *José — Literatura, Crítica e Arte, nº 3*, Editora Fontana, setembro 1976.

"Sob um belo céu de maio". *Leitura*, nº 92/93, março/abril 1965.

"O pão de nossa miséria". *Status (25 contos brasileiros)*, nº 23, s/d.

"A lenda do abacate". *Escrita*, ano IV, nº 29, São Paulo, s/d.

"Trio". *Ficção*, n° 3, vol. II, março 1976.
"Trio". *Escrita Livro*, ano I, n° 1, 1977.
"A linha". *Escrita*, n° 9, 1976.
"BRRKNG : Pronúncia — Bah !". *Escrita Livro*, ano I, n° 1, São Paulo, 1977.
"Marinha". *Cultura*, s/d.
"Que os mortos enterrem seus mortos". *Cultura*, s/d.
"Josias, o Triste". *Revista Branca*, n° 12 (ano II) Rio de Janeiro, maio/agosto 1950.
"Toada de Jeremias". *Diário Carioca*, Rio de Janeiro, 9/7/1951.
"Sopa". *Diário Carioca*, Rio de Janeiro, 3/5/1953.
"A visita". *Letras Fluminenses*, Rio de Janeiro, 1953.
"A visita". *Diário Carioca*, Rio de Janeiro, 29/11/1953.
"A cova do Diabo". *A Cigarra*, Rio de Janeiro, fevereiro 1949.

POESIA

"Instantâneos de Congonhas". *Leitura* n° 73, Rio de Janeiro, julho 1963.

TEATRO

Publicações em jornais e revistas

A Volta. *Revista Branca*, Rio de Janeiro, 1951.
(Peça encenada em 1950 na cidade de Vitória com a participação de Sadi Cabral.)

Os Amantes (1° ato). *Correio da Manhã*, Rio de Janeiro, 30/7/1950.
(Peça encenada em 1957 no Teatro Municipal do Rio de Janeiro pela Companhia Nicete Bruno e Paulo Goulart.)

Miriam. *Inéditos*, n° 4, 1957.

ENSAIOS E CRÔNICAS

Publicações em livro

Consciência e valor. Rio de Janeiro: Orfeu, 1969. (Posteriormente incluído em *Alienação e realidade*.)

Homossexualismo, sexualidade e valor. Rio de Janeiro: Olivé Editor, 1970.
Alienação e realidade. Rio de Janeiro: Olivé Editor, 1970.

BIBLIOGRAFIA

Eu-tu-ele (análise eidética). Rio de Janeiro: José Olympio, 1972.
• Trecho publicado em *Jornal do Escritor*, Rio—Brasília, novembro 1970.
• Texto publicado na revista *Vozes*, Petrópolis, ano 65, n° 5, jun./jul. 1971.
Angústia e conhecimento (ética e valor). São Paulo: Vertente Editora, 1978.
• Trecho publicado em *Suplemento Literário de Minas Gerais*, "O olhar metafísico do Chacma: ética e valor", 5/1/1974.

Publicações em jornais e revistas

• *Correio da Manhã*

[Sem Título], 3/8/1949.
"O professor", 7/9/1949.
"Menina da serra", 5/10/1949.
"Envelhecem os mortos", 30/10/1949.
"Personagens", 25/2/1950.
"A gaveta", 20/5/1950.
"Presença de Monteiro Lobato", 25/6/1950.
"Katherine Dunham", 12/8/1950.
"O banquete", 23/9/1950.
"A melancolia norte-americana", 24/9/1950.
"Roteiro a um autor novo", 4/11/1950.
"Traição", 13/1/1951.
"Manda quem pode", 27/1/1951.
"O milagre da emoção", 7/4/1951.

• *Revista Branca*

"A camisola de força (notas de teatro)", n° 14, Ano III, novembro/dezembro, 1950.
"O teatro de Nelson Rodrigues", n° 17, 1951.
"A propósito de uma entrevista", entrevista com Adolfo Celi, dezembro 1952. "Café da Manhã. A última crônica dos novos", abril 1953.
"Teatro no Modernismo (Oswald de Andrade)", 1954.

• Jornal *A Manhã*

"Está lá fora um inspetor", 14/12/1952.
"Caminhos da dramaturgia", 13/4/1954.
"Também os deuses amam", 20/4/1954.

"Teatro sacro", 27/4/1954.

"Roteiro a um novo autor", 4/5/1954.

"Peças de tese", 15/5/1954.

"Teatro em São Paulo", 18/5/1954.

"Barrault e uma justa compreensão", 25/5/1954.

"Entrevista com Jean-Louis Barrault", 1/6/1954.

"Entrevista com Jean-Louis Barrault", 8/6/1954.

"Senhora dos afogados sob o signo da vaia", 15/6/1954.

• *Revista Leitura*

"Diário de um Candango", n° 77, Rio de Janeiro, novembro/dezembro 1963.

"Co co co co co co ro", ano XXII, n° 87/88, Rio de Janeiro, outubro/novembro 1964.

• *Suplemento Literário de Minas Gerais*

"Chão Galego — a dupla viagem de Renard Perez", 30/12/1972.

"O olhar metafísico do Chacma: ética e valor", 5/1/1974.

"O *De profundis* do artista Antonio Carlos Villaça", 21/7/1974.

"A lógica do absurdo na era dos cafajestes", 29/1/1977.

"Drummond: o ato poético", 2/4/1977.

"Kafka e as aves de rapina", 27/8/1977.

"Nasci sem dinheiro, mulato e livre", escreveu um homem chamado Lima Barreto, 29/10/1977.

"Apanhou de um aleijado, deu num cego à traição", 5/12/1977.

"Walter Benjamin, o cão de Pavlov e a sua coleira, e o universo de rufiões", 18/2/1978.

"A Hora da Estrela ou as frutas do Frota, um ensaio de crítica literária policial", 3/3/1979.

"Sob a bênção de Pullán: prosa do artista Vicente Huidobro", 3/4/1979. Texto retomado em *Correio Braziliense*, Brasília, 4/3/1979.

• *Revistas e jornais diversos*

"Sangue de Rosaura (Luiz Canabrava)". *Jornal de Letras*, 11-12/4/1955.

"Niemeyer arquiteto sem fronteiras". *Manchete*, Rio de Janeiro, 1964.

"Começo de caminho: O áspero amor". *Revista Civilização Brasileira*, Rio de Janeiro, 15/9/1967.

"Judith, um mergulho no caos organizado". *Jornal do Brasil*, Rio de Janeiro. 26/6/1971.

BIBLIOGRAFIA

"Kafka e a mineralidade judaica ou a tonga da mironga do kabuletê." *Escrita*, nº 24, São Paulo, setembro de 1977.

"*Béni soit qui mal y pense*". *Escrita (Revista Mensal de Literatura)*, ano IV, nº 28, São Paulo, 1978.

"*Kadish*. Oração pelos vivos das Olimpíadas de Munique". *KKL — Conselho juvenil Judaico — Bnai Brith Femaeg*, s/d.

Ensaios inéditos presentes neste volume
(Arquivos família Rawet-Apelbaum e Renard Perez)

Devaneios de um solitário aprendiz da ironia, 1970.
(Um texto datilografado e um texto manuscrito.)

"Irmãos da Noite do irmão da noite Renard Perez" [escrito após 1979]. (Manuscrito datilografado.)

"Exilados — o teatro de James Joyce: um espanto" [1982].
(Dossiê composto de um manuscrito datilografado, de uma carta de Rawet datada de 1982 endereçada a Rodrigo Nades do jornal *Folha de S. Paulo* e de um bilhete de Sérgio de Camargo a Renard Perez.)

"Filosofia: nem só de cão vive um lobo", 1984.
(Manuscrito datilografado.)

"Exercício de ficção em forma de crônica: os bárbaros degenerados", fevereiro de 1984.
(Um texto manuscrito datado e um texto datilografado com diversas rasuras e modificações.)

"Ouro do Reno ou Novalis: Hinos à noite", s/d.
(Dossiê composto de um texto manuscrito com rasuras, um texto datilografado inacabado, um rascunho do ensaio, um manuscrito datilografado e diversas notas esparsas.)

"A estética da traição: Patrulhas zoológicas ou Lixo cultural", s/d.
(Dossiê composto de um manuscrito datilografado e diversas notas esparsas.)

Agradecimentos

A André Seffrin, pela parceria generosa e pela confiança depositada em nosso trabalho; a D. Clara Rawet Apelbaum e ao Dr. David Apelbaum, pelo acesso incondicional ao arquivo de Samuel Rawet; a Renard Perez, pela gentileza em partilhar memórias e textos de Rawet. Agradecemos também a Afonso Félix de Sousa (*in memoriam*), Alberto da Costa e Silva, Antonio Carlos Villaça (*in memoriam*), Astrid Cabral, Bella Josef, Berta Waldman, Branca Bakaj, Dalmo Jeunon, Edla von Steen, Escola Politécnica de Engenharia (Rio de Janeiro), Esdras do Nascimento, Flávio Moreira da Costa, Gumercindo Rocha Doria, Hélio Pólvora, Jacqueline Penjon (Université de la Sorbonne-Nouvelle Paris III), Jacó Guinsburg, José Bines, Marília Rothier Cardoso, Miriam Jacobson, Moacyr Félix, Nélida Piñon, Nelson Vieira, Nicete Bruno, Patrícia Lilenbaum, Paulo Goulart, Regina Igel, Rute de Souza, Sander L. Gilman (Universidade de Chicago), Saul Kirschbaum, Stefania Chiarelli Techima, Tereza Raquel, Tatiana Salem Levy, Tanya Fernando e Wladyr Nader.

Rosana Kohl Bines e José Leonardo Tonus

O texto deste livro foi composto em Sabon,
desenho tipográfico de Jan Tschichold de 1964
baseado nos estudos de Claude Garamond e
Jacques Sabon no século XVI, em corpo 11/15.
Para títulos e destaques, foi utilizada a tipografia
Frutiger, desenhada por Adrian Frutiger em 1975.

A impressão se deu sobre papel off-white 80g/m²
pelo Sistema Cameron da Divisão Gráfica
da Distribuidora Record.

Seja um Leitor Preferencial Record
e receba informações sobre nossos lançamentos.
Escreva para
RP Record
Caixa Postal 23.052
Rio de Janeiro, RJ – CEP 20922-970
dando seu nome e endereço
e tenha acesso a nossas ofertas especiais.

Válido somente no Brasil.

Ou visite a nossa *home page*:
http://www.record.com.br